Seven Summits

Herausgegeben von
Steve Bell

Auf den höchsten Gipfeln der sieben Kontinente

AS Verlag

Übersetzung: Gaby Funk, Kempten im Allgäu

Die Originalausgabe ist in englischer Sprache bei Mitchell Beazley, einem Imprint der Octopus Publishing Group Ltd., London, erschienen.

ISBN 3-905111-57-8

S. 1: Die von Wolken umhüllte Carstensz-Pyramide

S. 2–3: Die Séracs des Khumbu-Eisbruchs werden im Auf- und Abstieg bewältigt.

Rechts: Sherpas steigen mit ihrer Last im Schatten des Khumbu-Eisfalles auf; der Nuptse liegt dahinter bereits in der Sonne.

S. 10–11: Ein Bergsteiger auf dem Gokyo Ri betrachtet den atemberaubenden Sonnenuntergang, der die Gipfel von Everest und Nuptse vergoldet. Rechts der Makalu.

S. 38–39: Vier Bergsteiger geniessen auf dem Gipfel des Everest das Gefühl, den höchsten Punkt der Welt erreicht zu haben (Rob Hall am Funkgerät, Ekke Gundelach im gelben Daunenanzug, ferner Hall Wendel und hinter der Kamera David Keaton).

Inhalt

dick bass

Vorwort

Ich hatte nie vor, irgendwohin zu steigen, ausser morgens aus dem Bett – und das war schon hart genug! Ich war ein Flachländer aus Texas und an all die leiblichen Genüsse des modernen Lebens gewohnt. Nie hatte ich als Erwachsener ein Trainingsprogramm für Kraft und Ausdauer absolviert. Ich hatte auch absolut keine Lust darauf, selbst für mich zu kochen, war nie wirklich richtig kaltem Wetter ausgesetzt und glaubte, ich bräuchte morgens ein entspannendes, warmes Bad zum geistigen Auftanken, bevor ich den Tag begann.

Doch all das änderte sich plötzlich im November 1980, als ich 50 Jahre alt war. Damals sagte mir Marty Hoey, Leiterin der Sicherheitspatrouille im Snowbird Ski and Summer Resort, das mir gehörte, dass mich meine «heisse Luft», womit sie mein nicht enden wollendes Geschwafel meinte, nicht auf den Mount McKinley bringen würde. Damit warf mir Marty, eine der wenigen Bergführerinnen, die sowohl den Mount McKinley als auch den Mount Rainier führen, den Fehdehandschuh hin und weckte in mir den Drang, ihr zu zeigen, dass ich alles kann, was sie kann, inklusive auf Berge zu steigen. Diese Reaktion stammt aus meiner Jugend. Da ich für mein Alter klein war und einer der Jüngsten meiner Klasse, nahm ich jedem übel, der zu mir sagte, dass ich wegen meines Alters oder meiner Grösse etwas nicht machen könne oder solle. Marty provozierte mich also zu beweisen, dass ich alles tun kann, was jemand anders auch kann, wenn mich die Lust dazu packt.

Im Frühjahr 1981 führte sie mich und meine vier erwachsenen Kinder, alle im Alter von Anfang 20, zusammen mit vier anderen Snowbird-Angestellten in den Dreissigern, auf den Mount McKinley. Während ich am ersten Tag mühsam auf Ski mit einem 32 Kilogramm schweren Rucksack den Kahiltna-Gletscher hinauf marschierte und dabei einen 16 Kilogramm schweren Plastikschlitten zog, entdeckte ich, dass ich ohne jegliches Körpertraining nicht nur fähig war mitzuhalten, sondern dabei sogar meinte, ständig neue Energie zu bekommen, indem ich aufbauende Gedichte und Aphorismen rezitierte. Auf Anregung eines bemerkenswerten Klassenlehrers hatte ich sie einst gelernt und von da an immer geliebt. Sie hielten mich in Schwung, weil ich keine Energie verschwendete mit kräftezehrenden negativen Gedanken. Sie verliehen mir eine gewaltige Ausdauer.

Elf Tage später erreichte ich den Gipfel, fühlte mich die ganze Zeit über wie einer, der alle Hindernisse bewältigen kann, und schien stärker zu werden, je höher hinauf ich ging. Von Natur aus habe ich einen niedrigen Ruhepuls, einen niedrigen Blutdruck und ein aussergewöhnliches Lungenvolumen, weil ich nie geraucht habe. Allerdings ist das Bergsteigen, wie Marty und andere Bergsteiger betonen, hauptsächlich eine Willenssache, und da war meine Poesie eine Geheimwaffe.

Bei der Rückkehr zum Hochlager auf 5200 Metern Höhe dachte ich daran, wie sehr ich es genossen hatte, den höchsten Berg Nordamerikas zu besteigen, und wie mir das wieder ein neues Gefühl von Selbstvertrauen und Selbstachtung gegeben hatte, die beide von den Barrieren staatlicher Verordnungen und den enormen Schulden von Snowbird in Grund und Boden gehämmert worden waren. Das brachte mich auf die Idee, auch die höchsten Punkte der anderen sechs Kontinente zu besteigen, als ein Weg zu mentaler Stärke in meinem stressgefüllten Leben und auch, um ein episches, faszinierendes Abenteuer zu erleben.

Ich würde vermutlich noch heute, 18 Jahre später, nur davon reden, diese Berge zu besteigen, wenn es da nicht eine zufällige Begegnung gegeben hätte, von der ich glaube, dass sie von «Oben» so bestimmt war: Kurz nach dem Kinley traf ich im Juli 1982 Frank Wells, den Präsidenten von Warner Brothers, und erfuhr, dass er seit der Besteigung des Kilimandscharo im Jahre 1955 davon geträumt hatte, die höchsten Berge aller Kontinente zu besteigen. Auf ritterliche Art und ohne zu zögern schüttelten wir uns die Hand und beschlossen, dass wir dies zusammen tun würden.

Frank und ich packten die Seven Summits als ein aufregendes Abenteuer an und bestimmten unsere Ziele auf der Grundlage dessen, was wir in der Schule über die sieben Kontinente gelernt hatten. Wir dachten nicht im Traum daran, dass jemand unsere Kriterien hinterfragen würde, und noch weniger, dass jemand eine bessere Art finden könnte, die Kontinente zu bestimmen.

Später gab es über Jahre hinweg Nörgeleien von einigen unverbesserlichen Bergsteigern darüber, dass Frank und ich uns die Gipfel «erkauft» hätten. Tatsache ist, dass wir keine Führergebühren zahlten, sondern einige Weltklasse-Bergsteiger einluden, sich uns anzuschliessen, was nur klug war angesichts unserer relativen Unerfahrenheit. Als David Breashears und ich im April 1985 den Gipfel des Everest erreichten, war das eine «freie» Besteigung. Wir waren nicht durch ein Seil miteinander verbunden und hatten am Gipfeltag auch nicht die Sicherheit von Fixseilen, ausser am zwölf Meter hohen Hillary Step, was nicht viel half, da wir keine Jümars dabei hatten und uns mit den dicken Daunenfäustlingen am vereisten Seil schlecht festhalten konnten. Heute sind Fixseile und Jümars entlang des ausgesetzten Gipfelgrates bei professionell geführten Besteigungsversuchen des Everest über den Südsattel zum Standard geworden.

Während meiner Besteigungen hatte ich Millionenschulden wegen Snowbird. (Ich bin kein Nachkomme des Milliardärs Bass von Fort Worth.) Ich war kaum in der Lage, mir für die Besteigungen zusätzlich Geld zu leihen, doch Gott sei Dank mussten Frank und ich nicht viel Zeit und Energie darauf verwenden, uns einzeln Sponsoren und Unterstützung zu sichern. Wir waren die erste Gruppe, welche die Besteigung des Mount Vinson privat finanzierte und dabei auch den Transport und die Verpflegung selbst organisierte – keine kleine Leistung in Anbetracht der damit verbundenen logistischen Vorbereitungen und Ausgaben.

Im Gegensatz zu dem, was einige behaupten, kommerzialisierten Frank und ich die Besteigung entlegener Berge nicht. Wir zeigten lediglich, dass die Seven Summits auch von Leuten bestiegen werden können, die über normale Kraft und Kondition, ausreichende materielle Mittel und grossen Abenteuergeist verfügen. Jeder sollte das Recht dazu haben, das zu tun, wenn er sensibel bleibt für die Umwelt und sie schützt.

Egal, was jemand zuerst vollbringt, es wird immer Leute geben, die die Regeln ändern wollen, um selbst Anspruch auf den Titel zu erheben. Man muss dieses Verhalten akzeptieren als Teil des menschlichen Wettbewerbs, aber man kann seine eigene Wahl treffen. Alles, was ich sagen kann, ist, dass wir es auf unsere Art machten und dabei lernten, dass man immer weiter kommen kann, wenn man nie aufhört.

SEVEN SUMMITS

pat morrow

Vorwort

Was bedeutet es nach all diesen Jahren für mich, das Projekt der Seven Summits vollendet zu haben? Als junger Fotoreporter versorgte mich das Projekt mit «herzhaftem Futter» für meine Geschichten. Und die Berichterstattung zog wiederum Sponsoren und Kletterpartner an, die mir halfen, an den astronomischen Kosten vorbeizukommen, die mit dem Erreichen der Gipfel verbunden waren.

Ich kam erstmals im Jahre 1981 auf die verrückte Idee, die höchsten Punkte der Kontinente zu besteigen, als ich in einem Sturm auf halber Höhe an der Polnischer-Gletscher-Route am Aconcagua festsass. Mein Zeltgefährte, Gordon «Speedy» Smith, ein ausgewanderter Brite, und ich trainierten für den Besteigungsversuch des Everest durch eine kanadische Expedition im folgenden Jahr.

Mit viel Zeit zum Träumen in unseren durchnässten Schlafsäcken wunderten wir uns über die Tatsache, dass bisher noch keiner auf dem höchsten Berg eines jeden Kontinents stand. Und auf welche Art kann man denn besser die Welt sehen, als wenn man den Pfaden folgt, die zu all diesen Gipfeln führen? Wir grübelten darüber nach und dachten naiv, dass sich der Rest einfach gestalten würde, wenn wir in diesem Jahr auf Südamerikas höchsten Berg hinaufkämen und im nächsten auf den höchsten Gipfel Asiens. Wie sich herausstellte, waren die Touren selbst ein Traum, dorthin zu gelangen jedoch ein Alptraum.

Der texanische Geschäftsmann Dick Bass betrat die Arena der Seven Summits ungefähr zur selben Zeit wie ich. Was als Jux begonnen hatte, entwickelte sich zu einem Medienrennen. Dick vervollständigte seine Version der Seven Summits 15 Monate vor mir, aber er ignorierte die schwierige und problematische Carstensz-Pyramide zugunsten eines Spaziergangs auf den Mount Kosciuszko.

Da ich in erster Linie ein Bergsteiger und erst in zweiter Linie ein Sammler bin, war ich mir sicher, dass die Carstensz-Pyramide, der höchste Berg von Australasien oder Ozeanien (die geopolitische Region umfasst Australien, Neuseeland und Neuguinea), ein echtes Bergsteigerziel war. Ich ahnte kaum, dass ich allein zwei Versuche brauchen würde, um nur den Fuss des Carstensz-Massives zu erreichen.

Wie sich herausstellte, waren Dick und ich nicht die Einzigen, die in die Idee der Seven Summits vernarrt waren: Reinhold Messner, der visionäre Bergsteiger aus Südtirol, war einer von mehreren, die in aller Stille an der Logistik arbeiteten, die diese Aufgabe erforderte. Lange bevor wir uns daran machten, hatte Reinhold schon sechs der sieben Gipfel bestiegen, für gewöhnlich über eine schwierige Route. Der einzige Grund dafür, dass Reinhold nicht als Erster die Sammlung der sieben Gipfel abschloss, war, dass er zu sehr damit beschäftigt war, auf die vierzehn höchsten Berge der Welt hinaufzueilen.

Dann war da noch Naomi Uemura, der berühmte japanische «Solo-Forschungsreisende». In den frühen 80er-Jahren hatte Uemura fünf der sieben Kontinentalgipfel bestiegen, den Everest inbegriffen. Seinen Blick entschlossen auf die Antarktis gerichtet, hatte er vor, zur Küste zu segeln und den 1000 Kilometer langen Anmarsch zum Vinson per Hundeschlitten zu bewältigen. Bevor er in die Antarktis aufbrach, nahm er im Februar 1984 als Trainingstour eine Solo-Winterbesteigung des Mount McKinley in Angriff. Nach einem Funkkontakt vom Gipfel hat man nie wieder etwas von diesem Samurai-Abenteurer gehört oder gesehen.

Abgesehen von den bürokratischen Hindernissen rund um die Carstensz-Pyramide erwies sich für mich der Mount Vinson als der am schwierigsten zu erreichende Gipfel, sowohl in politischer als auch in finanzieller Hinsicht. Da es mir an den Musher-Fähigkeiten Uemuras mangelte, verliess ich mich völlig auf das britische Fliegerass Giles Kershaw, um die Kooperation der chilenischen Regierung zu gewinnen und ein teures, mit Ski ausgestattetes Flugzeug zum Fusse des Berges zu bringen.

Ich bin oft gefragt worden, welcher der Seven Summits am schwierigsten zu besteigen war. Das war eindeutig der Kinley, den Bernhard Ehmann und ich über eine neue Route durch die Südwestflanke bestiegen haben. Sie war technisch und körperlich anspruchsvoll und zudem meine erste Tour in grosser Höhe. Damals, im Jahre 1977, musste ich noch lernen, meinen Rhythmus in einer sauerstoffarmen Atmosphäre zu finden.

Die Leute sind meist erstaunt darüber, dass einer meiner Lieblingsgipfel in 22 Jahren des Bergsteigens der Kilimandscharo in Afrika war. Bei weitem der leichteste der Seven Summits, an dem ein mäandernder Pfad die Unerfahrenen dazu verleitet, zu schnell in eine grosse Höhe aufzusteigen, war er zugleich der faszinierendste. Der Aufstieg, der in tropischen Wildparks an seinem Fusse beginnt, führt durch die grossen Klimazonen der Welt.

Der Everest bewahrte auch 1982 noch etwas von seinem Geheimnis, obwohl die dort residierende Göttin, Chomolungma, damals bereits seit 29 Jahren Gäste auf den Gipfel liess. Der kanadische Bergsteigerkollege Laurie Skreslet und ich waren Nummer 132 und 125 unter den Besuchern. Bis Ende Mai 2000 haben 971 Bergsteiger den Gipfel erreicht, darunter einige mehrfach. Insgesamt wurden bis dahin 1306 Gipfelbesteigungen verzeichnet.

Schliesslich freut es mich zu wissen, dass durch meine egoistischen Bemühungen, diese Gipfel zu erreichen und zu besteigen, das Projekt der Seven Summits sowohl die Türen zur Antarktis als auch nach Irian Jaya, dem westlichen Teil des früheren Neuguinea, geöffnet hat. Meine Frau Baiba und ich haben zusammen mit Giles Kershaw und Martyn Williams das Adventure Network International gegründet, das bis heute Bergsteiger und andere «Gletscher-Voyeure» ins Herz des eisigen Kontinents führt. Unsere Empfehlung an die indonesische Regierung, ein Genehmigungsverfahren für das bislang verbotene Carstensz-Massiv einzuführen, ermöglicht einen gleichmässigen Zustrom von westlichen Bergsteigern zu den Wundern der Natur und der Kultur von Irian Jaya.

Nachdem diese logistischen Hürden überwunden sind, kann sich heute auch ein «Wochenendkrieger» der Herausforderung Seven Summits weitgehend stellen. Das Ziel liegt in Reichweite von jedem, der mittelmässige bergsteigerische Fähigkeiten und ein verfügbares Einkommen besitzt.

Das heisst nicht, dass es keine sehr lohnenswerte Art mehr sei, unsere Welt zu sehen: Immerhin ist der Blick bei Tagesanbruch aus einem durchnässten Schlafsack sogar schon auf halber Höhe eines jeden dieser sieben Berge garantiert inspirierend.

Pat Morrow

Die Sieben auf der Weltkarte

Mount McKinley (Denali)
Nordamerika
6194 m
Alaska, USA
Alaska Range

Erstbesteigung:
Harry Karstens, Walter Harper, Robert Tatum und Hudson Stuck, 1913.

Mit rund 6000 Höhenmetern bietet der Koloss des Mount McKinley weltweit einen der grössten Höhenunterschiede. Er erhebt sich unmittelbar südlich des Nördlichen Polarkreises aus der wilden Ebene der Tundra und liegt 240 Kilometer nördlich von Anchorage.

Aconcagua
Südamerika
6960 m
Argentinien, Anden

Erstbesteigung:
Matthias Zurbriggen, 1897.

Der keilförmige «Steinwächter» Aconcagua beansprucht den Ruhm, der höchste Berg der westlichen und südlichen Hemisphäre sowie der zweithöchste Gipfel der Seven Summits zu sein. Er liegt im Osten der Anden-Hauptkette in Argentinien, direkt an der Grenze zu Chile.

Vinson-Massiv
Antarktis
4897 m
Antarktis, Sentinel Range

Erstbesteigung:
Nicholas Clinch, Barry Corbet, John Evans, Bill Long und Pete Schoening, Eiichi Fukushima, Charles Hollister, Brian Marts, Samuel Silverstein, Richard Wahlstrom, 1966.

Der tief in der vereisten Antarktis auf dem südlichen 80. Längengrad gelegene Mount Vinson wurde als letzter Kontinentalgipfel entdeckt (1957) und bestiegen. Die extrem trockene und kalte Gegend ist bar jeglicher Fauna und Flora. Der Berg bietet eine einfache Besteigung in einer der lebensfeindlichsten und schönsten Regionen der Welt.

Kilimandscharo
Afrika
5895 m
Tansania

Erstbesteigung:
Hans Meyer und Ludwig Purtscheller, 1889.

Der Kilimandscharo gehört zu den bekanntesten Bergen der Welt und ist einer der leichtesten Gipfel der Seven Summits. Umgeben von den heissen, trockenen Ebenen der Massai-Steppe ist dieser Berg mit seiner Schneekappe auch bekannt für seine spektakuläre Vegetation und Tierwelt. Er liegt in Tansania, direkt an der Grenze zu Kenia.

Mount Everest

Asien

8850 m

Tibet/Nepal, Himalaja

Erstbesteigung:
Sherpa Tenzing Norgay und Edmund Hillary, 1953.

Der Everest auf der Grenze zwischen Tibet und Nepal, bekannt als die «Muttergöttin der Erde», ist unangefochten der höchste Punkt des Himalaja und der Welt. Seine extreme Höhe und Schwierigkeit bringen selbst die besten Bergsteiger an ihre Grenzen. Neue Messungen von 1999 ergaben die Höhe von 8850 m statt wie bisher 8848 m.

Carstensz-Pyramide

Ozeanien (Australasien)

4884 m

Irian Jaya, Sudirman Range

Erstbesteigung:
Heinrich Harrer, Philip Temple, Russell Kippax und Albert Huizenga, 1962.

Der Kalkkamm der Carstensz-Pyramide liegt inmitten von dichtem Dschungel, der von einem Bergstamm bewohnt wird. Die Carstensz-Pyramide ist der höchste Berg Neuguineas und des australasiatischen Kontinents und konkurriert mit dem Mount Kosciuszko um den Titel des siebten Gipfels der Seven Summits.

Elbrus

Europa, 5642 m

Kabardino-Balkaria, Kaukasus

Erstbesteigung:
Unbestätigt: Killar Kashirow, 1829
Westgipfel, höchster Punkt: Florence Crawford Grove, Frederick Gardiner, Horace Walker, Akhia Sottajev und Peter Knubel, 1874.

Ostgipfel, historisch anerkannte Erstbesteigung: Douglas W. Freshfield, Adolphus W. Moore, C. C. Tucker, ·hia Sottajev, D. Datosov und François Devouassoud, 1868.

Dieser erloschene zweiköpfige Vulkan, höchster Punkt des Kaukasus zwischen dem Schwarzen und dem Kaspischen Meer, ist mit einer Eismasse bedeckt, die für 70 Gletscher reichen würde. Der Elbrus liegt am Südrand von Russland und war als Teil der früheren UdSSR für viele bis Mitte der 80er-Jahre unerreichbar. Jetzt kann man ihn von Russland aus besteigen.

Kosciuszko

Australien

2228 m

Neu-Südwales, Snowy Mountains

Erste überlieferte Besteigung:
Sir Paul Edmond de Strzelecki, 1840.

Der Mount Kosciuszko, dieser hohe Moorgipfel, der Australien krönt, ist eine beliebte Touristenattraktion in den Snowy Mountains. Er ist der leichteste der Seven Summits, weshalb viele Bergsteiger die ausserhalb Australiens gelegene Carstensz-Pyramide für einen würdigeren Gipfel der Seven Summits halten.

Einführung

steve bell

Das Ziel, den höchsten Punkt eines jeden Kontinents zu erreichen, hat eine Bergsteigergeneration auf der ganzen Welt inspiriert. Die so genannten Seven Summits, die sieben höchsten Gipfel der Kontinente, stellen eine gewaltige Herausforderung dar, fordern selbst von den besten Bergsteigern starke Entschlossenheit und bleiben dabei doch erreichbar für engagierte Neulinge. Bergsteiger mit unterschiedlichsten Ansprüchen dürfen danach streben, auf die höchsten Berge der Kontinente zu klettern, und die Zahl derer, die die Sammlung der Sieben komplett haben, ist in den letzten Jahren drastisch angestiegen. Die Tatsache, dass die Seven Summits ein realistisches und relativ leicht erreichbares Ziel sind, macht sie attraktiv. Das Sammeln von Gipfeln ist eine globale Zielsetzung, die sich nicht beschränkt auf eine Bergkette, ein Land, einen Kontinent; die Sammlung zu vervollständigen, erfordert die Reise zu einigen der wundersamsten Ecken der Welt. Es überrascht kaum, dass sich die Idee durchgesetzt hat.

Von den vielen beliebten Sammlungen, die Bergsteiger zu vervollständigen suchen, ermöglicht die der Seven Summits die breiteste Vielfalt an Erlebnissen. Jeder der sieben Kontinente ist einzigartig, und das sind auch ihre höchsten Punkte. Der windgepeitschte und öde «Steinwächter» Aconcagua ist der Anführer der südamerikanischen Anden; der schneebedeckte Vulkan des Kilimandscharo bildet den Hintergrund der afrikanischen Wildparks; die Krone des doppelköpfigen Elbrus erweist sich überraschend als die des Königs von Europa; das erst vor wenigen Jahrzehnten entdeckte Vinson-Massiv verbirgt sich in der eisigen Wildnis der Antarktis; der Mount McKinley, «der Grosse» (Denali, indianisch) von Nordamerika, lässt seine Gletscher bis in die ungezähmte alaskanische Tundra strömen. Australasien bietet uns die Wahl zwischen einer gemütlichen Wanderung hinauf zum Kosciuszko oder einer Zeitreise um einen Tag zurück zur Carstensz-Pyramide; und der Höchste von allen, der Everest, bietet den Entschlossenen und mit Glück Gesegneten den am meisten geschätzten aller Gipfel.

Jene, die von der Besteigung der Seven Summits angelockt werden, und ihre Motive dafür sind dabei nicht weniger verschieden. Für einige ist es eine Ausrede, rund um die Welt zu reisen; andere haben vielleicht schon einige der Berge bestiegen und beschliessen dann einfach aus Spass, die Sammlung zu vervollständigen; einige sind vielleicht zuvor noch nie geklettert, werden gepackt von den Seven Summits und verkaufen ihre Bergschuhe, wenn sie alle Gipfel erreicht

haben. Für jeden ist es eine gewaltige Herausforderung, die Entschlossenheit, Engagement, Fitness und Risikobereitschaft verlangt. Was auch immer die Motivation sein mag – die Belohnung ist gross. Für die meisten Menschen ist die Sammlung der Seven Summits ein Meilenstein in ihrem Leben, der für das Annehmen einer Herausforderung, das Bewältigen von Widrigkeiten und für gemeinsame Erlebnisse steht.

Viele solcher Erlebnisse werden in diesem Buch lebendig beschrieben. Intensive Berichte jener, die die Seven Summits bestiegen haben, zeigen auf einzigartige Weise, was diese Herausforderung bedeutet und was es braucht, um sie zu bestehen. Gerry Roach nimmt uns auf eine bergsteigerische Achterbahnfahrt mit, die fast 32 Jahre durcheilt; Junko Tabei beschreibt ihre Frauenerstbesteigung des Everest; Ronald Naar entdeckt, dass mysteriöse Kräfte an der Carstensz-Pyramide am Werk sind; Viki Grošelj findet Zeit, während seiner schnellen Erstbegehung einer neuen Route am Vinson die Schönheit der Antarktis in sich aufzunehmen; Gerhard Schmatz stürzt nach Begeisterung ab in Verzweiflung, als er seine Frau Hannelore am Everest verliert. Das ist nur eine Auswahl aus 17 hervorragenden Berichten von Bergsteigern aus zehn verschiedenen Ländern. Sie bewegen und inspirieren mit Sicherheit jeden, der sich für Berge interessiert, und jeden, der sie besteigt.

In Anbetracht ihres Status, der höchste Gipfel eines Kontinentes zu sein, sind die Folgen der Umweltbelastung durch die Besucher an jedem einzelnen dieser Gipfel weitaus grösser als an anderen Bergen. Jährlich nimmt diese Belastung zu, und es besteht wenig Zweifel daran, dass dies zum Teil an der ständig wachsenden Zahl derer liegt, welche die Herausforderung der Seven Summits annehmen. Im Bemühen, die Aufmerksamkeit auf dieses wichtige Problem zu ziehen, ist bei jeder Bergbeschreibung ein Abschnitt über Umweltschutz eingeschlossen. Dieser Abschnitt bietet eine kurze Zusammenfassung der bedeutendsten Umweltprobleme an jedem Gipfel, zugleich aber auch einen Hinweis darauf, wie jeder einzelne Besucher zum Schutz der Natur beitragen kann.

Dieses Buch ist eine Würdigung der Seven Summits und des Strebens, sie zu besteigen. Es enthält eine Liste der Bergsteiger, die sie bestiegen haben, beschreibt im Detail deren Leistungen und Anstiege und schliesst persönliche Berichte und unterwegs gewonnene Einsichten mit ein. Das Buch versucht auch, einige der eher kontroversen Betrachtungen über das «Sammeln» von Bergen anzusprechen, und berücksichtigt die bedeutenden Umweltbelastungen, mit denen beliebte Bergregionen konfrontiert sind. «Seven Summits» will durch diese ungewöhnliche Kombination von Information, Erlebnis und Kommentaren über ein modernes Phänomen des Bergsteigens, das Bergsteiger und kletternde Enthusiasten rund um die Welt fesselt, informieren, unterhalten und provozieren.

Eine kurze Geschichte vom Streben nach den Seven Summits

Die Idee, auf den höchsten Punkt jeden Kontinents zu steigen, kann nicht einer einzelnen Person zugeordnet werden. Beliebig viele fantasievolle Bergsteiger hätten unabhängig voneinander über eine Version davon nachdenken können. Vielleicht hätte Mallory mit seiner visionären Lust auf Herausforderungen in Betracht gezogen, andere Kontinentalgipfel zu besteigen, wenn er seinen berühmten Besteigungsversuch am Everest 1924 überlebt hätte. Bis in die 50er-Jahre hinein wäre jedoch jeglicher Gedanke daran ein Traum gewesen, der sich in Rauch auflöst, war doch der Gipfel des Everest noch unbetreten und der höchste Punkt der Antarktis nicht entdeckt.

Oben: Eine besonders lange Leiter hilft im gefährlichen Khumbu-Eisbruch bei der Überwindung einer tiefen Spalte im instabilen Eis.

Links: Ein Bergsteiger überquert auf seinem Weg zur Kibo-Hütte die trockene Steppe vor dem Vulkankegel des Kibo, des Hauptgipfels des Kilimandscharo.

Das Konzept der Seven Summits hat sich mit den Erleichterungen des Zugangs und zunehmendem Wissen verändert. Die Entwicklung wurde gelenkt durch die Aktivitäten einer Handvoll ehrgeiziger Bergsteiger, die gemeinsam den Anspruch erheben können, die «Architekten» der Seven-Summit-Herausforderung zu sein.

Im September 1956 erreichte William D. Hackett, ein Soldat aus Oregon, USA, die Spitze des Montblanc und war damit vermutlich der Erste, der auf dem höchsten Punkt von fünf Kontinenten stand. Dies setzt natürlich voraus, dass der Montblanc als höchster Gipfel Westeuropas in ganz Europa der höchste ist. Für die meisten war der Elbrus, der inzwischen als der höchste Gipfel Europas gilt, zusammen mit den anderen Gipfeln des Kaukasus hinter dem Eisernen Vorhang der Sowjetunion, bis Mitte der 80er-Jahre nicht erreichbar. Bill Hacketts andere Gipfel waren der Mount McKinley (1947 – die vierte Besteigung des Berges), Aconcagua (1949), Kilimandscharo (1950) und Kosciuszko (Februar 1956).

Zweifellos hegte Hackett die Hoffnung, die Liste noch zu vervollständigen. Nach einem Versuch am K2 im Jahre 1960 erhielt er eine Genehmigung für den Everest im darauf folgenden Jahr, musste die Reise jedoch unglücklicherweise wegen Geldmangels aufgeben. Im Jahre 1986 hatte er im Alter von 67 Jahren schliesslich die Gelegenheit, zum Vinson-Massiv in der Antarktis zu reisen. Während seine Teamgefährten, darunter Pat Morrow, Giles Kershaw und Martyn Williams (die später Adventure Network International gründeten), erfolgreich waren und den Gipfel erreichten, wurden Hacketts Anstrengungen durch Erfrierungen vereitelt.

Der japanische Solo-Abenteurer Naomi Uemura brach mit seiner Gewohnheit, allein zu gehen, und erreichte im Jahre 1970 mit seinem Landsmann Teruo Matsuura den Gipfel des Everest. Sie waren Mitglieder eines grossen Teams beim Erstbegehungsversuch der Südwestwand, wichen dann aber auf die Südostgrat-Route aus, um die ersten Japaner auf dem höchsten Berg der Welt zu sein. Uemura hatte bereits den Montblanc bestiegen, ferner den Kilimandscharo und den Aconcagua, so dass er nach seiner Solo-Erstbesteigung des Mount McKinley, drei Monate nach dem Everest, der Erste war, der die höchsten Berge von fünf Kontinenten inklusive Everest erreicht hatte.

Lange bevor Uemura in die Arena trat, hatte es ein Schweizer Bergsteiger, Dölf Reist, auf die «Five Summits» einschliesslich des Everest abgesehen. Im Jahre 1956 hatte er den Vorteil, einer von insgesamt nur sechs Everest-Besteigern zu sein, so dass keine Eile bestand, die anderen zu besteigen. Reist, der 1955 auf dem Montblanc war, glaubte, viel Zeit zu haben, und wartete fünf Jahre, bevor er seinen nächsten Kontinentalgipfel bestieg. Schliesslich vervollständigte er seine Sammlung der fünf Gipfel im Jahre 1971, sechs Monate nach Uemura.

Aber für Uemura war die Sache keinesfalls beendet: Nachdem er den ersten Alleingang zum Nordpol gemacht hatte, beschloss er, in die Antarktis zu gehen, wo er – wieder allein – den Vinson per Hundeschlitten ab der Küste erreichen und besteigen wollte. Sein Training für dieses waghalsige Ziel war eine Solo-Winterbesteigung des Mount McKinley im Februar 1984. Er erreichte dieses bemerkenswerte Ziel, verschwand jedoch beim Abstieg in einem der fürchterlichen Kinley-Stürme und wurde nie wieder gesehen. Der Verlust von Uemura, in Japan ein bekannter Held, wurde tief empfunden.

Auch der Südtiroler Bergsteiger Reinhold Messner sprengte in dieser Zeit die Grenzen des Abenteuers. Als vielleicht grösster Bergsteiger seiner Zeit waren seine Erfolge und Ansichten ein dominierender Antrieb für die Entwicklung der heutigen Auffassung von Ethik und Stil des Bergsteigens. Die Ausdauer und die Fähigkeiten Messners, aufs höchste Niveau gebracht in den Dolomiten, wurden von ihm auf die Berge der ganzen Welt übertragen. Es war somit unumgänglich, dass ihn der Gedanke reizte, die höchsten Berge der Kontinente zu besteigen, besonders deshalb, weil noch keiner mehr als fünf von ihnen bestiegen hatte.

Im Jahre 1978, als Messner und der österreichische «Höhenathlet» Peter Habeler den Gipfel des Everest ohne Nutzung von Flaschensauerstoff erreichten, war die Bergsteigerwelt fassungslos. Nachdem diese psychologische Barriere einmal durchbrochen war, verkündete Messner, dass er der Erste sei, der sechs der kontinentalen Gipfel bestiegen habe. Er hatte dieselben Berge erreicht wie Reist und Uemura, aber 1971 auch die Carstensz-Pyramide. So war es also Messner, der zuerst Australasien in die Liste der Kontinentalgipfel aufnahm. Bemerkenswert daran ist, dass er die Carstensz-Pyramide dabei als den höchsten Punkt betrachtete. Messner musste 1978 nur noch den höchsten Gipfel der Antarktis erreichen, um der Erste auf den Seven Summits zu sein. Über Jahre hinweg versuchte er hartnäckig, zum Mount Vinson zu kommen, doch als es ihm Ende 1986 endlich gelang, war der Pokal bereits vergeben. Darüber war Messner, der einmal sagte, die Seven Summits seien nur ein Spass gewesen, nicht allzu sehr betroffen, schliesslich lassen seine an-

Oben: Der Kanadier Pat Morrow entspannt sich 1985 im Basislager des Vinson. Er war der erste Bergsteiger, der die Carstensz-Version der Seven Summits vervollständigte.

Links: Reinhold Messner, der grösste und einflussreichste Bergsteiger seiner Zeit, war massgeblich an der Definition der Seven Summits beteiligt.

deren bergsteigerischen Erfolge die Seven Summits aussehen wie einen Spaziergang im Park. Dennoch wanderte der beste Bergsteiger der Welt 1983 auch noch auf den Kosciuszko, nur um sicher zu sein, dass er auch den echten Antipoden-Gipfel gemacht hatte.

Reinhold Messners Einfluss auf die Festlegung der Seven Summits endete damit nicht. 1983 bestieg er den Elbrus im Kaukasusgebirge und erklärte, dass der Montblanc nicht als der höchste Gipfel des europäischen Kontinents betrachtet werden sollte. Der Elbrus, über 800 Meter höher als der Montblanc, liegt geografisch in Europa, doch gehörte er damals zur Sowjetunion und war für Bergsteiger um einiges schwieriger zu erreichen als der Riese der französischen und italienischen Alpen. Messners Sichtweise wurde rasch übernommen von anderen, und als Folge davon musste der Montblanc, höchster Berg Westeuropas, auf der Liste der Kontinentalgipfel zu Gunsten des höheren und nun erreichbaren Elbrus weichen.

In der Zwischenzeit hatten zwei Amerikaner ihre eigene Vorstellung davon entwickelt, die sieben höchsten Gipfel der Kontinente zu besteigen. Dick Bass und Frank Wells waren keine hartgesottenen Abenteurer wie Messner und Uemura, sie hatten jedoch die Entschlossenheit und die Mittel, um es zu schaffen. Sie stellten auch ihre eigene Definition der höchsten Gipfel auf, indem sie sich strikt an die kontinentalen Landmassen hielten und Inseln ignorierten. So wurde der Kosciuszko in den Snowy Mountains ihr australischer Gipfel und nicht die Carstensz-Pyramide auf der Insel von Neuguinea. Sie fügten ihrer Liste der sieben Kontinentalgipfel auch den höchsten Punkt der Antarktis hinzu. So bestieg das Duo ab 1983 in Begleitung von erfahrenen Bergsteigern, die sie dazu einluden, sechs der Seven Summits. Nur der Everest entzog sich ihnen: Sie versuchten den Nordgrat 1982, wobei eine gute Freundin von Bass, Marty Hoey, bei einem Sturz getötet wurde. Im Jahr darauf waren sie Teilnehmer einer sehr erfolgreichen Expedition auf der Südostgrat-Route, bei der sechs Amerikaner, darunter Gerry Roach, und zwei Sherpas den Gipfel erreichten. Bass und Wells kamen am Berg hoch hinauf, waren jedoch aus verschiedenen Gründen gezwungen umzukehren. Wells machte keine weiteren Versuche mehr am Everest und gab das Ziel der Seven Summits auf. Bass jedoch schloss sich im Jahre 1985 einer norwegischen Expedition an, die vom Reederei-Tycoon Arne Naess geleitet wurde. Es war eine Muster-Expedition, gut finanziert, gut geleitet, die zu einem Rekord führte, indem 17 Teilnehmer den Gipfel erreichten. Dick Bass war einer von ihnen und wurde damit nicht nur zum Ersten, der die Seven Summits mit dem Kosciuszko bestiegen hatte, sondern mit 55 Jahren auch zum ältesten Everest-Besteiger – ein Rekord, den er in den folgenden acht Jahren hielt. Zwei weitere bemerkenswerte Teilnehmer dieser Expedition, die den Gipfel erreichten, waren Ralph Höibakk und Arne Naess, die später die Seven Summits mit der Carstensz-Pyramide abschlossen, sowie der bekannteste Bergsteiger Grossbritanniens, Chris Bonington.

Nachdem ihm der Everest zweimal seine Pläne durchkreuzt hatte, hatte Bass viel Glück, nicht in seinem eigenen Spiel geschlagen zu werden. Ein starker kanadischer Bergsteiger namens Pat Morrow hatte ihm gegenüber den Vorteil, dass er den Kinley bereits 1977 und den Everest 1982 bestiegen hatte, und zog nun los, den Rest zu vervollständigen. Da er nicht die finanziellen Mittel von Bass hatte, gelangen ihm nur zwei weitere Gipfel, Aconcagua und Kilimandscharo, bevor Bass seine Sammlung komplett hatte. Das Rennen zwischen den beiden ungleichen Gegnern war jedoch bereits bekannt geworden und wurde noch angefacht durch Kontroversen, als Morrow Messners Definition der Seven Summits annahm – mit der Carstensz-Pyramide anstelle des Kosciuszko. Nach einer Reihe von Rückschlägen bewies Morrow Beharrlichkeit und Einfallsreichtum, bis er schliesslich den Mount Vinson im Jahre 1985 erreichte und seine Sammlung der Seven Summits im Jahr darauf mit der Carstensz-Pyramide und dem Elbrus abschloss. Da er bereits den Kosciuszko bestiegen hatte, war Morrow auch der Erste, der beide Versionen der Seven Summits geschafft hatte.

So waren nun also die Seven Summits erstmals bestiegen, die Version mit dem Kosciuszko von Dick Bass und die Carstensz-Version von Pat Morrow. Die Debatte darüber, welche Version die wertvollere ist, wird immer noch heftig geführt, gelegentlich mit Erbitterung und Schärfe. Mittlerweile kümmern sich die meisten Bergsteiger anscheinend nicht darum, sondern besteigen freiwillig die Gipfel beider Versionen unter dem einfachen Vorwand, ihr Streben auszuweiten und in ein weiteres Land reisen zu können. In den Zeiten, in denen die Carstensz-Pyramide für Bergsteiger unerreichbar ist, lebt das Interesse am Kosciuszko wieder auf bei jenen, die alle Kontinentalspitzen besteigen wollen.

Bis in die 90er-Jahre konnte nur eine Handvoll Bergsteiger eine der beiden Versionen der Seven-Summits-Sammlung vorweisen. Mitte 1999 hatten 60 Personen ihre Liste vervollständigt, und das Interesse nimmt rasch zu – bei Experten wie bei Neulingen.

Selbstdarstellung: Die Herausforderung bestimmen

Jeder der Seven Summits bietet Bergsteigern die Gelegenheit, sich selbst darzustellen durch die Wahl der Route und des Besteigungsstils. Es gibt keine festgelegte Art, diese Berge zu besteigen. Am leichtesten ist es auf den Normalwegen in der besten Jahreszeit. Bergsteiger können den Kurswert aber auch hinauftreiben, indem sie einen schwierigeren Weg wählen, eine neue Route begehen oder den Gipfel ausserhalb der Saison besteigen, zum Beispiel im Winter oder mit Ski. Es ist diese Möglichkeit, die Herausforderung selbst zu bestimmen und zuzuschneiden auf seine eigenen Fähigkeiten und Ambitionen, die aus den Seven Summits ein ernsthaftes Ziel macht für einige führende Bergsteiger. Nur wenige werden die Seven Summits allerdings über dieselben Routen und im selben Stil begehen können wie Reinhold Messner oder Doug Scott. Wenn sie das müssten, dann wären die Seven Summits wohl

Bei der Erstbegehung der Everest-Südwestwand mit Doug Scott kämpft sich Dougal Haston über den Hillary Step hinauf (1975).

Oben: Die Erstbegehung der Südwand des Mount McKinley im Jahre 1976 durch Doug Scott und Dougal Haston war zugleich die erste Besteigung des Berges im alpinen Stil.

Rechts: Expeditionsmüll: Sauerstoffflaschen und verlassene Zelte am Südsattel des Everest in 8000 Metern Höhe.

kaum so populär. Ihre Erreichbarkeit verleiht diesen Gipfeln einen besonderen Reiz, doch die extremen Möglichkeiten, die sie bieten, können auch die Aufmerksamkeit der weltbesten Bergsteiger auf sich ziehen.

Die Selbstdarstellung beim Bergsteigen geht natürlich weit über die Seven Summits hinaus: Alpinisten haben die Möglichkeit festzulegen, wie sie einen Berg besteigen; ob sie von einem Bergführer auf dem einfachsten Weg hinaufgeführt werden wollen oder ob sie eine Alleinbegehung der schwierigsten Route im Winter machen. Jeder Berg hat ein bestimmtes Schwierigkeitsniveau, das absolut ist. Es ist leicht, eine Besteigung schwieriger zu machen. Abgesehen von einer gründlichen Vorbereitung ist es jedoch wahrscheinlich unmöglich, eine Besteigung leichter zu gestalten. Dieses Schwierigkeitsniveau bestimmt den Status eines jeden Berges in der Hierarchie der Seven Summits – der Kosciuszko ist ein Spaziergang, während der Everest eine Tour am Rande des Menschenmöglichen ist. Aber sogar die Besteigung des Everest über seinen Normalweg ist keine so eindrucksvolle Leistung wie Doug Scotts Erstbegehung in der Südwand des Mount McKinley oder Reinhold Messners Erstbegehung einer direkten Ausstiegsvariante der «Französischen Route» in der Aconcagua-Südwand.

Es gibt jedoch, was die Seven Summits betrifft, einen Joker. Das ansonsten absolute Schwierigkeitsniveau kann am Everest verändert werden durch die Menge des dabei benutzten künstlichen Sauerstoffes. Obwohl bewiesen wurde, dass der Berg ohne Flaschensauerstoff zu besteigen ist, wird dieser noch vom Grossteil der Besteiger benutzt. Ohne künstlichen Sauerstoff wäre der Everest für die meisten unerreichbar, und die Seven Summits wären allein eine Domäne der Elite. Aber wie viel Flaschensauerstoff darf benutzt werden? Wenn künstlicher Sauerstoff eine Besteigung erleichtert, ist es logisch, dass ein Berg umso einfacher wird, je mehr man davon verwendet. Aber wie leicht sollen wir es uns machen? Rekorde wurden aufgestellt von jenen, die den Everest ohne Flaschensauerstoff bestiegen haben, und von jenen, die das Ziel mit künstlichem Sauerstoff erreicht haben. Ob nun die Benutzer künstlichen Sauerstoffs reichliche Mengen davon bereits von unten an eingeatmet haben oder lediglich zum Schlafen während einiger Stunden im letzten Hochlager – sie haben so oder so Flaschensauerstoff benutzt. Es besteht kein Unterschied in ihrem Besteigungsstil, ausser dass die Leistung der einen um einiges grösser ist als die der anderen.

Die Nutzung künstlichen Sauerstoffs hat auch bedeutende Auswirkungen auf die Sicherheit. Ein Alpinist, der viel Sauerstoff braucht, ist im Notfall stärker davon abhängig. Wer fähig ist, von hoch oben am Berg ohne die Hilfe zusätzlichen Sauerstoffs abzusteigen, verringert das Risiko von Tragödien. Selbst bei gründlicher Vorbereitung kann der Sauerstoff zur Neige gehen, die Ausrüstung funktionsunfähig werden oder eine Flasche hinunterfallen. Einige der Todesfälle, die sich vor kurzem ereignet haben, hätten vermieden werden können, wenn die Bergsteiger nicht vom künstlichen Sauerstoff abhängig gewesen wären. Wie viel Sauerstoff aus der Flasche inhaliert wird, ist deshalb eine wichtige Frage der Ethik und Sicherheit, die sich jeder stellen muss, der einen Besteigungsversuch am Everest plant.

Da das Streben, die Seven Summits zu besteigen, weiter an Popularität gewinnt, werden Bergsteiger sie wahrscheinlich als Bühne nutzen für ihren speziellen Besteigungsstil. Diejenigen aber, die versuchen, diese sieben Gipfel allein, im Winter oder über ihre schwersten Routen zu besteigen, werden immer wenig sein im Vergleich zur grossen Mehrzahl der Bergsteiger, die ihre Erfolgschancen vergrössern, indem sie die leichteste Möglichkeit wählen.

Die Seven Summits in der Reihenfolge steigender Schwierigkeiten (unter Voraussetzung idealer Verhältnisse am Berg)

Gipfel	Grad	leichteste Route	Grad	härteste Route*
Kosciuszko	1	–	–	–
Kilimandscharo	2	Touristen-Route (Marangu)	15	Direkte Breach-Wall-Route (Messner)
Elbrus	3	Normalweg	–	–
Carstensz	5	Normalweg	6	Tabin oder Scott-Route
Aconcagua	5	Normalweg	15	Direkte Südwand (Messner)
Vinson	5	Normalweg	8	Slowenische Route (Grošelj)
McKinley	7	West Buttress	15	Südwand (Scott)
Everest	10	Südsattel/Südostgrat	20	Südwestwand (Scott)

Diese Bewertung der Seven Summits wird sicherlich zu Diskussionen Anlass geben. Zwei Punkte stehen jedoch fest: erstens, dass der Everest der am schwierigsten zu besteigende Berg der Seven Summits ist, und zweitens, dass der Kosciuszko der leichteste ist. Die ungefähre Schwierigkeit der restlichen Gipfel ist viel verschwommener und beruht auf der persönlichen Erfahrung, dem Können und der Perspektive eines jeden Bergsteigers. Die angeführte Schwierigkeitsbewertung erfolgt nicht nach einem anerkannten System. Sie ist nur dazu gedacht, den Vergleich der Schwierigkeiten beim Erreichen der einzelnen Gipfel widerzuspiegeln. Sie beinhalten technische Schwierigkeit, Anstrengung, körperliche Belastung und Höhe. Für viele Bergsteiger besteht die grösste Herausforderung darin, das Geld aufzutreiben, um überhaupt zu den Bergen zu gelangen – die Kosten sind bei dieser Bewertung nicht berücksichtigt.

*** Die Angaben über die härtesten Routen beschränken sich auf diejenigen, die von Seven-Summits-Besteigern gemacht wurden. Sie schliessen schwierigere Routen, die vielleicht von anderen bewältigt wurden, aus.**

Die Bergwelt

Die fast explosive Entwicklung des Tourismus von den 60er-Jahren an bis heute hat deutliche Auswirkungen auf die Berge. Obwohl viele selten besuchte Bergregionen ursprünglich geblieben sind, ist die Magnetwirkung der Seven Summits für die heutigen Bergsteiger gewaltig und hat einen Ansturm von Touristen zur Folge, der auf die fragilen Ökosysteme einen enormen Druck ausübt. Alle, die diese Bergregionen besuchen – und ganz besonders jene, welche die Seven Summits besteigen – sollten sich der Konsequenzen für die Umwelt bewusst sein und die Auswirkungen ihres Besuchs so gering wie möglich halten.

Die Verbreitung von Informationen und die Ausbildung in Umweltfragen sind deshalb sehr wichtig. Nationalparks und andere Organe, die verantwortlich sind für Umweltfragen an den Seven Summits, spielen dabei eine wichtige Rolle, einige engagieren sich allerdings mehr als die anderen. Zusätzlich müssen Expeditionsleiter, die verantwortlich dafür sind, Bergsteiger und Besucher in diese Regionen zu bringen, sich für die Umwelt einsetzen und dafür sorgen, dass alle Mitglieder ihrer Gruppe die gegenwärtig anerkannten Praktiken befolgen. Ein kurzer Überblick über die Umweltproblematik an jedem der sieben Gipfel ist in den Kapiteln über die Berge eingeschlossen. Was nun folgt, ist eine allgemeine Beschreibung der manchmal komplexen Umweltprobleme, mit denen Bergreisende und jene, die für den Erhalt und den Schutz der Bergwelt verantwortlich sind, konfrontiert werden.

Die wichtigsten Umweltprobleme

Wege können, wenn sie gut und regelmässig instand gehalten werden, ein positiver Aspekt der Bergwelt sein. Sie ermöglichen einen leichten Zugang zu entlegenen Gebieten und verbessern die Kommunikation und den Handel zwischen den Menschen. Sie sind ein Zeichen von Kultur. Wege werden jedoch zu einem Problem in Regionen mit fragilem Gelände, wenn sie zu stark benutzt werden oder die Erosion der umgebenden Hänge bewirken. Wege, die durch feuchtes Gelände führen, sind oft die Ursache von Erosion in der unmittelbaren Umgebung. Die Ablaufrinnen des Regenwassers können ernsthafte Beschädigungen der Wege verursachen, besonders an steilen Abhängen. Auf Lagerplätzen wird bei Übernutzung die Vegetation zusammengetreten, und der nackte Boden kommt zum Vorschein.

Es ist möglich, die Erosion der Wege und das Zertrampeln fragiler Bereiche auf ein Minimum zu reduzieren. Der wichtigste Beitrag dazu ist, einem bestehenden Weg zu folgen und ihn nicht durch Gehen am Rand oder auf einer Seite zu verbreitern. Diejenigen, die für die Instandhaltung der Wege verantwortlich sind, sollten darüber nachdenken, ob sie nicht in Feuchtgebieten Trittsteine auslegen, ferner durch Steine befestigte Wege an regelmässig benutzten Lagerplätzen sowie Drainagen an Hängen, Holzstege über Morast und Brücken über Flüsse bauen sollten. Allerdings muss sichergestellt sein, dass die Folgen dieser Massnahmen nicht schlimmer sind als das, was sie eigentlich verhindern sollten.

Oben: Im Aconcagua-Nationalpark werden Müllsäcke an die Bergsteiger ausgegeben, um die Umwelt am höchsten Berg des amerikanischen Kontinents zu schützen.

Rechts: Der neuseeländische Bergführer Rob Hall, der 1996 am Everest starb, feiert seine erfolgreiche Besteigung des Vinson.

Abholzung entlang der Wege und an den Lagerplätzen ist die Folge, wenn Treckings und Expeditionen Holz zum Kochen benötigen. Die beste Massnahme dagegen ist, dass das gesamte Personal, inklusive Träger, zum Kochen nur Kerosin- oder Gaskocher verwendet. Ein Lagerfeuerverbot mit der Auflage, bei Betreten einer Bergregion Kocher dabei zu haben, wäre ideal, aber unglücklicherweise ist es oft zu viel verlangt, von den einheimischen Trägern zu erwarten, dass sie auf ihre uralte Lagerfeuertradition verzichten. Hotels und Teehäuser in Nepal verbrauchen beträchtliche Mengen von Holz für die Versorgung der Trecker. In einigen Regionen Nepals wurde jedoch damit begonnen, Kerosinöfen und Strom zu nutzen und damit die wertvollen Wälder zu retten.

Abfälle sind die offensichtlichste Form der Belastung von Bergregionen durch Besucher. Sie schaden nicht nur der Umwelt, sondern sind auch ein ästhetisches Problem. Es ist erstaunlich und traurig zu sehen, wie viel Abfall von unwissenden oder gedankenlosen Wanderern und Bergsteigern zurückgelassen wird. Diesem deutlich sichtbaren negativen Effekt des Bergtourismus widmen sich oft Aufsehen erregende Aufräumkampagnen. Jedoch ist es immer am besten, das Problem durch entsprechende Vorsorge anzupacken.

Alle Wanderer und Bergsteiger sollten ihren Abfall trennen in biologisch abbaubare, brennbare und nicht brennbare Bestandteile. Der gesamte Müll muss aus grossen Höhen hinabgetragen werden, da die Verrottung organischer Stoffe dort oben nicht möglich ist. Das Verbrennen von Müll ist auf Grund des niedrigen Sauerstoffgehalts normalerweise nur unter 4000 Metern Höhe effektiv, ausser man benutzt dazu einen Verbrennungsofen. In tieferen Lagen können biologische Abfälle vergraben und verbrennbarer Müll sauber verbrannt werden. Natürlich ist es immer am besten, wenn man alles wieder mitnimmt, was man hingetragen hat, um es an einem geeigneten Ort zu beseitigen.

Menschliche Exkremente und sanitäre Anlagen können die Umwelt ebenfalls gefährden. Da es kaum praktikabel ist, Fäkalien abzutransportieren, muss man damit vor Ort fertig werden. Der niedrige Luftdruck und die tiefen Temperaturen führen dazu, dass in der Höhe viele Mikroorganismen im Boden nicht existieren können, was den Abbau von Exkrementen hemmt. Es ist wichtig, bestimmte Stellen abseits des Lagers und der Wasserquellen für die Toiletten festzulegen. Empfohlen wird, dabei mindestens eine Entfernung von 50 Metern zu offenem Wasser einzuhalten. Ferner sollte ein Latrinenloch gegraben und danach wieder zugeschüttet werden. Ungelöschter Kalk hilft bei der Verrottung. Der Ort des Geschirrabwasches und anderer hygienischer Einrichtungen wie Duschen müssen ebenfalls von offenem Wasser entfernt liegen; Seifen und Spülmittel sollten biologisch abbaubar sein.

Bergausrüstung, die benutzt und zurückgelassen wird – etwa Sauerstoffflaschen und Fixseile – sind auch Abfall. Beliebte Routen können regelrecht überhäuft sein von Fixseilen und alten Zelten und – im Falle des Everest – von Sauerstoffflaschen. Bergsteiger sollten deshalb stets Vorkehrungen treffen, die ganze Ausrüstung zu entfernen, bevor sie den Berg verlassen.

Ausserdem dürfen Wildtiere nicht gestört werden, und die kulturellen Überzeugungen und Sitten der Einheimischen, die ihr ganzes Leben in den Bergen verbringen, müssen respektiert werden.

Gipfelbewilligungen, die für die meisten der Seven Summits erforderlich sind, tragen dazu bei, die Besucher und deren Auswirkungen auf die Berge zu überwachen. Die meisten der betroffenen Behörden instruieren Expeditionen über Belange des Umweltschutzes und beschränken oft die Zahl der Besucher. Die komplette Schliessung von Bergregionen kann ein letzter Ausweg sein, um fragile Naturräume zu schützen. Diese Lösung wurde sowohl im Himalaja als auch in Nordamerika bereits angewandt.

Die meisten Menschen, die sich an wilden, unberührten Orten erholen wollen, sind besonders umweltbewusst und wollen deshalb die Folgen ihres Aufenthaltes auf die Umgebung gering halten. Dieser Wunsch kann mit wenig Zeitaufwand und Mühe durch Rücksichtnahme verwirklicht werden, indem man sich dabei an die folgende Maxime hält: «Nimm nichts mit ausser Fotos, und lasse nichts zurück ausser Fussabdrücke.» Tragen Sie Ihren Teil dazu bei, die bestehenden Umweltschutzprogramme zu unterstützen, wenn Sie einen der Berge der Welt besuchen, und ermutigen Sie andere dazu, Ihrem Beispiel zu folgen. Wenn wir das alle tun, werden wir die Berge immer aufsuchen, besteigen und geniessen können.

Die Seven Summits und andere «Sammlungen»

Bergsteiger sind unheilbare Sammler. Der Anreiz, den höchsten Berg der Welt, eines Kontinents, eines Landes oder Staates zu besteigen, ist offensichtlich, und solche Berge ziehen zwangsläufig mehr Aufmerksamkeit auf sich als die niedrigeren Gipfel gleich nebenan. Viele Bergsteiger fühlen sich angezogen vom Sammeln dieser Berge und machen daraus ein Langzeitprojekt, das bis zu seinem Abschluss Jahre dauern kann. Das Phänomen gibt es auf fast allen Stufen des Bergsteigens, und es reicht von der Besteigung aller Gipfel der schottischen Munros bis hin zur ultimativen Herausforderung des Höhenbergsteigens, alle 14 Achttausender zu erreichen.

«Gipfelsammlungen» werden nicht nur durch die Höhe definiert. Es kann sich auch um eine Gruppe schwieriger Klassiker handeln, wie die sechs grossen Nordwände der Alpen, oder um eine Auswahl von Routen, die nichts gemeinsam haben, ausser dass sie ausgewählt wurden für ein bekanntes Buch, in der Art von «Hard Rock», «Die hundert schönsten Touren im Montblanc-Massiv» von Gaston Rébuffat, die «Fifty classic climbs of North America», «Himalaya in alpine Style» oder das kürzlich erschienene «World Mountaineering». Solche Sammlungen geben vielen Bergsteigern Richtung und Zielsetzung vor. Sie stellen ein Mittel bereit, das Vorankommen zu messen, und beim «Abhaken» stellt sich eine zusätzliche Befriedigung ein. Sie sorgen auch dafür, dass nach Beendigung einer grossen Tour immer ein anderes Ziel da ist, um das Vakuum des Ehrgeizes wieder zu füllen. Bergsteiger, die von den Seven Summits angezogen werden, sind wahrscheinlich empfänglich für andere Bergkollektionen. Um die schier unendlichen Möglichkeiten aufzuzeigen, nachfolgend eine Auswahl bergsteigerischer Sammlungen:

- Die 14 Achttausender
- Der Russische Schneeleopard – die fünf Siebentausender in den GUS-Staaten
- Die 18 Trecking-Gipfel Nepals*
- Die zweithöchsten Berge eines jeden Kontinents*
- Die Munros (schottische Gipfel über 915 m / 3000 ft.)
- Die Viertausender der Alpen
- Die sechs grossen Wände der Alpen: Eiger, Matterhorn, Grandes Jorasses, Petit Dru, Piz Badile und Westliche Zinne
- Die Schneegipfel am Äquator
- Die Gipfel Colorados über 4270 m / 14 000 ft.
- Die drei Pole: Süd- und Nordpol plus Everest.

*Als dieses Buch geschrieben wurde, war nichts bekannt darüber, dass jemand diese Sammlungen vervollständigt hätte.

Man könnte argumentieren, dass die Seven Summits die eleganteste und logischste Gipfelsammlung darstellten. Sie sind eine weltweite Herausforderung, weder auf eine einzelne Bergkette beschränkt noch auf ein Land oder einen Kontinent, und sie ermöglichen dem Bergsteiger eine stattliche Ansammlung bergsteigerischer Erlebnisse in einigen exotischen und schönen Ecken der Welt. Während die Elite-Bergsteiger der Welt die Grenzen des Möglichen an Bergen wie Everest und Mount McKinley verschieben, können dieselben Berge über ihren Normalweg von entschlossenen Neulingen bestiegen werden, die Führung durch einen Experten vorausgesetzt. Und die restlichen Kontinentalgipfel sind um einiges leichter. Die Seven Summits sind deshalb ein weniger anspruchsvolles Ziel als viele der anderen, oben angeführten Sammlungen, obwohl sie für viele Bergsteiger die grösste Belohnung bieten, nicht nur, weil Erfolg und Überleben dabei sehr ungewiss sind.

Im 21. Jahrhundert werden mehr aufregende Abenteuer dieser Art entwickelt werden, um Kraft und Mut zu testen in einer Zeit, in der solche Herausforderungen nicht aufgezwungen, sondern freiwillig gesucht werden. Wenn nur eines dieser neuen Abenteuer mithalten kann mit der Vielfalt, der Erreichbarkeit und dem reinen Wunder der Seven Summits, dann können wir uns wirklich sehr glücklich schätzen.

glenn porzak

Für den Kosciuszko

Am 30. April 1985 erreichte der amerikanische Geschäftsmann Dick Bass den Gipfel des Mount Everest und wurde damit der erste Mensch, der jeweils den höchsten Berg auf den traditionellen sieben Kontinenten der Welt bestiegen hatte. Im August 1986 brach jedoch eine Kontroverse aus, als der Kanadier Pat Morrow den Gipfel des Elbrus erreichte und der Welt verkündete, dass er und nicht Bass der Erste sei, der die Seven Summits bestiegen hätte. Morrow hatte bereits die 4884 Meter hohe Carstensz-Pyramide in der westlichen Hälfte Neuguineas, inzwischen Irian Jaya genannt, bestiegen und behauptete, dass dieser der Gipfel des wahren siebten Kontinents, Australasiens, sei. Dieser angebliche Kontinent, auch Ozeanien genannt, umfasst Neuseeland, Neuguinea und bestimmte andere Inseln im Pazifik zusammen mit Australien. Wenn man dies als richtig erachtet, ersetzt die Carstensz-Pyramide den niederen, 2228 Meter hohen Kosciuszko.

Als Folge davon, dass Pat Morrow seine Seven Summits mit der Carstensz-Pyramide im Jahre 1986 abgeschlossen hatte, und wegen seiner Behauptung, dass er und nicht Dick Bass der wahre Champion sei, entzündete sich die Debatte. Sie begann ernsthaft zu werden, als sich Reinhold Messner auf die Seite von Morrow stellte und mehrere Veranstalter von Abenteuerreisen das Profitpotenzial sahen, das im Führen von Kunden auf die schwierige und entlegene Carstensz-Pyramide steckt. Da keine Nachfrage bestand nach einer geführten Wanderung auf den Kosciuszko, nahmen die Bergführer Morrows siebten Gipfel rasch an.

Nachdem ich Mitte der 70er-Jahre den Kilimandscharo, den Aconcagua und den McKinley bestiegen hatte und 1985 dann den Mount Vinson, waren, als ich 1990 den Gipfel des Everest erreichte, schon die fünf härtesten der traditionellen Seven Summits beisammen. Da es nur eine handvoll von Leuten gab, die alle Seven Summits bestiegen hatten, schloss ich den Kreis, indem ich den Elbrus im Sommer 1991 und im darauf folgenden Frühjahr den Mount Kosciuszko zusammen mit meinem zehnjährigen Sohn bestieg. Obwohl ich persönlich die Ansicht nicht teile, dass Australien kein Kontinent sei, erreichte ich im Mai 1994 auch den Gipfel der Carstensz-Pyramide. Da ich nun beide umstrittenen Berge bestiegen und dabei über die Debatte um die Seven Summits nachgedacht habe, möchte ich dazu einige Bemerkungen machen.

Die erste ist ein geologisches Argument, das auf den tektonischen Platten beruht. Morrows Argument stützt sich auf die Prämisse, dass Neuguinea ein Teil des australischen Kontinentalschelfs und der Kontinentalplatte ist. Neuguinea thront aber nicht ganz auf dem australischen Kontinentalschelf. Die Insel ist ein Puzzle aus drei Platten und verbindet geologisch Südostasien, den Südpazifik und Australien miteinander. Nur die niederen Ebenen im Süden der Insel sind geologisch betrachtet Teil der australischen Platte. Der Java-Graben, der sich durch das Herz Neuguineas zieht, ist die geologische Grenze, die Asien von Australien trennt. Die Carstensz-Pyramide liegt im Norden der Bergkette, die den Java-Graben markiert, auf der philippinischen Platte Asiens. Das bedeutet, dass der Berg nicht auf derselben tektonischen Platte liegt wie Australien.

Meine zweite Bemerkung gilt den politischen Einteilungen. Die Carstensz-Pyramide liegt in der westlichen Hälfte von Neuguinea, bekannt als Irian Jaya, das zu Indonesien gehört. Politisch gesehen ist dieses Land ein Teil von Asien und nicht von Australien. Nur das östliche Neuguinea oder das unabhängige Land Papua-Neuguinea hat politische Verbindungen zu Australien. Philosophisch betrachtet scheint der Anspruch von Bass ebenfalls überlegen zu sein. Dick Bass definierte die Herausforderung, die Kontinentalgipfel zu besteigen. Als unerfahrener Bergsteiger und Geschäftsmann im Alter von Mitte fünfzig zog er dann los und machte es. Vielleicht irritiert das einige hartgesottene Bergsteiger, aber es zeigt, was mit etwas Beharrlichkeit und, ja, genügend Geld machbar ist. Die Geschichte zieht darin gleich mit solchen wie Woodrow Wilson Sayres «Four Against Everest», ausser dass Bass sein waghalsiges Projekt durchzog. Allein dafür sollte ihm keiner jemals absprechen, der Erste gewesen zu sein.

Aber abgesehen von Geologie, Politik und Philosophie gilt es zwei einfache Tatsachen festzuhalten: Bei jeder Definition ist Neuguinea eine Insel und die Carstensz-Pyramide der höchste Berg der Welt auf einer Insel. Deshalb behaupte ich, dass der Kosciuszko der siebte Gipfel der Seven Summits ist. Aber als der höchste Gipfel der Welt, der nicht auf einem Kontinent liegt, ist die Carstensz-Pyramide sicherlich der achte!

Über sanfte Hänge kann der Gipfel des Kosciuszko mit Ski, Fahrrad oder zu Fuss erreicht werden.

pat morrow

Für die Carstensz-Pyramide

Das Spiel des Bergsteigens ändert ständig seine Regeln. An einem Tag ist es unerlässlich, Griffe zu schlagen oder eine Leiter von Bohrhaken in den Fels zu zementieren, am Tag darauf wird dies von der Gemeinde der Kletterer verurteilt als eine destruktive und rückständige Methode, ähnlich einem Kahlschlag beim Abholzen oder dem Kohleabbau über Tage. Die Verhaltensregeln beim Klettern haben sich so oft geändert, dass sich ein farbenprächtiger Jargon entwickelt hat, um die Technik des Tages zu beschreiben, die von «hangdogging», «redpoint» und «pink point» bis zu «onsight» reicht, von der Absicherung von unten nach oben bis zu jener, die von oben nach unten angebracht wird.

Und in der Welt der Bergsteiger wurde die Forderung, dass die Erstbegehung einer Route sogar dann beansprucht werden könne, wenn das Kletterteam den Gipfel nicht erreicht habe, heftig bestritten. Und was ist mit den 14 Achttausendern? Haben nicht einige von ihnen Nebengipfel, die noch nicht bestiegen sind? Wirft das unbedingt die Frage auf, wessen Regeln wir im Spiel der Seven Summits befolgen? An der Oberfläche scheint das Projekt geradlinig genug zu sein. Einem guten Abschluss stellt sich aber geografische Semantik in den Weg. Wenn man die geografische Region, die Australien, die Inseln von Neuseeland und Neuguinea umschliesst, mit dem anerkannten Begriff Ozeanien oder Australasien definiert, dann ist die Carstensz-Pyramide zweifellos der höchste Gipfel dieser Region.

Stellen Sie sich das geografische Gebiet von Nordamerika vor, das einen Archipel arktischer Inseln ähnlich wie Ozeanien umfasst. Was wäre, wenn ein höherer Berg als der Denali (Mount McKinley) in der Mitte von Baffin Island läge? Von welchem würden die Bergsteiger angezogen werden, ungeachtet der Tatsache, dass der Denali der höchste Berg des kontinentalen Festlandes ist?

Und wenn Sie festhalten an der Lehrbuchdefinition, dass Australien ein Kontinent ist, dann gibt es ein weiteres Argument: Der höchste Berg auf australischem Territorium ist nämlich nicht der Kosciuszko, sondern vielmehr ein 2745 Meter hoher Berg namens Big Ben auf der sturmgepeitschten Heard-Insel, mitten in der Südsee. Um die Insel zu erreichen, braucht man eigens ein Boot, da sie von den Schifffahrtslinien weit entfernt liegt. Haben wir einige, die gerne Wetten abschliessen? Stellen Sie sich die Regatta vor, die sich da versammeln würde, um die Insel zu erreichen. Möge das schnellste Boot gewinnen!

Die Carstensz-Nordwand bietet mehrere technisch anspruchsvolle Routen in scharfkantigem Kalk.

McKinley
West Buttress
4.7.63

Kosciuszko
Normalroute
20.12.68

Kilimandscharo
Marangu-Route
18.9.73

gerry roach Eight Summits

Die Leidenschaft Gerry Roachs für die Berge überspannt mehr als eine Generation. Als wahre Odyssee wurzelt sein Streben nach den Seven Summits in dieser Leidenschaft. Sein Bericht veranschaulicht die Glücksgefühle und die Gefahr, den Frust und die reinen Emotionen bei der Besteigung einiger der grossartigsten Berge der Welt. Er ist auch ein Zeugnis dafür, wie sich das Spiel des Bergsteigens im Laufe der Zeit verändert hat. Und wie Hartnäckigkeit und Entschlossenheit uns dazu motivieren können, das Unwahrscheinliche zu vollbringen.

Mount McKinley: Der Griff nach dem Grossartigen

Don Sheldon hielt mit einem Fuss auf der Stufe des kleinen Sportflugzeugs, einer Super-Cub, inne und sagte: «Erinnert euch daran, Jungs. Wenn er ausschlägt, dann kauert euch zusammen! Wenn er sich aufhellt, dann rennt wie ein Hase!» Dann zog er sich ins Cockpit, startete die Maschine, donnerte in einer Schneewolke den Gletscher hinab und hob ab. Sheldon drehte sie nach Süden, den Kahiltna-Gletscher hinab, wackelte einmal mit den Flügeln und war weg. Wir blieben mit unseren Säcken allein zurück. Die Stille war eisig.

Ich stand mit drei Schulkameraden, Geoff Wheeler, Mike McCoy und Dick Springgate, auf dem Südostarm des Kahiltna-Gletschers. Wir waren gekommen, um den «Grossen», den Denali, zu besteigen. Schlank und fit waren wir, und das jüngste Team, das je versucht hatte, den Berg zu besteigen. Damals, im Jahre 1963, entsprach ich im Alter von 19 Jahren eher der halben Portion von einem Mann. Das hatte Vor-, aber auch Nachteile. Es war gut, dass ich nicht viel wusste. Das liess mich fast platzen vor Begeisterung, Neugier und Bereitschaft zum Lernen. Es war schlecht, dass ich nicht viel wusste. Das machte mich verletzlich für die bösartigen Launen des Denali. Sheldons Ehrfurcht vor ihm hatte mich jedoch angesteckt, und so näherte ich mich dem Grossen mit extremer Vorsicht.

Ich starrte zum Mount Hunter und ging vor Angst fast in die Knie. Dann blickte ich über den Kahiltna-Gletscher zum Mount Foraker und dachte: «Vielleicht irgendwann mal.» Dann begannen wir und marschierten den Kahiltna hinauf in Richtung Denali. Eine Woche lang pflügten wir eine Furche über den Gletscher und brachten unsere mageren Vorräte hinauf in ein Lager direkt unter dem Kahiltna-Pass. Dort trafen wir zwei absteigende Seilschaften, die ihre Erfrierungen pflegten und mit gedämpfter Stimme davon sprachen, was uns da oben erwartete. Wir lernten. Sie gingen weiter, wir blieben allein zurück am Berg und sollten bis zum Ende unserer Tour keinen Menschen mehr treffen. Das ganze Gerede und die Angeberei waren vorbei. Es gab nur eines zu tun – den Grossen besteigen.

Wir kauerten uns während eines langen Sturms zusammen. Drei «Hasentage» später waren wir im Gletscherbecken auf rund 4300 Metern Höhe unter dem West

Oben: Während das Wetter auf dem Kahiltna-Gletscher perfekt ist, ziehen Wolken über den Gipfel des Kinley.

Links: Die steile Südseite des Kinley ragt hoch über die umgebenden Gipfel.

Rechts: Gerry Roach in Heldenpose auf dem Dreifuss, der auf dem Gipfel des Kosciuszko steht.

Buttress. Am Tag darauf pflügten wir eine Rinne bis zum letzten Hang und stapften hinauf. In dieser Nacht füllte der Wind unsere Rinne mit Schnee. Tags darauf pflügten wir eine neue. Die Schneeverhältnisse waren gut, wir waren in Schwung und darauf aus, unser Ziel zu erreichen. Weiter oben, auf dem Kamm des West Buttress, stiegen wir mitten durch ein grossartiges Alpenglühen. Dann geschah die Katastrophe.

Bei einem unvorgesehenen Halt stellte Mike seinen Rucksack auf das Seil, gerade als Dick zur Kante sprang, um ein Foto zu machen. Zack! Mikes Rucksack war weg. Wir sahen entsetzt zu, wie er hinabstürzte auf den 600 Meter tiefer gelegenen Peters-Gletscher. Dann wurde unser Entsetzen noch grösser, als sich der Rucksack öffnete. Ein Dutzend Punkte rollten davon und blieben im Umkreis von 800 Metern verstreut liegen. Mike verlor die Nerven, tanzte herum wie ein Verrückter und brüllte: «Beide Kocher! Beide Kocher!»

Ich erwiderte nervös: «Was meinst du mit beiden Kochern? Dick hat einen!» Mike hörte mit seinen Tanz-Verrenkungen nicht einen Moment auf und brüllte: «Ich tauschte. Beide Kocher liegen da unten. Es ist alles meine Schuld!» Geoff und ich warfen uns unseren geheimen «Summit-Club-Blick» zu. Wir hatten es jetzt kapiert. Geoff beruhigte Mike, während ich und Dick die Köpfe zusammensteckten, um zu versuchen, aus dem Schlamassel schlau zu werden. Schliesslich sanken wir in den Schnee. Das Alpenglühen war vorbei.

Wir wuchsen mit der Aufgabe. Geoff und Dick stiegen ab in der arktischen Nacht, um die Ausrüstung zu holen, während Mike und ich weiter vorn nach einem Lagerplatz suchten. Wir stiegen ganz hinauf zum traditionellen Lagerplatz in 5250 Metern Höhe und stellten fest, dass er zu hoch lag. Wir kehrten zurück zum breiten Flecken auf der Kante auf 5120 Metern Höhe, direkt unterm Washburn's Thumb, stellten das Zelt auf und warteten. Geoff und Dick kamen zurück, krochen ins Zelt und brachen zusammen. Geoff schob mir eine Tasche zu und sagte: «Wir haben nur einen Kocher gefunden.» Der Brennerkopf an unserem einzigen Kocher fehlte, aber jeder von uns bekam eine Tasse Wasser, bevor wir in Schlaf fielen. Am nächsten Morgen erwog ich mit gesundem Menschenverstand einen Rückzug auf 4260 Meter Höhe zu unserem Ersatzkocher. Mike brüllte: «Ich habe die ganze Nacht darüber nachgedacht. Wir müssens versuchen!» Das Wetter war gut. Um ein Uhr nachmittags brachen wir zum Gipfel auf. Es war der 4. Juli.

Auf der langen Querung im Aufstieg zum Denali-Pass wurden wir ungeduldig und kürzten ab, indem wir direkt den Hang hinaufstiegen. Wir lutschten Eis und harte Süssigkeiten und waren wieder voll in Fahrt. Dann erreichten wir die Gipfelhänge oberhalb des Denali-Passes, ruhten uns kurz aus und setzten den Aufstieg in den Abend hinein fort. Das Alpenglühen erreichte uns auf dem «Fussballplatz». Geoff und ich standen schliesslich um 22.30 Uhr auf dem Gipfel, gerade als die Sonne unterging. Dick und Mike folgten uns einige Minuten später. Nordamerika lag zu unseren Füssen. Mein Blick schweifte im letzten Schimmer des Tageslichtes über den Fuss des Nordgipfels weit unter uns. Der Muldrow-Gletscher versank im Schatten. Der Mount Foraker glänzte und winkte verlockend. Ich schwor, ihn eines Tages zu besteigen. Der Mount Hunter sah immer noch unmöglich aus. Ich kapierte es erst, als ich wieder in Sheldons Maschine sass und zurückflog. Sheldon überbrüllte den Lärm der Maschine: «So war es also ein Riesenerfolg, eh?»

Versunken in herumwirbelnden Gedanken rief ich zurück: «Und ob!»

Kosciuszko: Die Reise

Das Leben rauschte dahin. Ich beendete die Schule, heiratete Barb Adair, machte meinen Studienabschluss, kletterte im Yukon, nahm eine Stelle an im Denver-Forschungsinstitut und versuchte, sesshaft zu werden. Ha!

Im Dezember 1968 unternahm ich eine Geschäftsreise um die Welt, um ein Wetterballon-Experiment in der Antarktis in die Wege zu leiten. Barb begleitete mich, so oft sie konnte.

Wir stoppten in Hawaii und wanderten auf den Mauna Kea, einen der höchsten Inselgipfel der Welt. Wir kletterten in Neuseeland und reisten durch Australien. Unterwegs wanderten wir auf den Kosciuszko. Um sportlich zu sein, parkten wir 16 Kilometer vom Gipfel entfernt und marschierten die Strasse hinauf. In der Nähe des Gipfels verliessen wir die Strasse und genossen den grössten mückenfreien Schneehang, den wir finden konnten. Zu unserem Erstaunen hatten wir den Gipfel ganz für uns allein.

Das war mein zweiter Gipfel der Seven Summits und wahrscheinlich der einzige, den ich in kurzen Hosen besteigen konnte. Ich fühlte mich dazu veranlasst, auf den Dreifuss zu klettern, der von den australischen Behörden auf dem Gipfel errichtet worden war, obwohl mich von Menschen gemachte Objekte diesbezüglich sonst völlig gleichgültig lassen. Ich zog mich am glatten Rohr hoch und stellte mich auf diesem blöden Ding wie ein Held in Pose. Es war der höchste Punkt Australiens.

Ich verliess Barb in Perth und fuhr auf dem Eisbrecher Fuji in die Antarktis. Am japanischen Stützpunkt Syowa auf East Ongul Island liess ich Ballons steigen, sammelte Daten und träumte davon, eines Tages zum Mount Vinson zu gelangen. Der Vinson war über 3400 Kilometer von Syowa entfernt, und es gab keine Möglichkeit, bei dieser Reise dorthin zu kommen. Aber ich schaute über die Eiskappe und dachte darüber nach. Insgeheim schwor ich mir, dass ich, falls ich je den Everest oder den Vinson besteigen würde, den Rest meines Lebens darauf verwenden würde, den anderen auch zu besteigen. Barb traf mich in Kapstadt, und wir flogen heim – diese Reise hatte jedoch viele Samen gesät.

Kilimandscharo: Der Gesang der Sirenen

Mehrere Jahre verstrichen in Windeseile. Alle Versuche, sesshaft zu werden, schlugen fehl. Barb und ich reisten im Jahre 1971 nach Peru und stiegen durch die Südwand des Chacraraju und des Huascarán. Dann, nach zehn Jahren sorgfältiger Planung, liessen wir im März 1973 Jobs und Heim hinter uns, um ein Jahr lang rund um die Welt zu klettern. Wir kletterten kreuz und quer durch Norwegen und die Alpen, bis wir im September in Nairobi landeten.

Afrika beschwört magische Bilder herauf. Die Geschichte von der Suche nach der Quelle des Nils ist gespickt mit Kommentaren über den alten Glauben der Einheimischen, dass es in Äquatorialafrika schneebedeckte Berge gebe. Während sich westliche Kartenzeichner darüber wunderten, wussten das die afrikanischen Stämme. Für sie waren die schneebedeckten Berge Ostafrikas «Spirit Mountains», Geisterberge. Konnten Barb und ich in dieses Land der Fabeln vorstossen?

Nach dem Mount Kenia holperten wir in einem klapprigen Bus von der Grenze zwischen Kenia und Tansania nach Süden und hatten dabei den ersten Blick auf den Kilimandscharo. Ich traute meinen Augen nicht: Ich hatte keine Ahnung davon, dass der Kilimandscharo so riesig ist, weil die meisten Bilder nur den Kibo zeigen, den oberen Teil des Berges. Der untere Teil verschwand im afrikanischen Dunst und bedeckte den halben Horizont.

Der Kilimandscharo war eine Pilgerreise, keine Besteigung. Wir verliessen das Marangu-Hotel mit unserem fünfköpfigen Mini-Team und bummelten hinauf durch den Wald, als absteigende Träger an uns vorbeigingen und dabei «Jambo! Poli! Poli!» sangen. Im Hochlager sassen Barb und ich während der kurzen Dämmerung am Äquator draussen und sahen zu, wie ein Wolkenband um den benachbarten Mawenzi schwebte. Die Luft war ruhig und seltsam still. Ich fühlte mich aufgehoben in der Wiege des Kilimandscharo. Als die Nacht schnell von der Steppe heraufstieg und uns verschlang, schwebte der Gesang eines Trägers über der Wiege. Seine kurze Jagdhymne liess das Lager sanft zur Ruhe kommen.

Ein Aufbruch um Mitternacht ist am Kibo zwar übertrieben, er war jedoch Teil eines Rituals geworden. Unter stillen, ruhigen Sternen wirkte unser Gang zum Gipfel wie der exotische Ritus einer Reise durch die Finsternis. Erco, unser Führer, gab einen langsamen – «poli» – Schritt vor, und wir trotteten über den Bimsstein hinauf. Wiederholt bot er eine Rast an. Wir antworteten immer mit: «Nein. Gutes Tempo!» Schliesslich befahl Erco: «Rast!»

Barbara Roach geniesst den Sonnenaufgang über Afrika und atmet tief durch nach dem letzten Sprint auf den Gipfel des Kilimandscharo.

Unser gleichmässiges Schritttempo hatte einige unausgesprochene Regeln verletzt. Wir hockten uns unter einen grossen Lavabrocken und hielten Ausschau nach der Morgendämmerung. Doch der Himmel war noch stockdunkel. Nach fünf Minuten stand Erco auf und befahl: «Poli!» Im Wechsel zwischen Rast und «Poli» stiegen wir in die Nacht hinein.

Meine Fantasien von nächtlicher Musik und brüllenden Löwen wurden schwächer, als wir den Gillman's Point erreichten. Eine kalte Brise blies über den Krater, und wir fühlten den sagenhaften Schnee. Wir setzten uns in den Windschatten eines Felsens und hielten Ausschau nach der Morgendämmerung über dem Mawenzi. Der Himmel war noch schwarz. In Zeichensprache bot uns Erco an, den Gillman's Point zum Gipfel zu bestimmen und abzusteigen. Ich stand auf und sagte: «Genug poli poli! Gehen wir Uhuru!»

Die Dämmerung sprenkelte den östlichen Horizont, als wir um den Kraterrand krochen. Eine ungewohnte Eile vermischte sich mit meinem Gipfelfieber, und ich hastete vorwärts, als die Morgendämmerung die Konturen eines seltsam fernen Mawenzi abzeichnete. Wir waren sowohl dem Sonnenaufgang als auch dem Gipfel nahe, als mich das zunehmende Licht weitertrieb. Ich hastete den letzten Hang hinauf, drehte mich um und sah, wie die Sonne über dem Horizont auftauchte. Ich begrüsste die aufgehende Sonne von Afrika.

Barb und Erco eilten zu mir herauf. Wir alle fühlten es. Während Lieder vom Kilimandscharo in unseren Köpfen klangen, tanzten Barb und ich auf dem Gipfel. Unsere langen Schatten tobten ausgelassen im Morgenrot. Als das Sonnenlicht den Gipfelkrater füllte, sahen wir, dass unser nächtlicher Ritus uns zum Schnee auf dem Kilimandscharo geführt hatte. Ein Meer von fremdartigen Schneeformationen wuchs direkt aus dem trockenen Bimsstein. Als ich bei Sonnenaufgang auf der Spitze des Kilimandscharo stand, wusste ich wieder, warum ich mit dem Bergsteigen angefangen hatte.

Oben: Während der Wind einen Moment nachlässt, erreicht Gerry Roach den Gipfel des Aconcagua und feiert den vierten Gipfel seiner Seven Summits.

Links: Bergsteiger beim Aufstieg durch die berüchtigte Canaleta, eine lange Schotterrinne in der Nähe des Gipfels.

Aconcagua: «Der Mörder»

Meine Wanderlust war stark verwurzelt. Im Januar 1975 sassen Barb, Bob Cormack, der mit uns am Logan war, und Roger Kirkpatrick im Schneidersitz auf dem Boden in unserem Wohnzimmer. Sie beugten sich über einen Stapel von Karten und informierten sich über unseren neuen Gegner. Barb fragte: «Warum ist der Aconcagua ein tödlicher Berg, wo er doch leicht zu besteigen ist?»

Während Bob und ich über die Krümmung der Breitengrade diskutierten, sass Roger in der Ecke und las einen Artikel im «National Geographic». Der «Mörder» hatte Roger schon zweimal abgewiesen, und er meldete sich zu Wort: «Wah! Hört euch das an! Der Fotograf dieses Artikels charterte ein starkes zweimotoriges Flugzeug, um über den Berg zu fliegen. Der Wind blies dem Flugzeug so stark entgegen, dass der Pilot sich dem Berg kaum nähern konnte. Der Pilot gewann fern des Berges an Höhe und signalisierte, dass es nur einmal möglich sei, den Gipfel zu überfliegen. Als sie schnell über den Gipfel hinwegflogen, schoss der Fotograf ein Bild nach dem anderen, bis er bemerkte, dass sie rückwärts flogen. Er überprüfte die Fluggeschwindigkeit des Flugzeugs. Es waren 260 Stundenkilometer.»

Bob stammelte: «Das bedeutet eine Windgeschwindigkeit von über 320 Stundenkilometern auf dem Gipfel!» Wir verstummten. Barb umklammerte ihre Knie und wippte. Sie wusste, was auf uns zukam. Das würde eine Bergtour werden – keine Pilgerwanderung.

Nachdem wir in Mendoza und im Armeestützpunkt in Puente del Inca einen Berg der Bürokratie erobert hatten, mussten wir auch einen ärztlichen Test hinter uns bringen. Meiner wurde zu einem grauenhaften Lauf durch ein Minenfeld.

Nach einigen haarsträubenden Flussüberquerungen im Horcones-Tal fragten wir uns eine Woche später im Basislager Plaza de Mulas, wo unsere Mulis sind. Wir hatten die Hütte für uns allein, wollten ausnahmsweise aber einmal Gesellschaft. Die vermissten Mulis trugen unsere Ausrüstung. Wir stiegen ab und trafen auf die Armee, die einen Teil des Weges wieder aufbaute, der weggeschwemmt worden war. Nasses Dynamit explodierte mit einem armseligen «puff», deshalb griffen wir zu Hacke und Schaufel, während die Soldaten Whiskyflaschen kippten. Als es dunkel wurde, hatten wir die Mulis endlich auf der anderen Seite. Aber der Whisky forderte seinen Tribut.

Um 23 Uhr erreichte die Prozession die Plaza de Mulas, und Barb entgiftete die müde Mannschaft mit Suppe und heisser Schokolade. Alles, was jetzt noch blieb, war, den «Mörder» zu besteigen.

Sechs Tage später zwängten wir uns in die winzige (inzwischen zerstörte) Schutzhütte Antartida Argentina, die in 5560 Metern Höhe auf einem unwahrscheinlich schönen Platz inmitten des riesigen Gran Acarreo an den Nordhängen des «Mörders» liegt. Das Blasen des Sturmes hielt vom Schlafen ab, und ich dachte über den Denali nach. Ich hatte die Grossartigkeit dieses Berges 1963 aus der Entfernung gespürt. Jetzt, 12 Jahre später, bereitete ich mich darauf vor, den höchsten Berg Südamerikas zu besteigen. Bis dahin war der «Mörder» ein Foto, eine Vision und eine unterhaltsame Vorstellung. Als ich lauschte, wie der Wind an der Hütte zerrte, fühlte ich mich zum ersten Mal an diesem Berg gelassen. Wir befanden uns direkt unter dem Jetstream. Nun mussten wir hinauf und in ihn hineinsteigen. Ich wusste, dass der Test auf den letzten tausend Metern auf uns wartete.

Von der Berliner Hütte aus begannen wir drei Tage später den Gipfelanstieg. Wir kämpften uns durch das Unwetter hinauf und brauchten eine Stunde, um die ersten 300 Höhenmeter zu überwinden. Es war klar und minus 45 Grad kalt, aber der Wind mit einer Geschwindigkeit von 160 Stundenkilometern liess die Temperaturen viel kälter wirken. Je höher wir kamen, desto schlimmer wurde es. Wir stapften den Hang über der zerstörten Independencia-Hütte hoch, als Böen unseren Aufstieg zu einer Farce machten. Als ich auf den Kamm hinaufkroch, versuchte ich zu stehen, konnte mich aber nur noch zusammenkauern.

Nach mehr als 19 Jahren Bergsteigens entdeckte ich eine neue Dimension in den Fähigkeiten von Mutter Erde, ihre Empörung zu zeigen. Der Wind blies hier noch viel stärker als weiter unten. Jegliches Reden war unmöglich. Wir blinzelten mit tränenverschwommenem Blick durch unsere Brillen. Ich hielt meine zwei Fäustlinge parallel hoch, um Bob anzuzeigen, dass es 320 Stundenkilometer (200 mph) waren. Er nickte und überkreuzte seine Handschuhe zu einem Pluszeichen, um mehr als 320 Stundenkilometer anzudeuten. Ich schaute hinauf zur Spitze, nur 300 Meter über uns. Himmel und Gipfel waren völlig klar.

Die Möglichkeit des Scheiterns ging mir durch den Kopf. Der Gedanke daran machte mir Angst, und ich taumelte weiter in Richtung Gipfel. Die anderen folgten in einer chaotischen Formation. Kaum wahrnehmbar, kämpften wir uns doch Schritt für Schritt gegen die entfesselte Naturgewalt nach oben. Ein Sturm von Jupiter'schen Kräften blies Barb zehn Meter den Hang hinauf. Sie war nicht in der Lage, wieder herabzukommen, und taumelte weiter oben voran. Schliesslich kauerten wir uns im Lee eines kleinen Pfeilers zusammen, inmitten des Geröllhanges, der zur Canaleta führt. Der Wind schützte den Gipfel des «Mörders» mit einem undurchdringlichen Schild. Ich stand auf und zeigte hinab. Keiner widersprach.

Wir waren nicht geschlagen. Zwei Tage später standen wir morgens wieder auf dem Kamm. Ich schrie: «Wir können es schaffen. Dieser Wind hat nicht mehr als 100 Stundenkilometer (60 mph).» Wir stellten uns der Aufgabe. An unserem höchsten Punkt, dem Pfeiler, hielten wir und knabberten ein wenig Schokolade. Ich zeigte hinauf und sagte: «Heute werden wir nicht umkehren!»

Als wir in die Canaleta einstiegen, zitierte Roger Edmund Spenser: «Aber lass diesen Tag, diesen einen Tag der meine sein.» Wir nahmen mit Schwung den viel diskutierten Test der Canaleta in Angriff und fanden ihn leichter als erwartet. Der Blick öffnete sich auf einen Schlag, als wir den Gipfelkamm erreichten. Wir dachten nicht mehr an den abflauenden Wind. Die Südwand des «Mörders» fiel direkt unter uns mehr als 3000 Meter ab. Die grosse Leere erschreckte mich. Meine Gedanken, gefangen von Hütten, vom Wind, vom Scheitern und von der Canaleta, wurden unverzüglich befreit. Wir waren dem Ziel sehr nahe.

Als ich rasch in den letzten Hang einstieg, begriff ich, warum der Gipfel so wichtig ist. Nur dort konnte ich frei sein. Freiheit ist Kraft. Freiheit ist Liebe. Trotz der «Mörder» der Erde lebt die Freiheit. Es war mir nicht klar, ob ich zum Gipfel ging oder ob der Gipfel zu mir kam. Plötzlich waren wir eins.

Es war mein vierter Gipfel der Seven Summits und der dritte, den Barb und ich zusammen erreichten. Wir liessen den Blick über den Himmel wandern und erkannten, dass der Wind nicht abgeflacht, sondern weitergezogen war. Wir waren frei, aber wir waren winzig. Während einer kleinen, aber ungeheuer starken halben Stunde spielten wir frei im Himmel.

Everest: Auf dem Höhepunkt

Im Juni und Juli 1975 gelang mir meine Traumtour: Barb und ich bestiegen den Mount Foraker über den Nordgrat, den wir «Erzengel» nannten. Vom Gipfel des Foraker blickte ich hinüber zum Denali und erfüllte damit das Versprechen, das ich mir im Jahre 1963 selbst gegeben hatte. Ich schaute auch über den Kahiltna-Gletscher zum Mount Hunter. Er sah immer noch unmöglich aus.

Im Dezember 1975 reiste ich nach Seattle, um beim jährlichen Abendessen des Alpine Club die Dias vom «Erzengel» zu zeigen. Da traf ich Arlene Blum, und wir plauderten angeregt über die Gipfel der Erde. Sie lud mich ein, den Everest zu besteigen. Sie lud auch Chris Chandler dazu ein. Die amerikanische Everest-Expedition von 1976 zur Zweihundertjahrfeier der USA war damit gestartet.

Organisiert wurde sie von den drei Rechtsanwälten Dan Emmet, Phil Trimble und Frank Morgan. In den ersten drei der acht Monate, die uns für die Vorbereitung der Tour zur Verfügung standen, hatten wir keine Gipfelgenehmigung. Dann fehlte noch drei Monate lang das Geld. Im letzten Augenblick stimmte CBS Sports zu, die Expedition zu filmen, und im August 1976 waren wir unterwegs.

Barb war zusammen mit Bob Cormack und Chandlers Freund Rick Ridgeway im Team. Arlene lud auch ihren Freund Hans Bruyntjes dazu ein. Dee Crouch und Joe Reinhardt vervollständigten die Gruppe von 12 Personen. Wegen des Monsuns konnten wir nicht nach Lukla fliegen, und so wanderten wir von Lamosangu mit unserer gesamten Ausrüstung auf dem Rücken der Träger zum Basislager. Unser Anmarsch über 290 Kilometer hatte ein eigenes Leben: Regen, Schlamm, Blutegel und Gebetsfahnen, Sherpas, Träger, Tage, Tänze, Nächte und noch mehr Regen bestimmten unsere wieder einmal spirituelle Reise. In Tengboche froren wir, während uns die Mönche segneten. Viele dachten, wir hätten keine Chance, den «Big E» zu besteigen, aber wir wussten, dass wir es zumindest ernsthaft versuchen konnten. Ich sagte: «Dieser Berg besteht aus Fels, Eis und Schnee, genau wie die anderen. Wir können es schaffen!»

Wir hatten den Berg völlig für uns. Unsere ersten Ausflüge in den Eisbruch waren Furcht erregend. Die Spannung stieg, und die Gemüter erhitzten sich. Angst vor dem Tod befiel jeden von uns. An meinen Ruhetagen lag ich in meinem Zelt nahe des Altars mit seinem rauchenden Wacholder, während meine Gefährten unter den Gesängen der Sherpas vorbeimarschierten. Ich fragte mich, ob ich sie je wiedersehen würde. Ich konnte es damals nicht zugeben, aber ich hatte nie zuvor solche Berge gesehen wie die hohen Himalajagipfel. Einfach gesagt, waren sie höher, steiler, härter und gefährlicher als jeder einzelne, den ich zuvor gesehen hatte. Die Angst vor einem Miss-

Während sich zwei Bergsteiger im Schatten dem Ende des Khumbu-Eisbruches nähern, bestrahlt das Morgenlicht bereits den Gipfel des Pumori (7145 m) westlich des Everest.

erfolg zerrte ebenso an mir wie die Angst vor dem Tod. Ich wusste, dass wir hoch hinaufkommen konnten, doch würden wir es schaffen, den Gipfel zu erreichen? Und würden wir wieder heil herabkommen?

Während der September vorbeiging, stiegen wir hinauf. Stürme behinderten uns und zerstörten unsere besten Zelte. Krankheit legte die meiste Zeit ein Drittel der Mannschaft flach. Doch wir kämpften uns schrittweise hoch. Ich bin nie mit einer Gruppe unterwegs gewesen, die den Gipfel so sehr erreichen wollte wie die unsere. Als sich der Oktober näherte, kamen Gipfel- und Darmfieber, Höhe, Angst und Leidenschaft zusammen. Es war Zeit für einen Gipfelversuch.

Eine Magenverstimmung war die Ursache dafür, dass ich vom ersten ins zweite Gipfelteam wechseln musste. Ich tröstete mich mit der Tatsache, dass Hillary und Tenzing einst auch die zweite Gruppe waren. Bob und Chris gingen voraus mit den Sherpas, Rick, Hans und ich folgten zwei Tage später nach. Am 7. Oktober errichteten unsere besten Sherpas mit Bob, Chris und unserem Sirdar Ang Phurba auf dem Südostgrat ein Hochlager in 8290 Metern Höhe. Am 8. Oktober, dem Gipfeltag, funktionierte Ang Phurbas Sauerstoffausrüstung nicht. Er stieg ab, während Bob und Chris mit jeweils zwei Flaschen Sauerstoff aufstiegen. Rick, Hans und ich warteten in Lager IV auf halber Höhe in der Lhotse-Wand. Die Sherpas kamen einer nach dem anderen zurück. Sie wollten nicht sprechen. Etwas stimmte nicht.

Um 13 Uhr knackte Barbs aufgeregte Stimme im Radio: «Ich kann sie sehen, sie nähern sich dem Gipfel!» Barb und die Rechtsanwälte hatten einen guten Aussichtspunkt vom Basislager. Zu unserer Überraschung kroch jedoch Ang Phurba, welcher der letzte Sherpa oben am Berg war, in unser Zelt und sagte: «Ich und mein Team am Ende!» Er stieg ab und liess uns mit der Sorge um Bob und Chris, die in der Nähe des Gipfels waren, zurück. Die Stunden verrannen. Um 16.15 Uhr kündigte Barb an, dass Bob und Chris auf dem Gipfel waren. Sie hatten es geschafft. Um 16.45 Uhr begannen sie mit dem Abstieg. Spät! Würden sie überleben? Um 18 Uhr erreichten Bob und Chris auf ihrem Abstieg den Südgipfel. Dann wurden sie von der Nacht überrascht. War «Big E» der wahre «Mörder»?

Früh am Morgen des 9. Oktober gingen Rick, Hans und ich los. Wir wussten nicht, ob wir auf einem Gipfelgang waren oder unterwegs zu einem Rettungseinsatz. Wir trafen Bob und Chris genau unter dem Südsattel. Sie waren in Ordnung. Ich umarmte Bob lange. Er krächzte einen Witz und sagte dann: «Das härteste Ding, das ich je gemacht habe. Nun ist es so, wie wenn man gerade noch durch eine sich schliessende Tür entkommt. Wir müssen weiter runter. Oh, das Lager auf dem Sattel ist das reinste Tohuwabohu. Kein Sauerstoff.» Dann waren sie weg.

Gesunder Menschenverstand und Leidenschaft kollidierten. Rick, Hans und ich wippten einige Minuten auf unseren Steigeisen und starrten in die atemberaubenden Höhen. Die berühmte Federwolke am Everest schrie uns ihre Warnung zu. Als Rick und Hans ihren Blick senkten und sich fertig machten zum Abstieg, ging ich drei Schritte höher, irgendwie verzweifelt hoffend, es könnten die letzten drei sein. Nach 40 Jahren des Bergsteigens ist dieser Moment, in dem ich 1976 dem Everest den Rücken kehrte, bis auf den heutigen Tag der intensivste Augenblick meines Lebens geblieben. Ich war gescheitert.

Zurück in Colorado, rannte ich in Rekordzeit auf die Berge und kickte regelmässig die Steinmänner auf dem Gipfel in Stücke. Ich fühlte mich, als ob ich die Chance meines Lebens vertan hätte.

Das Leben wurde nun kompliziert. Im Jahre 1978 ging ich auf eine Expedition zum Manaslu mit Glenn Porzak als Expeditionsleiter. Ich dachte, dass ich wenigstens einen der höchsten Berge besteigen sollte, wenn ich schon den Everest nicht besteigen konnte. Der Manaslu bot uns 15 Meter Neuschnee in 50 Tagen; 80 Prozent der Route wurden von Lawinen verschüttet. Wir traten aus 7315 Metern Höhe den Rückzug an und entkamen gerade noch lebend durch die sich schliessende Tür.

Oben: Ein Lagerplatz wie dieser ist ein alltäglicher Anblick auf dem Anmarsch zum Everest, wo die Bauwerke des tibetischen Buddhismus genauso ein Teil der Landschaft sind wie die Berge.

Links: Mitglieder der American Bicentennial Expedition von 1976 auf dem Weg durch die Spalten des Western Cwm am Everest, der unter der gewaltigen Nordwand des Nuptse sehr lawinengefährdet sein kann.

Diesmal kehrte ich nach Colorado zurück und hörte mit dem Bergsteigen auf. Wenn Bergsteiger verkünden, dass sie mit dem Klettern aufhören, dann muss man nach ihrer Ausrüstung fragen. Wenn sie es ernst meinen, werden sie sie abgeben. Ich behielt meine.

Im Jahre 1981 reiste ich nach Tibet zum Shisha Pangma. Der Zauber des dritten Versuches? Ach, Blödsinn! Eine Reihe von Vorfällen hielt uns weit unter dem Gipfel fest. Noch schlimmer – auf der Rückreise musste ich einen grossartigen Blick auf den Everest aushalten, der während der Fahrt langsam über den Horizont wanderte.

Verwirrt gab ich auf. Ich machte einen weiteren Versuch, sesshaft zu werden, nahm einen Job an und kaufte ein Haus. Ende 1982 rief eines Abends Glenn Porzak an und fragte: «Gerry, hast du noch Interesse daran, zum Everest zurückzugehen?» Mein Herz zog sich zusammen. Eine Reihe weiterer aussergewöhnlicher Vorkommnisse zeichnete sich ab, und im März 1983 befand ich mich wieder in Namche Bazar. Ich war Teilnehmer der Seven-Summits-Extravaganz von Dick Bass und Frank Wells. Mitte April waren wir auf halber Höhe des Berges.

Diesmal sorgte ich dafür, dass ich im ersten Gipfelteam war. Am 7. Mai begannen Larry Nielson, Peter Jamieson, Ang Rita, der ABC-Kameramann David Breashears und ich morgens um 5 Uhr vom Südsattel den Aufstieg zum Gipfel mit drei Flaschen Sauerstoff für alle fünf. Die Zeiten hatten sich geändert. Larry und Ang Rita wollten ohne Flaschensauerstoff aufsteigen. Wir starteten von einem Lager weiter unten als Bob und Chris im Jahre 1976 und hatten weniger Sauerstoff als sie.

Ich wurde so zum Gipfel gezogen, dass ich eine Abkürzung nahm, ähnlich wie die, die wir 1963 benutzten, um den Denali-Pass zu umgehen. Meine Wahl kostete uns fast den Gipfel. Wir quälten uns mühsam stundenlang durch schlechten Schnee und kletterten schliesslich noch eine steile Seillänge zum Südostgrat in 8530 Metern Höhe hinauf. Dort hielten wir an, um unsere fünf Sinne wieder zusammenzubekommen. Es war neblig, aber windstill. David beschloss, mit der gesamten Kameraausrüstung abzusteigen. Larry und ich lehnten uns auf unsere Eisgeräte und schnupperten in der dünnen Luft. Nach sieben Jahren der «Steinmannkicken-Meditation» war ich nicht so leicht abzuschrecken. Wir nickten und zeigten hinauf.

Eine halbe Stunde später erwies sich unser Wetterschnuppern als zutreffend; es klarte auf. David, noch immer auf dem Grat, rief herauf: «Wartet auf mich!» Es gibt kein Warten über 8500 Metern Höhe, und ich schrie zurück: «Benutze deinen Sauerstoff!» Wir erreichten den Südgipfel um 15 Uhr und den Hauptgipfel um 16 Uhr, gerade als der Flaschensauerstoff ausging. David und ich stellten die Kameraausrüstung auf und übertrugen Bilder davon, wie Larry ohne künstlichen Sauerstoff den Gipfel erreichte – der erste Amerikaner, der diese Meisterleistung vollbrachte. Ich stand 35 Minuten auf dem Gipfel, wollte nicht wieder hinunter.

Ich hatte die starke Empfindung, dass ich den Everest für viele Menschen bestiegen hatte, nicht nur für mich selbst. Als ich abstieg, wurde ich von Emotionen überflutet. Ich trage sie heute noch mit mir.

Mitglieder der Vinson-Expedition von Gerry Roach (1985) steigen vom Sattel, der vor Verlegung des Basislagers überquert werden musste, zum Branscomb-Gletscher ab. Inzwischen wird das Basislager auf dem Brancscomb-Gletscher errichtet, wodurch diese knifflige Passage wegfällt.

Elbrus: Sowjetischer Schnee

In meinem Gipfelfieber und in meiner Konzentration auf den Everest hatte ich den Wirbel um Franks und Dicks Streben nach den Seven Summits weitgehend ignoriert. Natürlich arbeitete ich an den Sieben, aber ich wusste, dass ich sie nicht ohne den Everest zusammenbekäme. Als dieser Berg gemacht war, erinnerte ich mich an meinen Schwur, den Vinson zu besteigen. Das Rennen um die Seven Summits ging mir durch den Kopf, aber ich war nie wirklich am Rennen beteiligt. Ich fuhr fort, das zu tun, was ich seit Jahrzehnten gemacht hatte: immer nur einen Berg nach dem anderen zu besteigen.

Im Jahre 1984 zog ich einen lukrativen Vertrag an Land, der mich aus einem finanziellen Loch holte. 1985 hatte ich dann ein grosses Jahr: Im Juli ging ich nach Russland, um den Elbrus zu besteigen. Es war eine erfrischende Tour nach all den Schwierigkeiten im Himalaja. Innerhalb der ersten Tage dort bestiegen wir den Elbrus. Auf dem Rückweg hängte ich den Führer ab und sauste allein auf den niedrigeren Ostgipfel hinauf. Ich lachte schon beim Gedanken daran, den höchsten künstlichen Busen auf jedem Kontinent zu besteigen.

Vinson: Heimkommen

Im November 1985 brach ich mit Dan Emmett, Phil Trimble, Frank Morgan, Glenn Porzak, Dan Bass, Yvon Chouinard und Doug Tompkins zum Vinson auf. Wir hatten ein spezielles Twin-Otter-Flugzeug, das in Punta Arenas auf uns wartete. Zwei andere Gruppen waren vor uns, einschliesslich Pat Morrows kanadischem Team. Unser Pilot war Giles Kershaw, der Kopilot Rick Mason.

Wir brauchten vier Tage, um von Punta Arenas zu den Bergen zu fliegen. Zum ersten Mal fiel der Motor in Puerto Williams aus. Am nächsten Tag flogen wir über die Drake Passage und füllten die Tanks auf dem chilenischen Stützpunkt Marsh. Dann fiel der Motor wieder aus, diesmal in Palmer Station. Tags darauf tankten wir auf dem Stützpunkt Rothera und starteten wieder in Richtung Berge, einmal mehr, um wegen des rauen Wetters erneut mitten im Niemandsland landen zu müssen. Am folgenden Tag erreichten wir schliesslich den Vinson.

Yvon und Doug hatten kein Interesse am Vinson und schlugen eine andere Richtung ein, um neue Routen am Mount Shinn und Mount Epperly zu begehen. Der Rest von uns ging zum Vinson. Wir hatten von Anfang an Probleme mit unserem Kocher. Schliesslich überquerten wir den Pass und erreichten das Gletscherbecken zwischen Shinn und Vinson, während wir die eisige Luft einatmeten. Dann roch ich, dass ein Sturm aufzog.

Im Lee einiger grosser Lawinenblöcke bauten wir unsere Zelte auf und sicherten sie mit Eisschrauben. Es gab keine Möglichkeit, einen Unterschlupf zu graben, und Spalten hatte es auch keine. Es war klar, dass das bisschen Triebschnee leicht weggeblasen werden konnte, und das darunter liegende Eis war hart wie Granit. Indem wir die Blöcke des Lawinenbruches von hoch oben herabrollten, bauten wir ein Einmann-Iglu. Dieser grobe Unterstand, den wir zum Kochen nutzten, rettete uns vor einem noch verzweifelteren Schicksal. Der Sturm kam wie auf Kommando.

Der Luftdruck fiel, die Temperatur stürzte, der Wind verstärkte sich zu Ausmassen wie am «Mörder», fliegende Eisstückchen drohten die Zelte aufzuschlitzen. Einmal täglich sprintete einer von uns zum Iglu und brachte den Kocher in Gang. Nach dieser Anstrengung hatten wir pro Tag zwei Tassen Wasser und eine Tasse warmes Essen. Am Ende von Tag zwei gingen uns die Gesprächsthemen aus. Das war ein ernster Sturm. An Tag drei plagte mich Angst vorm Scheitern. Das war ein gefährlicher Sturm. An Tag vier kam Todesangst auf. Das war ein Sturm zum Verzweifeln. An Tag fünf fürchtete ich um meine Seele. Das war ein bösartiger Sturm – der schlimmste, den ich je aushalten musste. Verzweifelt wünschte ich, alle Gipfel der Seven Summits bereits bestiegen zu haben.

Die Zelte hielten. Als der Wind von 160 auf 64 Stundenkilometer nachliess und die Temperatur von minus 47 Grad Celsius auf minus 29 Grad Celsius anstieg, krochen wir in traurigem Zustand aus den Zelten. Ich träumte noch immer vom

Gipfel. Wir gaben den Gedanken an das traditionelle Lager 3 auf und wussten, dass wir nur einen letzten Versuch hatten, den Gipfel zu erreichen. Müde befürchteten wir, dass diese Flaute nur kurz sein würde und dass es unser schlimmstes Schicksal wäre, sie nicht zu nutzen. Nach einem zweifelhaften Entschluss brachen wir um 16 Uhr zu unserem Gipfelversuch auf.

Die drei Rechtsanwälte und Dan Bass drehten unter dem Shinn-Vinson-Sattel um. Glenn und ich verdoppelten unser Kurzseil und stiegen hinauf in die arktische Nacht. Es war eisig, und durchgefroren vom fünftägigen Sturm wie wir waren, gelang es uns trotz unserer grössten Bemühungen nicht, warm zu werden. Ich grübelte: «Das ist es also, was du dank deiner Erfahrung machen kannst!» Uns der Gipfelpyramide nähernd, stiegen wir über mehrere Hektar von blankem Eis auf, das härter wirkte als Granit. Unsere Steigeisen fanden kaum Halt.

Auf dem Gipfelgrat streifte uns ein Sonnenstrahl und lockte uns weiter. Ich fühlte mich, als ob ich heimkäme: Es war Zeit, die Tour zu geniessen. Am Freitag, dem 13. Dezember, zog ich mich um 1.30 Uhr morgens hinauf ins Sonnenlicht. Ich hatte es geschafft.

Der Wind hatte sich verzogen. Uns langsam in der Sonne aufwärmend, faulenzten wir über eine Stunde auf dem Gipfel. Ich knipste Fotos von Bergen und noch mehr Bergen, die alle niedriger waren. Jenseits davon waren gefrorene Eishorizonte zu sehen, soweit das Auge reichte. Die Antarktis lag zu unseren Füssen. Als ich auf der Spitze des Everest war, hatte ich jenseits der Berge Leben und Wärme erblickt, die sie umgaben. Hier war nur der kalte Klammergriff des Eises zu sehen. Ausser unseren Gefährten tief unter uns war kein anderes Lebewesen in Sichtweite – keine Flechte, kein Moospolster, kein Vogel, nicht einmal ein Staubkörnchen. Wir waren so isoliert, wie es zwei Menschen auf dieser Erde nur sein können. Wir waren auf dem Gipfel des Vinson-Massives. Und ich war daheim.

Unter dem steilen Hang des Branscomb-Gletschers liegt das Hochlager von Roach im Schutz von Schneeblöcken, den Resten einer Lawine vom Vinson.

Carstensz: Jenseits der Sieben

Die Sammlung der Seven Summits zu vervollständigen, war nur ein weiterer Schritt im Verlauf meines lebenslangen Bergsteigens. Ich machte Witze darüber, dass ich der erste Nichtmillionär sei, der die Seven Summits beisammen hatte, aber ich freute mich, dass ich es auf meine Art getan hatte. In der Zwischenzeit zog ich weiter auf andere Gipfel und zu neuen Projekten. Die 90er-Jahre meinten es gut mit mir. 1990 ging ich am Wonder Lake los, überschritt den Gipfel des Denali und kam in Talkeetna heraus. Aber die Zeiten hatten sich geändert: Eine geführte Seilschaft stahl uns unsere Schneeschuhe nahe beim Denali-Pass, und wir mussten ohne sie absteigen. Im Jahre 1991 bestieg ich den Denali über die West-Buttress-Route in einem zweiwöchigen Rundtrip ab meinem Haus in Boulder, Colorado. Auf diesen Touren schaute ich über den Denali hinaus und inspizierte den Mount Hunter genauer. Er sah für mich nicht mehr unmöglich aus.

1994 organisierten meine Freunde Glenn Porzak und Mike Browning eine Tour zur Carstensz-Pyramide in Neuguinea. Der Berg war, je nach politischer Lage, mal erreichbar gewesen und mal nicht, und es schien eine gute Zeit zu sein, ihn anzupacken. Ein Flug nach Ilaga beendete unsere zweitägige Reise von Boulder ins Land der Penisköcher. In kultureller Hinsicht waren wir in Irian Jaya ebenso weit weg von unserer Welt wie in geografischer Hinsicht auf dem Mount Vinson. Unser sechstägiges Trecking zum Berg führte uns über Hochland, das vom Westen noch nicht verdorben war, und vorbei an Kalkhöhlen. Die bescheidenen Dani-Stammesmänner, die als Träger für uns arbeiteten, verteidigten leidenschaftlich ihre Kultur.

Wir packten die Carstensz-Pyramide am Tag nach unserer

Ankunft im Basislager an. Kurz nach Sonnenaufgang stiegen wir in den Fels ein. In Zweierteams kletterten wir durch das leichte Gelände im dritten bis fünften Schwierigkeitsgrad hinauf zum Grat, den wir erreichten, als es zu regnen begann. Vor der Schlüsselstelle an der Scharte schauten wir auf die nasse Seillänge im oberen sechsten Grad, dem direkten Ausstieg, und wanderten hinüber zur Seillänge im oberen fünften Grad. Diese Seillänge würde in der Sonne Spass machen, aber im Regen war sie ein Brummer. Wir sicherten noch über zwei ausgesetzte Scharten am Grat, bevor sich die leichte Kraxelei zum Gipfel vor uns öffnete. Glenn, Chris Kopczynski und ich erreichten den Gipfel gleichzeitig und hatten damit alle drei die acht Gipfel zusammen. Es war neblig, und es regnete stark. Wir machten einen feuchten Rückzug.

In den restlichen Tagen bestiegen wir zwei Schneegipfel im Osten der Carstensz-Pyramide. Der Schnee am Äquator verschwindet, und ich wollte ihn noch einmal berühren. Zurück in Ilaga, kam es am Tag vor unserem Rückflug zu einer Schiesserei auf der Landebahn, und wir sassen mehrere Tage fest.

Eine Woche nachdem wir Ilaga verlassen hatten, war ich im Basislager des Mount Hunter. Meine Zeit war endlich gekommen. Ich bestieg den Berg mit meinem guten Freund Chris Haaland innerhalb von sechs Tagen über den Westgrat. Soweit wir das beurteilen konnten, waren wir der siebte und der achte Bergsteiger, die Denali, Foraker und Hunter bestiegen hatten. Obwohl das eine viel kleinere Zahl ist als die Liste derjenigen, welche die Seven Summits erobert haben, halte ich diese Trilogie für mindestens gleichwertig wie die sieben Gipfel. Natürlich bin ich nicht der Erste, der Hunter und Carstensz-Pyramide bestiegen hat. Heinrich Harrer machte die Erstbesteigungen beider Gipfel.

Im Jahre 1996 hatte ich eine Gipfelgenehmigung für den Everest als Mitglied von David Breashears Filmcrew. Aber eine Everest-Besteigung war nicht mehr das Erlebnis von einst, und ich sagte ab. Als ich nach Hause zurückkehrte, war ich schockiert von den Nachrichten über das Desaster. Ein Freund fragte: «Gerry, wie konntest du das wissen?» Ich antwortete: «Ich schnüffle nur im Wind.»

1997 suchte ich jenseits des Everest nach einem Abenteuer: Im Februar bestieg ich mit Chris Haaland den Aconcagua. Ich bummelte kurz im Alleingang durch die Canaleta hinauf, sass über eine Stunde auf dem Gipfel und wartete, bis Chris von der anderen Seite hochkam. Es war ein starker Kontrast zu unserem Kampf von 1975, dennoch hat sich das Erlebnis am Aconcagua weit weniger verändert als das am Everest. Im Juli 1997 bestieg ich den Gasherbrum II im Karakorum und hatte dabei einen guten Blick auf den K2. Er sah nicht unmöglich aus…

Rechts: Männer vom Stamm der Dani arbeiten für die Bergsteiger als Träger.

Unten: Die Kalkfelsen der Carstensz-Nordwand bieten die schönsten Kletterrouten der Seven Summits.

daran änderte auch die spektakuläre Entdeckung des Leichnams von Mallory im Mai 1998 nichts.

Bald nach dem Zweiten Weltkrieg wurde Tibet für Fremde geschlossen, aber Nepal öffnete seine Tore und genehmigte 1951 Eric Shiptons Team, den Khumbu-Eisbruch auszukundschaften und bis zum Western Cwm vorzudringen. Im Jahr darauf erreichten der Sherpa Tenzing Norgay und der Schweizer Raymond Lambert über den Südostgrat fast den Gipfel. Tenzing Norgay kehrte 1953 mit John Hunts British-Commonwealth-Expedition zurück und erreichte mit Edmund Hillary den Gipfel – die historisch anerkannte Erstbesteigung des Everest.

Über tausend Menschen standen seit der Erstbesteigung auf dem Gipfel, die meisten davon in den 90er-Jahren. Höhepunkte seit 1953 waren unter anderem die amerikanische Überschreitung von 1963, bei der Tom Hornbein und Willi Unsoeld eine indirekte Route am Westgrat hinaufkletterten und dann vom Gipfel zum Südsattel abstiegen. Die Südwestwand wurde bei der von Chris Bonington sorgfältig organisierten Expedition im Jahre 1975 bezwungen, während die Russen 1982 eine schwierigere Route links davon kletterten. Die direkte Besteigung des sehr schwierigen integralen Westgrates gelang einem grossen jugoslawischen Team im Jahre 1979. Jene Besteigung, die jedoch wirklich den Weg in die Zukunft öffnete, war 1978 die erste Besteigung des Berges ohne künstlichen Sauerstoff durch Reinhold Messner und seinen österreichischen Partner Peter Habeler. Die beiden erfüllten damit die Vorhersagen der britischen Pioniere, die 50 Jahre zuvor diesem Ziel so nahe gekommen waren. Messner und Habeler bewiesen, dass es möglich ist, den Everest ohne zusätzlichen Sauerstoff zu besteigen, indem sie den Gipfel in nur etwa zehn Stunden vom Südsattel aus erreichten. Noch bemerkenswerter war Habelers überraschender Abstieg innerhalb von einer Stunde zum Südsattel. Zwei Jahre später machte Messner einen weiteren Riesenschritt ins Unbekannte mit seiner Alleinbegehung des Nordgrates und der Nordwand ohne künstlichen Sauerstoff. Sie wurde ermöglicht durch die erneute Öffnung Tibets für Ausländer. Messner war damals der einzige Mensch am Berg und stellte damit einen historischen Rekord auf: die einzige wirkliche Besteigung des Berges im Alleingang.

Messners Beispiel folgend, kletterte 1984 ein kleines australisches Team unter der Leitung von Tim Macartney-Snape eine Direttissima durch das Grosse Couloir und gelangte ohne Flaschensauerstoff zum Gipfel. 1986 überraschten die beiden Schweizer Jean Troillet und Erhard Loretan die Welt, indem sie den Berg über die japanische Direktroute und durch das Hornbein-Couloir in nur 42 Stunden hinauf- und hinabkletterten.

Die Kangshung-Wand, von Mallory für «unbezwingbar» gehalten, wurde erstmals 1983 von einer grossen amerikanischen Expedition durchstiegen, wobei George Lowe die meis-

Leszek Cichy

Leszek Cichy und Krzysztof Wielicki forderten die Elemente mit der ersten Winterbesteigung des Everest heraus. Die polnischen Bergsteiger erreichten den Gipfel am 17. Februar 1980 bei Temperaturen unter minus 40 Grad Celsius. Vom Südsattel stiegen sie mit leichtem Gepäck und nur einer Sauerstoffflasche pro Person hinauf. Beide Flaschen waren auf dem Südgipfel leer. Dennoch erreichten sie den Gipfel und kamen sicher wieder zurück. Seither gab es am Everest nur zwei weitere Winterbegehungen von Koreanern und Japanern. Cichy machte weiter und war der erste Pole, der die Sammlung der Seven Summits vervollständigte. Wielicki wurde der Fünfte, der alle 14 Achttausender bestieg.

Links: Während die frühe Morgensonne auf die fernen Gipfel fällt, nähern sich Bergsteiger, die künstlichen Sauerstoff benutzen, dem Balkon auf dem Südostgrat, nur 500 Meter vom Gipfel des Everest entfernt.

Unten: Im prekären Gleichgewicht über eine Spalte gespreizt, sichert ein Sherpa die Route durch den berüchtigten Khumbu-Eisbruch mit einem Fixseil.

Scott in der Südwestwand

Wenn es Mallory und Irvine 1924 nicht gelang, dann stand bis 1975, als Dougal Haston und Doug Scott die oft versuchte Besteigung der Südwestwand gelang, kein Brite auf dem Everest. Da die beiden den Gipfel erst bei Sonnenuntergang erreichten, verbrachten sie die Nacht auf dem Südgipfel und überlebten das höchste Biwak in der Geschichte des Bergsteigens. Für Doug Scott (oben) stellte der Everest den Auftakt dar zu einer bemerkenswerten Serie von Besteigungen im Himalaja und zur Sammlung aller Gipfel der Seven Summits.

ten der spektakulär schwierigen Seillängen über die unteren Pfeiler führte. Im Jahre 1988 kletterte ein vierköpfiges anglo-amerikanisches Team ohne Unterstützung von Sherpas und ohne künstlichen Sauerstoff eine neue Route weiter links, die am Südsattel endet.

Auf der anderen Seite des Berges sind geführte Everest-Besteigungen Wirklichkeit geworden. Dick Bass zeigte, was möglich ist mit viel Mumm, Entschlossenheit und Bargeld. Kommerzielle Expeditionen, die auch relativ unerfahrene Bergsteiger zum Gipfel bringen können, sind am Everest zur Norm geworden.

Über die Jahre hinweg ereigneten sich alarmierende Katastrophen, beginnend mit sieben Sherpas, die 1922 in einer Lawine unterhalb des Nordsattels starben. 1988 verschwanden vier Tschechen in einem Sturm, nachdem sie die zweite Begehung der Südwestwand gemacht hatten. Ihr Tod wurde im Westen kaum wahrgenommen, doch 1996 stellten neue Kommunikationsmöglichkeiten per Satellit sicher, dass der Tod von acht Menschen in einem einzigen Sturm weltweit eine grosse Aufmerksamkeit der Medien nach sich zog.

Es erscheint unglaublich, dass viele die bereits gefährliche Besteigung mit weiteren Herausforderungen verbanden: 1988 flog Jean-Marc Boivin mit dem Gleitschirm hinab, Pierre Tardivel fuhr 1992 vom Südgipfel mit Ski ab, und zwei Geschwindigkeitsrekorde wurden aufgestellt: 1996 von Hans Kammerlander mit seiner Besteigung über die Nordsattel-Route in 16 Stunden 45 Minuten und 1998 von Kaji Sherpa, der in 20 Stunden 20 Minuten über die längere Südsattel-Route zum Gipfel rannte. Im Jahre 2000 war Babu Chiri Sherpa sogar noch schneller.

Zustiege

Die meisten Gruppen fliegen von Katmandu nach Lukla, verbringen dann eine Woche damit, durch die spektakuläre Bergwelt des Solo Khumbu, der Heimat der Sherpas, aufzusteigen, um dann durch Namche Bazar und am berühmten Kloster Tengboche vorbei zum Basislager zu wandern, das am Fusse des Khumbu-Eisbruches in 5364 Metern Höhe auf dem Gletscher liegt. Das Sherpa-Personal organisiert dafür Träger und Yaks, die das Gepäck bis zum Eintreffen der Bergsteiger zum Basislager transportieren. Mit zehn zusätzlichen Tagen ist der gesamte Anmarsch vom Ende der Strasse in Jiri eine wunderbare Art, sich langsam zu akklimatisieren. Lastwagen können den ganzen Weg zum nördlichen Basislager an der Zunge des Rongbuk-Gletschers, einige Meilen nach dem Rongbuk-Kloster, fahren. Es ist möglich, die Reise in nur zwei Tagen

Auf dem «Magic Highway», einer Moräne zwischen den Eistürmen des östlichen Rongbuk-Gletschers, gelangt man zur Nordseite des Everest.

ab Katmandu zu bewältigen. Dieser schnelle Aufstieg kann aber gefährlich werden. Deswegen wird häufig ein Akklimatisationsaufenthalt empfohlen, beispielsweise im 3750 Meter hohen und bereits innerhalb der tibetischen Grenze gelegenen Nyalam. Noch besser ist es, einige Treckingtage in Nepal zu verbringen, bevor man zur Hochebene hinauffährt. Meist werden Yaks gemietet, um die Verpflegung vom Basislager über den östlichen Rongbuk-Gletscher zum vorgeschobenen Basislager unter dem Nordsattel zu befördern.

Die nördliche Anmarschroute überquert den 5150 Meter hohen Pang La mit fantastischen Ausblicken auf den Everest und die umgebenden Berge. Nach der Überquerung des Passes zum Dorf Phadhruchi führt die rechte Abzweigung nach Rongbuk, während die linke nach Osten, dann nach Süden ins Arun-Tal zum Dorf Kharta führt, dem Beginn einer wunderbaren Wanderung ins Kangshung-Basislager. Das Gepäck wird in der Regel von Yaks in fünf Tagen über den Langma La (5500 m) transportiert oder über eine längere Route, die den unteren Shao La überschreitet. Das Basislager befindet sich gewöhnlich am Nordrand des Kangshung-Gletschers auf 5200 Metern Höhe.

Die Besteigung des Everest heute

Als ob das ungeheure Ausmass des Unternehmens nicht genug wäre, stellen die Kosten eine der grössten Hürden bei einer Everest-Besteigung dar. Von jeder Expedition wird verlangt, dass sie Gebühren an das Gastland zahlt, die sich im Falle von Nepal auf mindestens 70 000 US-Dollar belaufen. Die tibetische (chinesische) Gebühr ist um einiges niedriger, jedoch verbunden mit den stark inflationären Kosten für Dienstleistungen, weshalb das Erreichen der tibetischen Seite auch sehr teuer wird. Während es nach wie vor nationale Teams gibt, die versuchen, den Berg zu besteigen, sind die meisten Bergsteiger heute Teilnehmer einer kommerziell geführten Expedition und zahlen den Veranstaltern eine Gebühr für ihren Platz im Team. Es ist nicht ungewöhnlich, dass an die 15 Expeditionen gleichzeitig auf den Normalwegen unterwegs sind, und in den vergangenen Jahren haben bis zu 30 Personen den Gipfel am selben Tag erreicht. Dies bringt neue Gefahren mit sich, und selbst mit moderner Ausrüstung und aktuellem Wissen stellt der Everest weiterhin eine gewaltige und risikobeladene Herausforderung für Bergsteiger dar.

Umweltschutz

Der auf rund 8000 Metern Höhe gelegene Südsattel wird oft als die höchste Müllkippe der Welt bezeichnet. Leere Sauerstoffflaschen, alte Zelte, andere Ausrüstungsgegenstände, Müll und sogar Leichen findet man hier. In einem Versuch, dieses stetig wachsende Problem anzugehen, verlangt die nepalesische Regierung von jeder Expedition eine Umweltkaution von mehreren Tausend Dollar. Diese Kaution wird zurückbezahlt, nachdem der Verbindungsoffizier bestätigt hat, dass die Expedition den Müll und die Ausrüstung vom Berg heruntergeholt hat. Kompostierbarer, brennbarer und anderer Müll kann bei einer Organisation in Namche Bazar deponiert werden. Gebrauchte Sauerstoffflaschen, Gaskanister und Batterien müssen jedoch nach Katmandu zurückgebracht und ins Ausland exportiert werden.

Ein ähnliches System gibt es auf der tibetischen Seite, wobei dort vermutlich die Kaution zu gering ist, um eine Wirkung zu erzielen. In der Praxis werden auf beiden Seiten die Gesetze des Marktes angewandt: Westliche Bergsteiger haben meist kaum noch die Kraft, ihre eigenen verbrauchten Sauerstoffflaschen und anderen Müll hinabzutragen, und zahlen lieber ihren Sherpas einen speziellen Bonus dafür, diese Arbeit für sie zu übernehmen.

Müll am Berg ist unästhetisch, doch von weit grösserer Bedeutung und Komplexität sind, vor allem auf der nepalesischen Seite, die Probleme der Erosion und Abholzung, die teils durch das Verhalten der einheimischen Bevölkerung und teils durch die Explosion des Tourismus entstanden sind. Trecker und Bergsteiger spielen eine wichtige Rolle beim Schutz der Bergwelt und leisten einen bedeutenden Beitrag dazu, indem sie darauf achten, dass anstatt auf einem Holzfeuer nur auf Gas- oder Kerosinkochern gekocht wird.

Rob Halls Opfer

In den frühen 90er-Jahren wurde Rob Hall als Meisterorganisator von geführten Everest-Expeditionen bewundert. Hall bestieg den Berg fünf Mal, bei seinem letzten Aufstieg am 10. Mai 1996 begann er jedoch mit einem sehr erschöpften Kunden äusserst spät den Abstieg vom Gipfel, gerade als ein grimmiger Sturm den Berg erreichte. Anstatt seinen Kunden zu verlassen, bestand Hall heroisch darauf, bei Doug Hansen zu bleiben, der während der Nacht verschwand. Am Morgen danach war Hall selbst zu schwach, um hinabzusteigen. Heimtückischer Wind vereitelte Rettungsversuche, und man nimmt an, dass Rob Hall kurz nach seinem letzten Funkgespräch am 11. Mai um 18 Uhr gestorben ist. Acht Menschen kamen während dieses Sturms ums Leben, darunter Yasuko Namba, die am Südsattel erfror, nachdem sie alle Gipfel der Seven Summits erreicht hatte. Genau drei Jahre zuvor war Halls Freund und regelmässiger Seilgefährte Gary Ball (oben; rechts von Rob Hall), mit dem er die Seven Summits in sieben Monaten bestiegen hatte, im Jahre 1993 am Dhaulagiri in Nepal an Höhenkrankheit gestorben.

gerhard schmatz

Erfolg und Tragödie am Everest

Ungeheure Tragödien sind mit der Besteigungsgeschichte des Everest verflochten. Gerhard Schmatz und seine Frau hatten gemeinsam bereits vier Gipfel der Seven Summits erreicht, als es Hannelore nicht mehr gelang, vom Gipfel des Everest abzusteigen. Hätte sie überlebt, besteht kaum Zweifel daran, dass sie als erste Frau auf allen Gipfeln der Seven Summits gestanden wäre. Schmatz hat seitdem die Sammlung der Seven Summits vervollständigt und auch die höchsten Berge der sieben grössten Inseln bestiegen.

Im Mai 1973, nach unserer Rückkehr nach Katmandu von einer erfolgreichen Expedition zum Manaslu, schrieb ich ans nepalesische Aussenministerium und bat um eine Bewilligung, den Everest zu besteigen. Ich erwartete nicht ernsthaft, dass sie mir erteilt werden würde, da es zu viele andere einflussreiche, interessierte Teams gab und wir – abgesehen davon – auch nicht die finanzielle Unterstützung einer alpinen Organisation oder einer Regierungsstelle unseres Landes hatten.

Während der nächsten fünf Jahre bestiegen meine Frau Hannelore und ich viele Berge in vielen verschiedenen Ländern. Im Juni 1977 kehrten wir von einer erfolgreichen Expedition zum Lhotse zurück und erfuhren, dass wir die Bewilligung, den Everest im Herbst 1979 zu besteigen, bekommen hatten.

Wir begannen sofort mit den umfangreichen Vorbereitungen. Zu dieser Zeit musste alles, was wir und die Sherpas für die dreimonatige Expedition brauchten, in Europa gefunden und nach Nepal transportiert werden, da es damals noch unmöglich war, dort die notwendige Verpflegung und Ausrüstung für eine solche Expedition zu bekommen. Hannelore hatte ein unglaubliches Talent, wenn es darum ging, die Expeditionsausrüstung zu beschaffen und zu transportieren. Sie schrieb Hunderte von Briefen, um das zu erwerben, was wir brauchten, und sammelte dann alles ein mit einem Lastwagen, den uns ein Sponsor zur Verfügung stellte. Unterstützt von Freunden, verbrachte sie mehrere Monate in einem Lager und teilte mehrere Tonnen von Material in 30-Kilogramm-Lasten auf, die von den Trägern gebuckelt werden konnten. Die Arbeit war unglaublich hart und monoton.

Ausser Hannelore und mir waren sechs andere erfahrene und erfolgreiche Bergsteiger im Team: der Neuseeländer Nick Banks, der Schweizer Hans von Känel, die Deutschen Tilman Fischbach, Günter Kämpfe und Hermann Warth und schliesslich der Amerikaner Ray Genet, den Hannelore und ich 1978 bei der Besteigung des Mount McKinley getroffen hatten. Er wohnte in Talkeetna am Fusse des Kinley, der oft als der kälteste Berg der Welt betrachtet wird, und hatte zahlreiche Expeditionen geführt und begleitet. Den Mount McKinley hatte er 35 Mal bestiegen.

Obwohl die Nachmonsun-Expeditionen der früheren Jahre ihren Anmarsch selten vor September angetreten hatten, beabsichtigten wir, dem Beispiel der britischen Expedition von 1975 zu folgen und schon während der Regenzeit damit zu beginnen. Wir hofften, das Basislager genau zu Beginn der Besteigungssaison zu erreichen und so das sehr kalte Wetter im Oktober und die Jetstreams zu vermeiden.

Bei der Ankunft in Katmandu erklärte uns das Ministerium, dass wir frühestens am 10. August zum Berg aufbrechen könnten und dass wir keine Genehmigung hätten, das Basislager vor dem ersten September zu erreichen. Nach einigen harten Verhandlungen bekamen wir die Erlaubnis, den 250 Kilometer langen Anmarsch am 31. Juli zu beginnen, was uns einen ganzen Monat für den Weg zum Basislager brachte. Das war sehr nützlich für unsere Akklimatisation, konnte aber die verlorene Zeit nicht wettmachen.

Nachdem wir das Basislager eingerichtet hatten, erkundeten wir den Khumbu-Eisbruch und versuchten, ihn für das Team mit Leitern und Fixseilen so sicher wie möglich zu machen. Die Eis- und Schneeverhältnisse waren schrecklich. Dennoch errichteten wir am 4. September unser erstes Hochlager in ungefähr 5900 Metern Höhe nach dem Eisbruch. Das Western Cwm bereitete uns einige Schwierigkeiten, obwohl es relativ flach ist. Wir mussten riesige Spalten und viele senkrechte Eiswände überwinden, bevor wir damit beginnen konnten, Lager 2 auf ungefähr 6500 Metern Höhe zu errichten.

Die Lhotse-Wand war mit tiefem Schnee bedeckt. Es hatte sich so viel seit unserer Besteigung von 1977 verändert, dass wir eine völlig neue Route nehmen mussten. Auf etwa 7200 Metern Höhe stellten wir in der Lhotse-Wand im Schutz einer senkrechten Eiswand Lager 3 auf.

Weiter oben in der Lhotse-Wand mussten wir ungefähr in 7500 Metern Höhe über das so genannte Gelbe Band steigen. Dann überquerten wir den Genfer-Sporn, um den Südsattel (7986 m) zu erreichen, den niedrigsten Punkt zwischen Lhotse und Everest. Hier stellten wir am 24. September unser oberstes Lager auf.

Ganz zu Beginn der Expedition hatte Hannelore mehrmals zu verstehen gegeben, dass der Südsattel ihr Ziel sei. Aber als sie merkte, dass sie in bester körperlicher Verfassung war und genauso gut vorankam wie die anderen Mitglieder des

Teams, wollte sie auch versuchen, den Gipfel zu erreichen. Dennoch blieb sie vorsichtig und beschloss, mit zwei erfahrenen Sherpas in einer unabhängigen Seilschaft aufzusteigen.

Froh darüber, den Südsattel erreicht zu haben, und bereit für die letzte Etappe, wurden wir von einem Schneesturm gezwungen, ins Basislager zurückzukehren. Dort beschlossen wir, in zwei anstatt in drei Gruppen vorzugehen. Die erste Gruppe bestand aus Hermann, Hans, zwei Sherpas und mir. Wir wollten Hannelore die Anstrengung des Spurens ersparen. Die zweite Gruppe bestand aus den fünf übrigen Teammitgliedern und drei Sherpas.

Am 28. September wurde das Wetter wieder besser, und wir begannen mit dem letzten Aufstieg. Nach drei Tagen erreichte die erste Gruppe wieder den Südsattel. Am 1. Oktober begannen wir nach einer halbwegs angenehmen Nacht um drei Uhr morgens mit den Vorbereitungen zum Gipfelanstieg. Alles dauerte länger in dieser Höhe, besonders das Kochen von Tee. Um 6 Uhr morgens waren wir schliesslich fertig zum Aufbruch. An einem Seil waren Hermann, Hans und Lhapka Sherpa, am anderen Seil ich, gefolgt von Pertemba Sherpa. Das Wetter war mittelmässig. Unter und hoch über uns lagen Wolkenschichten. Es war relativ warm und ungewöhnlich still. Die Schnee- und Eisverhältnisse waren sehr schlecht. Wir hätten nie so weichen Schnee erwartet in einer Region, die so stark dem Wind ausgesetzt ist. Manchmal sanken wir bis über die Knie ein, was unser Vorankommen beträchtlich erschwerte. Kurz vor 12 Uhr mittags erreichten wir den Südgipfel des Everest (8760 m). Von hier aus konnten wir die Aufstiegsroute einsehen, der wir nun folgen mussten: zunächst ein rasiermesserscharfer Eisgrat, dann der ausgesetzte Hillary Step, der sich bei der Erstbesteigung als so schwierig erwiesen hatte.

Auch wir hatten Probleme am Hillary Step. Wegen der Steilheit und der Schneeverhältnisse konnten wir ihn nicht überwinden. Der Schnee war zu weich, um mit den Schuhen verlässliche Stufen zu stampfen, und zu tief, um Eis für die Steigeisen zu finden. Von unserem schmalen Hochsitz auf dem Grat brach auf der Ostseite ein Abgrund von 4000 Metern und auf der Westseite einer von fast 2500 Metern ab. Schliesslich fanden wir festen Fels, in dem wir hochklettern konnten, und wussten, dass unser Ziel nicht mehr weit entfernt war.

Gegen 14 Uhr erreichten wir überglücklich den Gipfel. Wir umarmten und gratulierten einander zu unserem Erfolg. Die Wimpel wurden aus den Rucksäcken geholt und Fotos vom Triumph gemacht. Obwohl es nun zu schneien begann, schien die Zeit zu fliegen.

Nach ungefähr einer Stunde begannen wir mit dem Abstieg. Wieder erwies sich der Hillary Step als schwierig, der Rest des Abstiegs verlief jedoch problemlos. Wir erreichten den Südsattel kurz vor 19 Uhr, als es Nacht geworden war.

Die zweite Mannschaft war bereits um die Mittagszeit dort angekommen. Ihre Mitglieder gratulierten uns zu unserem Erfolg und teilten unsere grosse Freude.

Oben: Zwei Bergsteiger am überwechteten Südostgrat kurz vor dem Hillary Step auf dem Weg zum Gipfel.

Links: Hannelore Schmatz freut sich über den Sonnenschein, während sie auf dem Weg zum Gipfel des Everest als Seilerste durch den Khumbu-Eisbruch steigt.

Nachdem Hannelore mich umarmt hatte, beschrieben Pertemba und ich die schlechten Schnee- und Eisverhältnisse. Wir baten sie, ihren Entschluss, den Gipfel zu besteigen, aufzugeben. Ein wenig entrüstet sagte Hannelore, dass wir nicht versuchen sollten, ihren Enthusiasmus zu dämpfen. Günter, der zuhörte, verwies auf Hannelores ausgezeichnete körperliche Verfassung und sagte, dass sie an diesem Tag von Lager 3 bis zum Südsattel ohne jegliche Probleme und in einer guten Zeit aufgestiegen sei. Nach unserem Gespräch krochen wir in unsere Zelte, um zu schlafen.

Die Mitglieder der zweiten Gruppe begannen sehr früh mit ihren Vorbereitungen. Gegen 5 Uhr morgens verliessen sie das Lager. Tilman und Ang Phurba Sherpa bildeten die erste Seilschaft, Nick, Günter und Ray die zweite und Hannelore mit den beiden Sherpas Ang Jangbu und Sungdare die dritte.

Diejenigen von uns, die tags zuvor auf dem Gipfel gewesen waren, stiegen so schnell wie möglich zu Lager 2 ab, das beinahe 2000 Meter tiefer lag. Wir prüften ständig besorgten Blickes den Himmel, da das Wetter deutlich erkennbar umschlug. Wir dachten nicht, dass unsere Freunde den Aufstieg fortsetzen würden, und erwarteten, dass sie umkehren und zurückkommen würden. Am Abend zeigte sich, dass unsere Vermutung falsch war. Um 18 Uhr war die erste Seilschaft wieder zurück am Südsattel, und über Funk erfuhren wir, dass jeder, einschliesslich Hannelore, es bis zum Gipfel geschafft hatte. Wir waren überglücklich.

In bester Laune feierten wir im Messzelt unseren Erfolg. Wir stellten fest, dass unsere Expedition die kleinste war, die je den Gipfel erreicht hatte, die bis dahin schnellste (32 Tage) und die erste, bei der alle Teilnehmer auf dem Gipfel standen. Darüber hinaus war ich der Erste über Fünfzigjährige auf dem Gipfel. Und als ob das nicht genügte, waren Hannelore und ich das erste Ehepaar, das den Everest erobert hatte.

Unsere Freude wurde jedoch etwas gedämpft, als unsere Freunde uns über Walkie-Talkie mitteilten, dass Ang Phurba Sherpa bei seiner Ankunft am Südsattel berichtet habe, dass Ray, Hannelore und Sungdare beschlossen hätten, auf dem Südostgrat zu biwakieren. Wir riefen per Funk sofort die Sherpas in Lager 3 auf und sagten ihnen, dass sie gleich am nächsten Morgen zum Südsattel aufbrechen sollten, um Hilfe zu leisten, wo sie nur konnten. Dennoch war unsere Angst nicht zu gross, da wir wussten, dass Ray bei der Gruppe auf dem Südostgrat war. Am Kinley galt er als echter Experte in allen Bereichen der Überlebenstechniken und im Bau von Schneehöhlen.

Wir erfuhren später, dass die Besteigung wie geplant verlaufen war, abgesehen davon, dass Ray beschlossen hatte, allein aufzusteigen. Offenbar passte ihm das Gehtempo der anderen nicht. Das Wetter war besser, als wir weiter unten gedacht hatten. Günter sprach mit Hannelore, kurz bevor sie den Gipfel erreichte. Sie schien in guter Verfassung zu sein. Da das Wetter schlechter wurde, blieben sie nicht lange auf dem Gipfel.

Der Abstieg über den Südgipfel erfolgte ohne Zwischenfall. Ray, der allein aufgestiegen war, hatte sich auf dem Rückweg in Hannelores Seil eingebunden. Als ihm später, auf etwa 8500 Metern Höhe, der künstliche Sauerstoff ausging, weigerte er sich, weiterzugehen. Er wollte biwakieren. Hannelore und Sungdare blieben bei Ray, während Ang Jangbu zum Südsattel abstieg. Ray versuchte, eine Schneehöhle zu graben, was ihm wegen des weichen Schnees nur halbwegs gelang.

Bei Einbruch der Nacht setzte ein Höhensturm ein, der die ganze Nacht über anhielt. Am nächsten Morgen starb Ray. Hannelore und Sungdare mussten den Abstieg in einem Zustand von Schock und starken Depressionen ohne ihn fortsetzen. Schliesslich setzte sich Hannelore auf ungefähr 8300 Metern Höhe in den Schnee und starb mit den Worten: «Wasser, Wasser!» Sungdare war am Boden zerstört.

Oben: Hannelore und Gerhard Schmatz sowie Hermann Warth auf dem Weg durch den Khumbu-Eisbruch.

Links: Bergsteiger beim Aufstieg durch die 1500 Meter hohe Lhotse-Wand. Die Sonne strahlt spektakuläre Wolkenformationen über dem Gipfel des Lhotse an.

Zu dieser Zeit hatten Ang Nawang Sherpa und Tilman Fischbach das Camp verlassen und versuchten, die Gruppe zu erreichen. Als sie Sungdare trafen, erzählte er ihnen die furchtbaren Neuigkeiten. Da auch er durch Erschöpfung dem Tod nahe war und offensichtlich schlimme Erfrierungen davongetragen hatte, brachten ihn die zwei Bergsteiger sofort ins Lager hinab.

Ich erfuhr von all dem, während ich in Lager 2 unter der Südwestwand des Everest festsass, unfähig, irgendetwas zu tun, um zu helfen. Ich war so verwirrt, dass ich die Tragödie und die Folgen dessen, was geschehen war, nur vage begreifen konnte.

Natürlich hört man immer wieder von tragischen Unfällen, die abrupt eine enge menschliche Beziehung beenden. Hannelore und ich waren 20 Jahre lang unzertrennlich gewesen, nicht nur in unserem gemeinsamen Alltag, sondern auch in gefährlichen Situationen an Bergen auf fast jedem Kontinent.

Trotz meiner Erschütterung musste ich fortführen, was Hannelore mit so viel Enthusiasmus getan hatte. In den Lagern wusste sie genau, wo sich in diesem Chaos von Schachteln und Säcken alles befand. Ich war der Expeditionsleiter, hatte aber keine Ahnung von den kleinen, aber wichtigen Details. Trotz meines furchtbaren Schmerzes war ich gezwungen, ihren Job weiterzumachen.

Schliesslich endete unsere lange, erfolgreiche, aber äusserst tragische Reise, und das Team kam daheim an. Ich konnte zwar sagen, dass ich den höchsten Gipfel der Welt bestiegen hatte, derselbe Berg hatte jedoch das Leben meiner Frau und meines Freundes gefordert. Sie sind noch da oben, hoch in den Bergen, die unser Leben so bereichert haben. In jedem Bild vom Everest sehe ich Hannelore…

1985 | 1990

Everest Südsattel 16.5.75	Kilimandscharo Marangu-Route 16.1.85	Aconcagua Normalroute 7.1.87	McKinley West Buttress 12.6.88	Elbrus Normalroute 8.8.89	Vinson Normalroute 19.1.91	Kosciuszko Normalroute 23.11.91	Carstensz Normalroute 28.6.92

junko tabei

Die First Lady des Everest

Im Jahre 1975 gelang es Junko Tabei als erster Frau, den Everest zu besteigen. Sie war die Leiterin der ersten reinen Frauenexpedition an diesem Berg, in einer Zeit, in der allein schon das Erhalten einer Genehmigung Zeit und Hartnäckigkeit verlangte. Sie schaffte es, während der Besteigung unbeirrbar an ihrem Ziel festzuhalten, und setzte mit ihrem Gipfelerfolg einen der bedeutendsten Meilensteine in der Geschichte des Frauenalpinismus. Tabei bewies, dass Frauen in den Bergen alles erreichen können, was Männer erreichen, sogar den höchsten Punkt unseres Planeten. Ihr Gipfelsieg zerschmetterte falsche männliche Vorurteile und ebnete den Weg für viele herausragende Besteigungen, die talentierte Alpinistinnen seither gemacht haben. Es war nur eine Frage der Zeit, bis eine Frau den Everest allein und ohne Hilfe von zusätzlichem Sauerstoff besteigen würde.

Es war im März 1971, als wir zum ersten Mal für unsere Expedition, die nur aus Frauen bestehen sollte, die Genehmigung für eine Everest-Besteigung beantragten. Wir waren uns sehr wohl bewusst, dass jährlich zahlreiche Anträge an die nepalesische Regierung gestellt werden, diese aber nur zwei Expeditionen pro Jahr zulässt: eine im Frühjahr und eine im Herbst. Auf einen langwierigen Prozess vorbereitet, reihten wir uns in die Schlange ein und warteten, bis wir an der Reihe waren. (Glücklicherweise hat sich die Situation in den vergangenen Jahren geändert, und viele Gruppen können gleichzeitig eine Genehmigung erhalten, sogar für Expeditionen mitten im Winter.)

Eineinhalb Jahre später, im August 1972, als meine Tochter gerade fünf Monate alt war, erhielten wir schliesslich die Nachricht, dass unser Antrag bewilligt worden war für das Frühjahr 1975. Ich dachte, dass der Zeitpunkt gut wäre, weil mein Kind dann drei Jahre alt wäre, so dass meine Abwesenheit kein Problem sein würde. Ich begann also nach weiteren Teammitgliedern zu suchen. Obwohl man heutzutage ältere Bergsteiger und solche mittleren Alters in den Bergen sieht, waren es zu dieser Zeit haupsächlich junge Leute, die in Shinjuku und Ueno [Bahnhöfe in Tokio] den Zug bestiegen, um in die Berggebiete zu fahren. Wir versuchten an den Bahnhöfen oder in den Bergen, Frauen in Bergsteigerausrüstung zu finden und fragten herum: «Haben Sie Lust, mit uns den Mount Everest zu besteigen?» Immer wenn ich von Bergsteigervereinen mit starken weiblichen Mitgliedern hörte, fuhr ich hin, um sie zu treffen.

Die meisten der Frauen sagten: «Es ist eine wunderbare Idee, in den Himalaja zu reisen. Ich will einmal in meinem Leben den Mount Everest sehen!» Und dann fuhren sie fort: «Ich möchte gerne mitgehen, habe dazu jedoch weder die bergsteigerischen Fähigkeiten noch die Kraft oder das Geld.» Das war die gängigste Antwort der Frauen, die ich fragte. Natürlich braucht man körperliche Kraft und bergsteigerische Fähigkeiten zum Bergsteigen im Himalaja, aber da gibt es andere, grundlegende Faktoren, einschliesslich des extrem starken Willens weiterzugehen, was immer geschieht, und die Einstellung, einen Ausweg finden zu wollen, wenn man in grösste Schwierigkeiten gerät.

Es war damals wirklich schwierig, Spenden für die Expedition zu sammeln, weil 1973 das Jahr war, in dem die japanische Wirtschaft unter den Folgen der Ölkrise litt. Wir versuchten in allen möglichen Bereichen zu sparen, beispielsweise indem wir die Grösse der Tassen einschränkten: Der Gebrauch einer grossen Tasse hätte uns dazu verleitet, mehr Tee zu trinken und so mehr Brennstoff beim Zubereiten zu verbrauchen. Für die Batterien machten wir Wärmeisolationsbeutel aus alten Wollpullovern; die Wolle wurde in einen Nylonüberzug gestopft, der ursprünglich Teil einer Plastikschutzhülle für Autos war. Batterien, die in diese Taschen und dann ins Innere der Schlafsäcke gesteckt wurden, konnten länger benutzt werden. Leere Mayonnaiseflaschen aus Plastik verwandelten wir in Wasserflaschen. Wir wollten so weit wie möglich das Gewicht unserer Ausrüstung begrenzen und entfernten dafür sogar die Kartonrolle im Inneren des Toilettenpapiers und die Papierverpackungen der Kuchen und Süssigkeiten.

Wir machten alles, was wir konnten, um die Grösse unseres Gepäckes und des benötigten Budgets zu verkleinern. Alles, was wir mitnahmen, wurde sorgfältig geprüft, unabhängig davon, wie klein es war. Wir wussten, dass all diese kleinen Dinge leicht das Gewicht und damit die Kosten des Gepäcks in die Höhe treiben würden. Wir arbeiteten insgesamt 1400 Tage für die Vorbereitung und die Ausarbeitung unserer Strategien. Die Zeit, die wir für die Expedition selbst benötigten, betrug nur 130 Tage, was weniger als zehn Prozent der Gesamtzeit war. Auf dem Gipfel stan-

Links: Die Japanerin Junko Tabei trägt die Flagge ihres Landes durch die Lhotse-Wand. Sie erreicht 1975 als erste Frau den Gipfel des Everest.

Rechts: Diese seltene Fotoperspektive vom Gipfel des Lhotse zeigt den Südostgrat des Everest und den darunter liegenden Südsattel.

yasuko namba

Ihr letztes Tagebuch

Am 10. Mai 1996 stand Yasuko Namba als zweite Japanerin auf dem Gipfel des Everest und vervollständigte damit gleichzeitig ihre Sammlung der Seven Summits. Sie starb während des Abstiegs, zusammen mit sieben weiteren Teilnehmern, in einer der schlimmsten Katastrophen, die sich am Everest je ereignet haben.

den wir nur einige Stunden, was trotz ihrer Bedeutung wie der flüchtigste Augenblick überhaupt wirkte.

Die Fracht, die wir von Japan mitbrachten, belief sich auf ungefähr elf Tonnen, und die Verpflegung, die wir vor Ort noch zusätzlich in den Märkten einkauften, wog fast vier Tonnen. So mussten 15 Tonnen Last von Yaks und Trägern zum Basislager befördert werden, das wir auf 5350 Metern Höhe errichteten. Dann wurde unsere Ausrüstung von Sherpas und Teammitgliedern zu den Hochlagern hinaufgetragen. Von einem Camp zum nächsten ging es Schritt für Schritt hinauf; so akklimatisierten wir uns für die grosse Höhe. Einige von uns gerieten in Lawinen, überlebten jedoch, und einige von uns litten trotz der Akklimatisation an der Höhenkrankheit.

Gesegnet mit gutem Wetter, erreichten Ang Tsering Sherpa und ich schliesslich die Höhe von 8850 Metern. Ich schrie ins Funkgerät: «Bitte übermittelt meine volle Anerkennung an alle der Gruppe und an die Sherpas», und in Gedanken schätzte ich die solide Grundlage von 1400 Tagen der Vorbereitung.

15. April: Heute wurde eine «Puja» zelebriert, ein religiöses Nepali-Ritual, bei dem für eine sichere Besteigung des Everest gebetet wird. Es war eine angenehme Zeremonie. Ich glaube fast, dass es mir genügt, das Leben im Basislager zu geniessen.

19. April: Die Aussicht von Lager 2 ist so prächtig, wie jeder gesagt hat. Nun weiss ich, warum die Menschen vom Everest angezogen werden. Gleichzeitig empfinde ich den Gedanken etwas beängstigend, die blanke Lhotse-Wand hinaufzusteigen, die vor mir in den Himmel ragt. Warum besteigt man einen Berg? Es könnte sehr wichtig für einen sein, von einem grossen Ziel zu träumen, das man erreichen will. Bergsteigen ist dabei eine der einfacheren Arten, sich einen Traum zu erfüllen, und gleichzeitig kann man dabei auch noch die Schönheiten der Natur geniessen.

21. bis 25. April: Ruhetage im Basislager.

26. bis 30. April: Auf- und Abstieg zu Lager 3 zur Akklimatisation.

26. April: Es ist tatsächlich wahr, dass der Everest ein anstrengender Berg ist. Ich bewundere jeden, der diesen Berg bestiegen hat, wie immer er es auch gemacht hat.

2. Mai: Warum bin ich hier? Ich wünsche, dass die Expedition so bald wie möglich endet, ob ich nun den Gipfel erreiche oder nicht. Ich sehe heute alles negativ. Ich sollte es positiver sehen.

5. Mai (ein Antwortfax an ihren Mann, Kenichi): Liebster Ken, danke für dein Fax mit den netten Ratschlägen. Während ich das Fax las, füllten sich meine Augen mit Tränen. Du bist der Einzige, der an mich denkt und wirklich mit mir spricht. Ich bin tief in meinem Herzen berührt. Sobald ich daheim bin, werde ich liebevoller zu dir sein als je zuvor. Dein Fax hat mich so entspannt. Es scheint in dieser Saison mehr Schnee zu liegen als üblich, und selbst die sehr starke jugoslawische Gruppe konnte den Gipfel nicht erreichen. Das nächste Mal kann ich dir erst faxen, wenn ich ins Basislager zurückkomme. Ich denke immer an dein sanftes Gesicht und an das Frühlingsgrün von Tokio. Alles Liebe und eine herzliche Umarmung aus dem Basislager am Mount Everest, Yasu.

6. Mai: Aufbruch vom Basislager um 5 Uhr morgens, Ankunft in Lager 2 um 12.50 Uhr. Einige Séracs sind zusammengestürzt, und die Spalten werden tiefer. Ich fühle mich viel leichter, und ich keuche weniger als vorher.

7. Mai, Ruhetag: Scott Fisher von der amerikanischen Expedition besuchte uns.

Das war der letzte Tagebucheintrag von Yasuko Namba. Sie erreichte den Gipfel am 10. Mai um 14.30 Uhr. Während des Abstiegs geriet sie in einen Schneesturm und brach am Südsattel zusammen. Ein Jahr später wurde ihre Leiche gefunden und ins Basislager hinabgebracht. Nach einem tibetisch-buddhistischen Verbrennungsritual am Fusse des Everest wurden ihre sterblichen Überreste von ihrem Mann heimgeholt.

Kilimandscharo
Marangu-Route
23.8.84

jeff shea

Der Geist Tibets

Viele Bergsteiger ziehen den Everest-Aufstieg auf der tibetischen Seite dem auf der nepalesischen Seite vor, obwohl er als der härtere von beiden gilt. Der Grund liegt in der kargen, windzerzausten Landschaft Tibets und im Blick auf die markante Pyramide des Everest während des Anmarsches, die beide einen tiefen Eindruck hinterlassen. Im Frühjahr 1995 kamen Bergsteiger in den Genuss von einmalig gutem Wetter. Bis der Monsun von Nepal über den Berg herüberzog, hatten bereits 67 Bergsteiger den Gipfel über den Nordgrat erreicht. Aber der Everest war dennoch kein Kinderspiel, wie Jeff Shea hier erläutert…

Nachdem ich übers Meer gefahren und viele Meilen an Land zurückgelegt hatte, erreichte ich den Bergkamm über Namche Bazar in Nepal und sah zum ersten Mal in meinem Leben die windverblasene Kappe des Everest. In den Wochen danach hegte ich vage Hoffnungen, den Berg zu besteigen; sie erschienen jedoch wie Träume, die in Nichts aufgehen. Als ich einige Wochen später auf einen Sechstausender hinaufkeuchte, verdeutlichten mir meine ersten Kämpfe mit der Höhe die Unerreichbarkeit des Everest. Die Pracht des Himalaja beeindruckte mich stärker, als ich je gedacht hatte. Seine schiere Grösse übertrifft jede andere Bergkette der Welt.

Während dieser Reise im Jahre 1983 stand ich auf dem Kala Pattar und blickte auf das grossartige Panorama der eisigen Berge; ich kauerte im Basislager der Südsattel-Route auf 5200 Metern Höhe in der warmen Leere eines Messzeltes und dachte mit Ehrfurcht an diese Männer und Frauen, die gerade auf einer Expedition zum Everest waren; ich sog die tibetische Kultur im Kloster Tengboche während des Mani-Rimdu-Festes ein, entzückt von den Farben und dem Reichtum der Kostüme der maskierten Tänzer. Alles war neu und aufregend für mich. Ich konnte danach nicht schlafen, wurde angezogen vom Mondlicht, ging hinaus in die klirrend kalte Dezembernacht und kletterte oberhalb der Dächer von Tengboche herum. In der riesigen Schlucht zwischen der Ama Dablam und dem Everest-Massiv wurde die absolute Stille plötzlich gebrochen vom Echo der alten Trompetenhörner des Klosters, welche die bösen Geister vertreiben und von der Reinheit der guten Absicht widerhallen sollen. Magisch! Ich kam zurück von meinem ersten Himalaja-Trip und verstand, warum die einheimischen Animisten den Bergen gottähnliche Macht zusprechen. Sie hatten scheinbar tatsächlich einen eigenen Geist.

Zwölf Jahre später wurde ich wieder angelockt vom Himalaja. Mit dem Unterschied, dass ich diesmal zur Nordseite des Everest ging und kein Trecker mehr war, sondern ein Bergsteiger. Auf der Reise ab Lhasa erblickte ich vom höchsten Punkt der Klosterruinen von Xegar zwischen den Wolken Cho Oyu, Shisha Pangma und Makalu. Während ich dort stand, orakelte ein Mönch von Xegar: «Wenn du den Everest siehst, viel Glück. Wenn du den Everest nicht siehst, kein Glück.» Gerade als wir uns versammelten, um den Ort zu verlassen, rissen die Wolken auf und enthüllten den Berg in seiner ganzen Herrlichkeit.

Am 12. April 1995 sprang ich, von Kopf bis Fuss mit Staub bedeckt, von der Ladefläche des Lastwagens, der unsere Ausrüstung transportierte. Mir war übel von der Fahrt hinauf auf 5200 Meter Höhe. Ich stellte mein Zelt auf einem Platz auf, wo es zwei Monate lang bleiben sollte. Im Basislager schrieb ich: «Die letzte Nacht war die schlimmste, die ich je erlebt habe. Ich war dehydriert und musste mich noch an die Höhe gewöhnen. In Zeiten wie dieser ist der mentale Kampf schlimmer als der körperliche. Um den Gedanken der Verzweiflung zu widerstehen, braucht man einen starken Willen, und um dennoch zu erkennen, ob es ratsam sei, ein Projekt aufzugeben, benötigt man ein klares Beurteilungsvermögen. Ich denke nicht, dass es unbedingt notwendig ist, auf den Gipfel dieses Berges zu gelangen.

Von dem mit Gebetsfahnen verzierten Rongbuk-Kloster in Tibet hat man einen atemberaubenden Blick auf die steile Nordflanke des Everest.

Dennoch wäre die ganze Mühe, die ich auf mich genommen habe, um hierher zu kommen, eine Torheit, wenn ich jetzt aufgäbe. Ich habe schrecklich viel riskiert, um diesen Berg zu besteigen. [...] Die Leute hier sind eine ziemlich ungewöhnliche Ansammlung ausgesprochener Individualisten. Einige sind grosse Bergsteiger, einige Fotografen, andere Ärzte, einige darunter Frauen, die Rekorde anstreben in der Welt der Bergsteiger.»

Das Basislager gewährt einen weiten Panoramablick über den Changtse, den Nordgrat, das Grosse Couloir, die Nordwand und die Gipfelpyramide mit der dunstigen Federwolke, die im Jetstream dahinsegelt. Die Route windet sich im Uhrzeigersinn um den Changtse und durch die Eistürme des östlichen Rongbuk-Gletschers. Der 21 Kilometer lange Weg endet im vorgeschobenen Basislager [Advanced Base Camp, ABC], mit direktem Blick auf den Nordsattel und die Gipfelpyramide.

Ich widerstand dem Trend, Hals über Kopf zum ABC hinauf zu rennen, und befolgte den Rat des Australiers Jon Muir, der meinte, dass man sich am besten akklimatisiere, wenn man zunächst alles leicht nehme und sich im Basislager aufhalte. Zwölf Tage lang machte ich das.

Ich kam am 25. April im ABC an. Zwei Tage später querte ich den Gletscher bis zum Fuss des steilen Hangs, der zum Nordsattel führt. Der Gletscher ist ein pittoreskes Durcheinander von enormen Eisblöcken, die überwunden werden müssen, um den Sattel zu erreichen. Kleine Lawinen donnerten links von mir die Flanken des Nordostgrates herab. An diesem Hang ereignete sich im Juni 1922 eine Katastrophe, über die selten gesprochen wird: Während der zweiten Expedition zum Berg kamen hier sieben Träger in einer Lawine ums Leben. Alles in allem wurden mindestens 16 Menschen von Lawinen aus den Hängen unterhalb des Nordsattels getötet, fast so viele wie im weitaus berüchtigteren Khumbu-Eisbruch.

Mein Akklimatisationsplan sah vor, dass ich viermal zum Nordsattel aufsteige. Zwar war es an manchen Stellen so steil, dass ein seilfreier Sturz fatal gewesen wäre, doch war der Schnee weich und erschien sicher. Mein Weg durch die Eisblöcke führte mich hinauf zum Sattel in 7050 Metern Höhe und ermöglichte einen klaren Blick auf die Nordwand und sein riesiges Grosses Couloir, das in einer Eiswand von unvorstellbaren Dimensionen endet. Der Gipfel wirkte so nah, dass man hinaufgreifen und ihn berühren zu können meinte. Die Zelte schmiegten sich auf der Leeseite eines Eispfeilers aneinander und waren dort geschützt vor den Winden mit 130 Stundenkilometern, welche die Nordwand blank fegen.

Am 30. April stieg ich hinauf zu Lager 2 in 7600 Metern Höhe. Vom Nordsattel führt die Route, langsam steiler werdend, zu einem breiten Schneesattel. Zunächst fühlte ich mich wohl, da die Sonne schien und der Wind nur eine Brise war. Fast unmerklich verschlechterten sich dann jedoch die Verhältnisse: Die Sicht schrumpfte auf einige Meter zusammen, und die Kälte kroch durch meine dick isolierten Bergschuhe. Das Absinken meiner Körpertemperatur machte mir Sorgen. Oben auf dem Schneesattel gelangte ich zu zwei Zelten, deren Wände heftig im Wind flatterten.

Mein Partner Fred Zalokar und ich machten uns eine unappetitliche Suppe und wischten dann das verschüttete Wasser vom Zeltboden auf. Ich schlief ruhelos und war mir dabei dauernd bewusst, dass der Wind wie verrückt blies. Ich fragte mich, was geschehen würde, falls das Zelt auseinander riss. Am nächsten Morgen brauchten Fred und ich ewig, um fertig zu werden für den Abstieg. Der Gedanke daran, gelegentlich mal unsere Stiefel anzuziehen, weckte uns aus unserer höhenbedingten Benommenheit, gerade lang genug, um aus unseren Schlafsäcken aufzublicken und dann wieder zurückzusinken in den Nebel der Besinnungslosigkeit. Ich brauchte elf Tage in tieferen Lagen, um mich von meinem ersten Besuch auf 7500 Metern Höhe zu erholen. Die meisten davon verbrachte ich im Basislager. Ich schrieb: «Ich bin wie ein Zombie, seit ich von da oben zurückgekommen bin. Ein trockener Rachen, Lethargie, Kurzatmigkeit, Magenschmerzen, Durchfall und klaustrophobische Zustände machen mir zu schaffen, seit ich mich im Basislager aufhalte. Meine Unterlippe ist voller Blasen. Ich muss morgens mal vergessen haben, sie sorgfältig einzucremen (nur einmal!), und nun ist sie verschwollen mit Blasen und blutverklebten Hautfetzen. Ausserdem huste ich, seit ich hier bin. Es ist wie der Versuch, sich bei einem Juckreiz zu kratzen, ohne die Stelle erreichen zu können.

Tag für Tag sitzen wir hier unten im Basislager und beobachten, wie sich das Wetter verändert. Morgens kann es klar sein, nachmittags bereits wieder schneien. Das Wetter macht mir am allermeisten Angst. Falls ich einen Gipfelversuch mache, dann werde ich das, so wie ich das jetzt sehe, nur dann tun, wenn der Himmel klar und ruhig ist, so weit das Auge reicht. Ich glaube, dass es nur an einem solchen Tag halbwegs sicher ist, den Everest zu besteigen.»

Am 12. Mai war ich zurück in Lager 2. Ich fühlte mich stärker – das kleine «Wunder» der Akklimatisation von einem Monat. Oberhalb von Lager 2 führt der Anstieg durch ein Flickwerk von Fels und gesetztem Schnee. Ich stieg allein auf und genoss die Einsamkeit in Sonne und Wind. Als ich oberhalb eines 30 Grad steilen Schneefelds die 8000-Meter-Grenze erreichte, betrachtete ich meine Akklimatisation als abgeschlossen. Es war Zeit abzusteigen und meine Kräfte für einen Gipfelversuch zu sammeln. Ich verbrachte eine ganze Woche damit, im ABC zu essen, um einige der 14 Kilogramm, die mein 82 Kilogramm schwerer Körper verloren hatte, zurückzugewinnen.

Oben: Lama Dorje steigt über den Hang zur Gipfelpyramide auf, nachdem er die letzten grösseren Schwierigkeiten bewältigt hat.

Links: Die lawinenträchtigen Hänge am Nordsattel führen zum Nordgrat, der links von der Bildmitte hinaufzieht. Der Gipfel des Everest liegt rechts.

An einem Abend während meiner Ruhepause kam eine heitere Alison Hargreaves für einen kurzen Besuch in unser Messzelt. Sie wirkte so frisch wie auf dem Flug nach Lhasa zu Beginn der Expedition, als ich sie für die nicht bergsteigende Begleiterin eines anderen Bergsteigers gehalten hatte. Sie hatte gerade eine Besteigung des Everest ohne Unterstützung durch Träger und ohne Flaschensauerstoff geschafft. Ihr Ziel war es, die drei höchsten Berge der Welt innerhalb eines Jahres zu besteigen. Drei Monate später war sie tot, nachdem sie bei ihrem Abstieg vom K2 in einen Sturm geraten war.

Am 20. Mai war ich zurück auf dem Sattel mit Yves Détry, Patrick Hache und André Trémoulière. Am nächsten Morgen erfuhren wir über Funk, dass zwei Bergsteiger nun schon drei Tage von starkem Wind in Lager 3 festgehalten wurden. Da es bereits spät in der Saison war, schloss ich daraus, dass das aussergewöhnlich gute Wetter in diesem Jahr nun beendet sei – zum Glück irrte ich!

Am Morgen danach zog ich die Riemen der Steigeisen fest und griff nach meinem Eispickel, um abzusteigen. Yves, eine beständige Quelle guten Mutes, fragte mich, wo ich hinginge. Als er mich an ihren speziellen Vorrat an französischem Käse, Wurst und Crackers erinnerte, änderte ich meinen Entschluss, das Lager zu verlassen. Als ob meine gastronomischen Instinkte – und Yves' erfahrener Rat – bestätigt werden sollten, flachte der Wind nachts ab und erlaubte uns am nächsten Morgen, zum Sattel aufzusteigen. Als wir in Lager 2 angekommen waren, erklärten meine französischen Gefährten, dass der wieder stärker gewordene Wind gegen einen weiteren Aufstieg spreche. Ich trotzte dem Wind und kämpfte mich einige hundert Meter weiter hinauf, um dort mit Lhakpa Gelu und Lama Dorje aus Nepal zu zelten.

Am Morgen danach stiegen Lhakpa, Lama und ich bei gutem Wetter über das Schneefeld zur 8000-Meter-Grenze auf, kletterten durch eine Schneerinne und erreichten Lager 3 am frühen Nachmittag. Das abschüssige Hochlager befand sich auf dem felsigen Sockel des so genannten Gelben Bandes, einer Stelle, an der es extrem schwierig ist, Schutz vor dem Wind zu finden. Es heisst, dass 1952, als die Nordseite für Leute aus dem Westen noch unerreichbar war, sechs erfahrene russische Bergsteiger im Bereich von Lager 3 sprichwörtlich aus der Wand geblasen wurden.

Wir nahmen am späten Nachmittag eine Mahlzeit ein und legten uns schlafen, während die Sonne noch schien. Nach sechs Wochen der ruhelosen Nächte benutzte ich nun zum ersten Mal zusätzlichen Sauerstoff. Ich spürte, wie plötzlich Wärme in meine eiskalten Finger und Zehen schoss, und sank in einen traumreichen und euphorischen Schlummer.

Um 22 Uhr wachte ich auf, weil meine Lunge vergebens an der leeren Flasche nach Luft saugte. Wir tranken Tee, überprüften unsere Ausrüstung und gingen kurz nach Mitternacht los. Es war stockdunkel. Unser Sichtfeld beschränkte sich auf den engen Strahl unserer Stirnlampen. Wir stiegen direkt hinauf durch die Schnee- und Felsrinnen; anscheinend stundenlang. Ich sehnte ein Ende dieses ständigen Hinaufmühens herbei. Dann begannen wir mit der Querung nach unten und nach rechts, was bedeutete, dass wir am Nordgrat selbst angekommen waren. Die Luft war auffällig ruhig. Nachdem wir einen ausgesetzten Schneeflecken horizontal bis zu einem Fixseil gequert hatten, jümarten wir an diesem Seil hinauf und umgingen den First Step. Während wir uns dem schwach erkennbaren Second Step näherten, kletterten wir über abschüssige Terrassen von steigeisenzerkratztem Schiefer, die gerade so breit waren wie ein Bergschuh. Ich benutzte meinen Eispickel wie einen Gehstock, um mich auf den Zacken der Steigeisen im Gleichgewicht zu halten. Vielleicht war es ein Glück, dass der Abgrund in der mondlosen Dunkelheit unsichtbar war. 1924, 71 Jahre zuvor, waren Mallory und Irvine in diesem Bereich zuletzt lebend gesehen worden. Über die Felsvorsprünge aus Schiefer hingen alte lose Seile herab, die von Haken zweifelhaft gesichert waren. In einigen Fällen handelte es sich dabei nur um flache, verrostete Verankerungen aus Eisen, die in den Rissen des erodierenden, in Schichten zerfallenden Gesteins steckten. Die trügerische Sicherheit der Seile war beängstigend. Eine Woche später hielten sie allerdings einen anderen Bergsteiger, als er während des Abstiegs viel Lungensekret abhustete und dabei ausrutschte.

Gegen 4 Uhr morgens kletterten wir über Felsen zum Fuss des Second Step, einer hohen, unschönen Felsnase in 8600 Metern Höhe. Das war die vom Basislager aus sichtbare Schlüsselstelle der Nordgratroute. Im Jahre 1975 hatten Chinesen dort ein Zeichen ihrer abenteuerlichen Besteigung hinterlassen: die «Chinesische Leiter». Lhakpa stieg hinauf bis zur obersten Sprosse und hievte sich dann, seinen Unterarm in ein halbes Dutzend ausgefranster Seile gewickelt, die von oben herabhingen, hinauf und ausser Sichtweite. Als ich über die Kante des Second Step kam, stand ich da – wie festgenagelt von der beeindruckenden Aussicht. Der Nordostgrat badete im goldenen Licht der Morgendämmerung, und die Gipfelpyramide schien überraschend nah zu sein.

Nach der Überwindung des Third Step, des letzten Felshindernisses auf dem Grat, näherte sich die Route bis auf einen Meter der Ostwand. Ich konnte nicht widerstehen, mich hinauszulehnen und sie zu begutachten. Der Raum katapultierte den Blick beinahe senkrecht Tausende von Metern hinab in ein Tal, das sich nach Osten zum Kangchendzönga hin erstreckte.

In 8750 Metern Höhe trennte uns nur noch ein letztes Schneefeld von einer Plattform, von wo aus, wie mir gesagt worden war, der Gipfel ein Spaziergang sei. Kurz vor dem höchsten Punkt des Schneefelds verschwand Lhakpa nach rechts in einige Felsen. Ich folgte ihm zunächst auf der linken Seite des Schneefelds und war dabei nicht angeseilt. Mein Eispickel schnellte mir entgegen, nachdem er auf dem harten Eis unter der Oberfläche abgeprallt war. Ich warf einen Blick hinab und war ein wenig erschrocken über die Ausgesetztheit. Falls ich stürzte, konnte ich dann den Sturz selbst abfangen? Wahrscheinlich würde ich eher unkontrolliert über die Nordwand hinabsausen! Da es ein ungewöhnlich schöner Tag war und erst acht Uhr morgens, leistete ich mir den Luxus, zur Sicherheit einige Stufen zu schlagen. Nachdem ich eine halbe Stunde gearbeitet hatte, kam ich zu einem ausgefransten Seilrest. Lhakpa lugte über die Kante herab und meinte, dass es halten würde. Ich klinkte meinen Jümar ein und kletterte die 20 Meter hinauf zur Plattform.

Der Gipfel des Everest lag nur hundert Meter vor uns und schimmerte wie eine Traumgestalt. Jetzt bloss nicht nachlassen! Wie als Beweis dafür, dass Wachsamkeit in diesem leichten Gelände notwendig ist, rutschte Bob Hempstead hier ein paar Tage später aus und schoss auf dem Rücken liegend kopfvoraus auf den Rand der Nordwand zu. Er konnte den Sturz gerade noch abfangen, indem er sich mit ausgestreckten Armen am Fels festhielt. Dann blickte er über die Schulter und starrte in den schrecklichen, 3000 Meter tiefen Abgrund. Greg Child und Babu Tsering zogen Bob mit herumliegenden Seilresten hinauf in Sicherheit.

Als ich mich dem höchsten Punkt des Globus näherte, fühlte ich mich, als berührte mich der Geist des Berges. Um 9 Uhr funkte Lhakpa: «T'ree people summit! T'ree people summit!» Während wir 40 Minuten feierten und fotografierten, rief ich mir in Erinnerung, dass wir noch nicht fertig waren. Mindestens 15 Menschen waren beim Abstieg vom Gipfel des Everest ums Leben gekommen.

Während des achtstündigen Abstiegs litt ich an extremer Dehydrierung, die noch verschlimmert wurde von der trockenen Luft, die uns umgab, und dem Flaschensauerstoff. Immer wenn ich versuchte zu schlucken, musste ich würgen und bekam einen trockenen Würge- und Hustenanfall. Später wurde die Lage ernst: Ich griff in meinen Mund und entfernte ein seltsames bräunliches Gel, das sich an meinen Zähnen und an meinem Gaumen gebildet hatte. Ich entdeckte später, dass Teile meines Zahnschmelzes abgesplittert waren. Der Ausgleichsbalg an meiner Sauerstoffmaske wurde zu einem luftleeren, laschen Eissack. Rund 100 Meter oberhalb von Lager 3 war ich zu einer Rast gezwungen, weil meine Sauerstoffflasche leer war. Um 18 Uhr lag ich völlig erledigt vor den Zelten und genoss in aller Stille, dass ich es geschafft hatte. Ich verbrachte die Nacht ohne Abendessen und ging dann am nächsten Tag weiter zum Nordsattel.

Nach unserer Expedition teilten Bob Hempstead und ich bei einer Veranstaltung der American Himalayan Foundation den Fahrstuhl mit einem anderen Everest-Besteiger: Sir Edmund Hillary. Bob platzte heraus: «Wir haben den Everest bestiegen!», und ich fügte naiv hinzu: «Über den Nordgrat!» Sir Edmund lächelte, als ob er sich freute über seine bergsteigerischen Nachfolger. Aber ich spürte, dass seine Gedanken weit weg waren. Vielleicht dachte er an die Rede, die er an diesem Abend über seine bergsteigerische Laufbahn und sein Schulbauprogramm im Solo Khumbu halten würde. Er hatte erkannt, dass es zweitrangig ist, den Gipfel des Everest zu erreichen, im Vergleich zu den Bemühungen, jenen Menschen zu helfen, die uns zuerst ermöglichten, dorthin zu gelangen.

Die Freude darüber, den Gipfel des Everest erreicht zu haben, hat für mich inzwischen denselben Stellenwert wie das Privileg, in Tibet gewesen zu sein. Nie werde ich diese Landschaft und die einheimischen Menschen vergessen. Etwas später in diesem Jahr widmete ich mein Abenteuer der Seven Summits dem Dalai Lama und seinem Traum vom Weltpark Tibet, einem Naturschutzgebiet und einer atomwaffenfreien Zone des Friedens.

Mit zurückgelegter Kapuze und ohne seine Sauerstoffmaske steht Jeff Shea triumphierend auf dem Gipfel des Everest, während sein Berggefährte Lhakpa Gelu, ein Sherpa aus Nepal, heraufschaut.

Aconcagua

Der Aconcagua, der «Steinwächter» Südamerikas, ist der zweithöchste Gipfel der Seven Summits. Und er ist nach dem Everest eine würdige Nummer zwei. Knapp unter der 7000-Meter-Grenze gelegen, ist er der höchste Berg der gesamten amerikanischen Landmasse.

Der Aconcagua wird häufig als der höchste Berg der westlichen Hemisphäre bezeichnet. Ebenso bedeutend ist jedoch, dass er auch der höchste Berg der südlichen Hemisphäre ist, wovon allerdings seltener die Rede ist. Die Anden sind mit über 7000 Kilometern Länge die längste Bergkette der Welt. Diese fortlaufende Welle von Gipfeln erstreckt sich von den Ufern des Karibischen Meers im Norden bis hinab zum Kap Horn im Süden Chiles. Genau genommen liegt der Aconcagua im Osten der Anden-Hauptkette in einem kleineren Vorgebirge und gerade noch innerhalb der Grenze von Argentinien zu Chile. Es handelt sich dabei um eine unfruchtbare Gegend mit relativ wenig Schneefall, weshalb der Aconcagua nicht mit den spektakulär überwechteten Graten und von Rinnen durchzogenen Eiswänden verziert ist, die sonst so typisch sind für die südamerikanischen Berge.

Der Aconcagua hat eher die Form eines Keiles. Die sanfte Seite ist nach Nordwesten gerichtet und endet an einem riesigen Sattel, der Nido de Condores (Nest des Kondors) genannt wird. Dieser Sattel kann aus dem Horcones-Tal im Westen oder aus dem Vascas-Tal im Osten erreicht werden. Über ihn führt der einfachste Weg auf den Berg. Die felsige Westwand des Aconcagua ist eine riesige Fläche von Rinnen und Pfeilern aus brüchigem Fels – nicht gut zum Klettern, aber ein herrlicher Anblick, wenn sie ins rote Licht der untergehenden Sonne getaucht ist. Die Ostseite ist viel kälter, und der lange Polnische Gletscher fliesst dort beinahe direkt von der Spitze des Südostkamms hinab. Die steile Seite des Kegels ist die riesige Südwand, eine 2400 Meter hohe Wand aus Fels und Eis, die an den beiden windgepeitschten Gipfelkappen des Nord- und Südgipfels endet.

Fälschlicherweise wird der Aconcagua oft für einen erodierten Vulkan gehalten. Er besteht tatsächlich aus Schichten und Ablagerungen vulkanischer Sedimente, die jedoch einst bei der Entstehung der Anden nach oben gedrückt wurden. Interessant ist dabei, dass er zusammen mit dem relativ nahen Chilenischen Graben im Pazifischen Ozean die grösste «Falte» der Erde darstellt, mit einem Höhenunterschied von bis zu 14 000 Metern.

Wetter

Die beste Zeit für eine Besteigung des Aconcagua sind die Monate von Dezember bis März, obwohl auch der November immer beliebter wird. Während der Wintermonate von Mai bis August ist fast das gesamte Gebiet schneebedeckt und fürchterlich windig. Manchmal ist die Strasse zwischen Santiago de Chile und Mendoza in Argentinien nicht befahrbar wegen der Schneestürme und deren Folgen. Selbst während der besten Monate kann der Wind in einer Höhe von über 5000 Metern extrem stark sein. Es ist dann auch nicht ungewöhnlich, eine grosse linsenförmige Wolke am Gipfel zu sehen, die den schrecklichen Wind anzeigt.

Dieses Wetterphänomen wird als Viento Blanco, als «Weisser Wind» bezeichnet – ein Gipfelversuch ist unter diesen Umständen äusserst gefährlich und fast unmöglich. Der Viento Blanco ist bekannt dafür, dass er mitunter tagelang ohne Unterbrechung bläst.

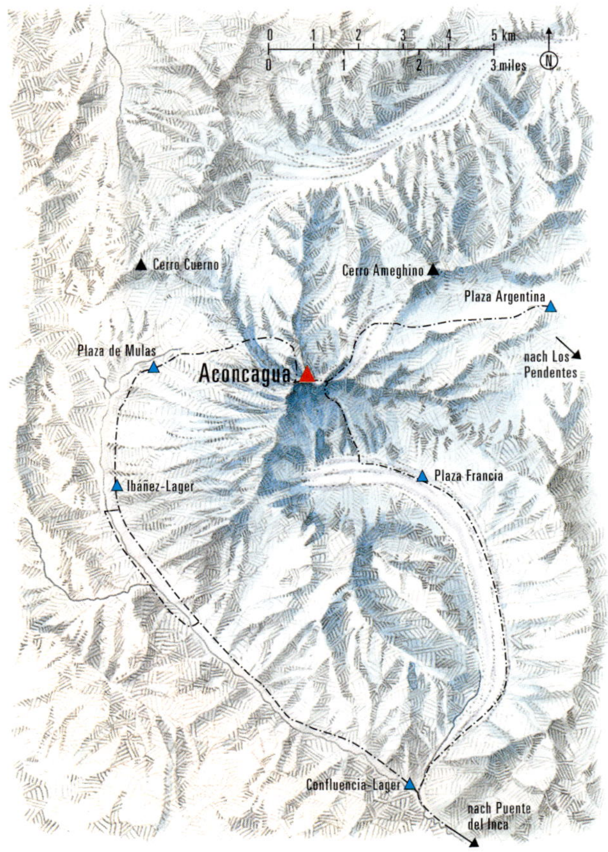

«Zusammen mit dem relativ nahen Chilenischen Graben im Pazifischen Ozean bildet der Aconcagua die grösste ‹Falte› der Erde.»

Vegetation und Tierwelt

Das trockene Klima der Region ist der Grund dafür, dass die Täler, die zum Aconcagua hochführen, unfruchtbar und öde wirken. In den niedrigeren Lagen, unter 2500 Metern Höhe, findet man nur winterharte Büsche und Gräser. Nur in einigen wenigen Regionen gibt es Bäume, wobei es sich gewöhnlich um Eukalyptusbäume handelt, die vom Menschen angepflanzt wurden. Die Tierwelt ist ähnlich dürftig. Bergsteiger können mit etwas Glück ein Alpaka sehen, den kleineren Verwandten des Lamas. Es gibt Berglöwen, auch Pumas genannt, die sich jedoch nur selten zeigen. Vögel sind eigentlich genauso rar, aber ein plötzlich aufflatternder Kolibri ist nicht ungewöhnlich. Oberhalb von 4000 Metern ist

Messners Südwand-Solobegehung

Im Januar 1974 leitete Reinhold Messner eine Expedition zum Aconcagua, um eine direkte Route durch die Südwand zu versuchen. Das Team, dem auch Oswald Oelz angehörte, kletterte auf der Originalroute der Franzosen zum Fuss der Gipfelwand, von wo die Französische Route nach rechts zum Südostgrat führt. Messner und Jörgl Mayer stiegen dann über den Eishang auf, der direkt zum Sattel zwischen dem Nord- und dem Südgipfel führt. Mayer kletterte zu langsam, um den Gipfel zu erreichen und noch am selben Tag absteigen zu können. So wartete er auf einer Kante, während Messner die letzten 600 Meter allein zum Gipfel hochstieg.

Routen

① **Normalweg (nicht eingezeichnet)**
Die beliebteste Route am Berg bietet kaum technische Herausforderungen, wohl aber jene von Höhe und Wetter. Beim Aufstieg werden meist zwei oder drei Lager benötigt. Der letzte Teil dieser Route führt durch eine steile Schuttrinne, die berüchtigte Canaleta.

② **Polnischer Gletscher**
Diese schöne Route führt auf der linken Seite des Polnischen Gletschers über die Ostflanke zum Gipfel. Vom Hochlager in 6000 Metern Höhe wird der Gipfel an einem Tag erreicht. Eine direktere Route gibt es dort ebenfalls.

③ **Südwand, Französische Route**
Diese Route verläuft über den Zentralpfeiler der Wand bis hinauf zum Südostgrat beim Gipfel. Es handelt sich dabei um eine kombinierte Tour in brüchigem Fels, Eis und steilem Schnee. Oben wird oft die Variante von Messner (④) aus dem Jahre 1974 begangen, die auf dem Grat zwischen Süd- und Nordgipfel endet.

das Gelände fast bar jeglichen Lebens und die Umgebung wüstenähnlich. Es gibt dort jedoch kleinere Blumen mit einer natürlichen Tarnung, die Felsbrocken ähneln. Sie zeigen ein erstaunliches Anpassungsvermögen an das harte Klima, in dem sie leben.

Erkundung und Besteigungsgeschichte

Lange bevor Kolumbus die «Neue Welt» entdeckte, hatten die Inkas bereits damit begonnen, die hohen Berge der Anden zu erkunden. Sie bestiegen die Gipfel aus religiösen Gründen, und viele Gräber und Artefakte wurden an erstaunlich hoch gelegenen Stellen gefunden. Die bis heute höchstgelegene Fundstelle dieser Art befindet sich auf dem Gipfel des 6720 Meter hohen Llullaillaco, einem Berg, der einige hundert Kilometer nördlich vom Aconcagua liegt.

Am Aconcagua wurde auf dem Grat zwischen dem Nord- und dem Südgipfel das Skelett eines Guanako gefunden, eines wilden Verwandten des Lamas. Es ist unwahrscheinlich, dass das Guanako selbst dort hinaufgelangt ist, aber es gibt auch keinen Hinweis darauf, dass die Inkas für seinen Tod verantwortlich sind. 1985 wurde auf einem der kleineren Berge in der Nähe des Aconcagua in ungefähr 5200 Metern Höhe eine Mumie entdeckt. Obwohl es auch da kein Anzeichen dafür gibt, dass Inkas auf den Gipfel dieses Berges gestiegen sind, liegt es doch im Bereich des Möglichen, dass sie das schon Hunderte von Jahren vor der ersten überlieferten Besteigung getan haben. Der Name Aconcagua stammt aus der alten indianischen Sprache Quechua und bedeutet in etwa «Steinwächter».

Südwand

Im frühen 19. Jahrhundert wurde dieses Gebiet oft von Reisenden besucht, darunter auch von Charles Darwin. Der erste ernsthafte Versuch, den Berg zu besteigen, erfolgte im Jahre 1883, als sich der bekannte Alpinist Paul Güssfeldt dem Berg von der chilenischen Seite aus näherte. Bei seinem Versuch erreichte er auf dem Nordwestgrat eine Höhe von 6560 Metern.

Gegen Ende des Jahres 1896 zeltete eine Expedition unter der Leitung des Engländers Edward Fitzgerald am Beginn des Horcones-Tales, ganz in der Nähe des heutigen Basislagers für den Normalweg. Bei ihm waren ein weiterer englischer Bergsteiger namens Stuart Vines und mehrere Schweizer Bergführer, darunter Matthias Zurbriggen. Nachdem sie wochenlang Lager aufgebaut und die Nordwesthänge erkundet hatten, gelang es Matthias Zurbriggen am 14. Januar 1897, allein den Gipfel zu erreichen. Weitere Mitglieder der Expedition standen einen Monat später auf dem Berg; Fitzgerald selbst kam nicht hinauf.

Die nächste bedeutende Besteigung gelang einer Gruppe polnischer Bergsteiger im Jahre 1934: Am 9. März stiegen vier von ihnen über den Gletscher zum oberen Teil der Ostwand auf. Trotz Wind und Kälte beim Aufstieg von ihrem Lager auf 6300 Metern Höhe kamen sie auf den Gipfel. Die gesamte Besteigung erfolgte im alpinen Stil, also ohne zuvor eingerichtete Lager, was dieses Unternehmen für die damalige Zeit besonders eindrucksvoll macht. Der Gletscher heisst seither Polnischer Gletscher.

In den 50er-Jahren wurde die Aufmerksamkeit auf die beeindruckende Südwand gelenkt. Diese unglaublich hohe Wand ist schwierig und gefährlich zugleich mit ihrem steilen, lockeren Fels zwischen den Eiswänden und Hängegletschern, die übereinander geschichtet sind wie die verschiedenen Lagen einer Geburtstagstorte. Da der Aconcagua in der südlichen Hemisphäre steht, fällt wenig Sonne in die Südwand, weshalb sie mit einer Nordwand in den Alpen oder im Himalaja verglichen werden kann. Im Jahre 1953 wurde die westliche Begrenzung der Südwand, der lange Südwestgrat, bestiegen. Im Jahr darauf errichtete eine von

Ostwand

René Ferlet geleitete französische Expedition ihr Basislager auf dem unteren Horcones-Gletscher unter der Südwand. Nach einem Monat Vorbereitungen kletterten sechs Teilnehmer auf einer Route durch den rechten Teil der Wand zum Gipfel. Mehrere Südwandrouten sind inzwischen hinzugekommen, einschliesslich Reinhold Messners direkter Ausstiegsvariante der französischen Route.

Zustiege

Drei Zustiege von jeweils zwei bis drei Tagen Dauer führen von der Hauptstrasse zu den drei verschiedenen Basislagern, an denen alle Routen beginnen: Ab Puente del Inca, das an der Strasse von Santiago nach Mendoza liegt, führt ein Zustieg durch das Horcones-Tal zum Basislager Plaza de Mulas (4230 m) und zum Beginn des Normalweges auf der Nordwestseite des Berges. Auch der Zustieg zur Plaza Francia, dem Basislager für die Routen in der Südwand, beginnt bei Puente del Inca, führt dann aber rechts hinauf durch das untere Horcones-Tal. Der Anmarsch zur Ostseite des Berges erfolgt ab Punta de Vacas, das ungefähr 15 Kilometer von Puente del Inca entfernt an der Strasse nach Mendoza liegt. Das Basislager Plaza Argentina kann dann sowohl vom Vacas- als auch vom Relinchos-Tal erreicht werden.

Die Besteigung des Aconcagua heute

Fast 3000 Alpinisten versuchen jährlich, den Aconcagua zu besteigen; die Erfolgsquote beträgt aber weniger als 50 Prozent. Die meisten folgen dem Normalweg vom Horcones-Tal über den Nordwestkamm, weil sie dabei die grössten Erfolgsaussichten haben. Dies bedeutet, dass die Lager während der Hochsaison im Dezember und Januar überfüllt sind. Im Basislager ist ein Arzt, ein Hotel liegt in der Nähe, nur einen Spaziergang entfernt. Bergsteiger müssen sich bei der Verwaltung des Aconcagua National Park registrieren lassen und eine Gipfelgebühr zahlen. Der Gipfel kann in drei Tagen vom Basislager aus erreicht werden, aber vor dem Besteigungsversuch sollte man sich mindestens eine Woche Zeit nehmen, um sich an die Höhe zu gewöhnen.

Naturschutz

Die Umgebung des Aconcagua hat sich in den letzten 25 Jahren unglaublich verändert. Früher war der Berg «verschmutzt» von Abfall, der die Wege und Lagerplätze bedeckte. Heutzutage kümmert man sich darum und sorgt mit einem einfachen, aber wirkungsvollen Abfallentsorgungsprogramm für Sauberkeit. Zur Kontrolle der Müllentsorgung übergeben die Parkbehörden jedem Bergsteiger bei seiner Ankunft im Park einen Abfallbeutel. Dieser Beutel muss am Ende des Aufenthaltes gefüllt zurückgegeben werden. Ist dies nicht der Fall, zahlt der Besucher auf der Stelle eine Strafgebühr. Mittlerweile werden rund um die grossen Basislager der beiden Hauptrouten Toiletten aufgestellt, um das dort ständig grösser werdende sanitäre Problem zu lösen.

José Ramón Agirres Flug

Am Weihnachtstag des Jahres 1995 erreichte José Ramón Agirre den Gipfel des Aconcagua und vervollständigte damit seine Sammlung der Seven Summits. Am Tag nach seiner Rückkehr ins Basislager stieg er mit seinem Gleitschirm wieder hinauf zum Beginn der Canaleta. Um 18 Uhr startete er zu einem unvergesslichen Flug: «Ich flog der Sonne entgegen, im Rücken den Aconcagua und unter den Füssen das dunkle Tal, das auf mich wartete. Die ganze Zeit über genoss ich diesen Tanz ohne Musik; ein melodisches Schwingen, das erst durch die Landung auf festem Boden und die Umarmung meiner Freunde beendet wurde.»

Im rötlichen Licht des Sonnenuntergangs ziehen sich linsenförmige Wolken über die felsige Westwand des Aconcagua, was auf extrem starken Wind hinweisen kann.

Elbrus
Normalroute
6.92

david keaton

Auf der Suche nach dem modernen Gral

Als David Keaton im Februar 1995 seine Sammlung der Seven Summits abschloss, war er der Jüngste, dem dieses Vorhaben gelang. Im Alter von nicht einmal dreissig Jahren erfolgte die Befriedigung seines Ehrgeizes fast zu früh. Beim Erreichen des letzten Gipfels kann sich eine tiefe Leere auftun, die man nur schwer wieder füllen kann. Keaton sah diese Entwicklung kommen und vermittelt nachfolgend einen Einblick in den Konflikt, den er auf seinem siebten Gipfel in seinem Inneren austrug.

Kalter Schweiss rinnt aus den Poren. Vor Benommenheit tanzen die hohen Berge vor meinen Augen, als ich mich meines Rucksacks entledige und mich setze. Heute habe ich den Eindruck, ich taumele durch einen Morast und müsse mich bei jedem einzelnen Schritt anstrengen. Noch ein paar Tage wie dieser, dann kann ich es vergessen, den seltsamen modernen Gral der Seven Summits zu erringen.

Während ich mich aus meiner Selbstbetrachtung löse, wird mir klar, dass die Landschaft des heutigen Tages sehr beeindruckend gewesen ist. Bei unserem Anmarsch von Puente del Inca war das Horcones-Tal zwar trocken und unfruchtbar, aber nicht jene farblose Schotterlandschaft, von der andere erzählt hatten. Ganze Reihen von beeindruckenden, 4000 und 5000 Meter hohen Bergen überragten unseren Weg; wir wirkten daneben wie die Miniaturgäste einer Ameisenfarm.

Am späten Nachmittag begann unsere dreiköpfige Gruppe mit dem Aufbau des Lagers in einem trockenen Becken direkt unter dem Cerro Almacenes, einem eindrucksvollen und wild zerklüfteten Berg von ungefähr 5000 Metern Höhe. Nach einigen Löffeln des lauwarmen, gefriergetrockneten Abendessens spaziere ich gemütlich einen nahe gelegenen Kamm hinauf und beobachte den Sonnenuntergang. Ich sage mir, dass es morgen besser gehen wird: «Morgen wirst du zuerst zum Basislager steigen und dich dort dann akklimatisieren. Das ist wichtig, konzentriere dich jetzt nur darauf.»

Am nächsten Morgen wachen wir auf und packen zusammen, als das Sonnenlicht von den Berggipfeln reflektiert wird. Bei Confluencia folgen wir dem Hauptweg, und am Horcones-Fluss sucht sich jeder von uns eine andere Stelle für die Überquerung. Ich beobachte, wie Mitch durch die starke Strömung pflügt. Vor fünf Monaten hatte ich ihn zu dieser überdimensionalen Wanderung überredet, doch dann sagte er ab. Eineinhalb Monate bevor ich allein zum Aconcagua aufbrechen wollte, überraschte er mich, als er sagte, dass er doch mitgehen wolle.

Aber dann gab es neue Probleme: Meine Schwester, die mit Mitch seit 18 Jahren liiert war, bearbeitete mich zusammen mit meiner Familie, dass wir uns einen Führer nehmen sollten. Sie argumentierten, dass die Mitnahme von Mitch zum Aconcagua dasselbe sei, wie wenn man einen Zivilisten auf dem Pilotensitz eines Space Shuttles festschnalle. Das war nicht gerade ein rührender Vertrauensbeweis, aber schliesslich konnte ich kaum allein heimkommen, falls Mitch über die Südwand hinabwandern würde oder bei einem Spaziergang im Mondlicht nicht zum Zelt zurückfände. Also schickte ich ein Fax an Señor Grajales, den «Mulikönig», der seit vielen Jahrzehnten Aconcagua-Besteigungen organisiert. Dieser beantwortete mein Fax in Spanisch und schrieb, dass ich keine Unterstützung bräuchte, da ich doch den Normalweg am Everest, die «Yak-Route», bewältigt hätte. Mit Hilfe eines Übersetzers versuchte ich es noch einmal und erwähnte dabei Mitch. In seinem zweiten Fax sagte er zu, uns einen örtlichen Führer zur Verfügung zu stellen und – wie es der Zufall will – die erforderlichen Mulis für den Normalweg, der auch «Muli-Route» genannt wird. In diesem Moment wollte ich eigentlich nur meiner Familie und allen besorgten Neurotikern sagen können, dass wir mit einer Person am Berg unterwegs sein würden, die den Berg schon einmal gesehen hatte.

Auf dem Weg zum Aconcagua lernten wir in einem Café in Mendoza bei einigen Gläsern Bier unseren Führer Guillermo kennen, der auch Willie genannt wird. Obwohl er erst 25 Jahre alt war, führte und begleitete er schon seit mehreren Jahren Bergsteiger auf den Aconcagua. Er ist der Sprössling einer aus Connecticut stammenden Mutter und eines argentinischen Vaters, Rafael, der mit Señor Grajales schon seit vielen Mulijahren unterwegs ist.

Spät am Nachmittag erreichen Mitch, Willie und ich das Basislager Plaza de Mulas (4050 m) am Beginn des Horcones-Tales. In Mendoza hatten wir im Büro, in dem man sich die Besteigungsgenehmigung holt, erfahren, dass für die Saison 1994/95 mehr als 2500 Genehmigungen erteilt worden sind. Doch als wir dort stehen und auf die vor uns liegende, merkwürdige Goldgräberstadt starren, sind wir dennoch überrascht: Jenseits eines felsigen Platzes beim Grajales-Lager befindet sich ein grosses weisses Zelt mit einer Reihe von Café-Tischen aus Kunststoff, leinenbespannten Stühlen und einer Tafel davor, die für Pepsi und Hamburger wirbt. Wir legen unser Gepäck ab, bummeln durch die alpine Goldgräberstadt und sehen Schilder, die japanisches Bier anbieten, Abenteuerbekleidung und Mahlzeiten aus den verschiedensten Kulturbereichen. Im neuen, 20 Gehminuten entfernt liegenden Aconcagua-Hotel gibt es warme Duschen und Sauerstofftanks.

Nach zwei Tagen der Akklimatisation und des gesellschaftlichen Lebens in Plaza de Mulas erfolgt unser erster Transport zum Camp Canada (4878 m), das in Rufweite unter dem nächst höheren Lager, dem Camp Alaska, liegt. Wir stellen ein Zelt

auf, lassen Ausrüstung dort und gehen über die Nordwestrampe, die von Kolonnen auf- und absteigender Alpinistengruppen blockiert ist, zurück ins Basislager.

Auf unserem Weg nach unten kommen wir an einer kommerziellen amerikanischen Expedition vorbei, die gerade vom Gipfel absteigt. Falls die gebuchte Tour auf den Aconcagua für einige der Gruppe eine Art von Härtetest sein sollte, dann haben sich die Ausgaben dafür offensichtlich gelohnt: Zwei Teilnehmer sind entkräftet über ihren Stöcken zusammengesackt, und die anderen sehen aus, als habe man sie über einen Baumstamm geworfen und dann ausgepeitscht. Ihr einheimischer Führer eilt mit grossen, weit ausholenden Schritten und einem breiten Grinsen im Gesicht voraus: Er wird eine Woche früher daheim sein als geplant.

Als wir das Messzelt von Grajales erreichen, begrüsst Willie seinen Freund Stephen Sustad, Mitglied der American Himalayan Foundation und Teilzeit-Zimmermann, den es nach England ins Hinterland verschlagen hat. Stephen ist für eine grosse kommerzielle Expedition verantwortlich und momentan wegen seiner Erfrierungen ausser Gefecht gesetzt.

Jedesmal, wenn die Seven Summits erwähnt werden, schaut er skeptisch, und ich kann es ihm nicht verdenken. Als ich beschlossen habe, mich dem Kreis der Sammler anzuschliessen, hatten nur wenige Bergsteiger die Carstensz-Version abgeschlossen. Seither droht das Unternehmen trivial zu werden, da Medienprominenz und Rockstars mithelfen, die einstige Idee in ihr Gegenteil zu verkehren.

Während wir an diesem Abend im Messzelt versammelt sind, erwähnt keiner die Seven Summits, und ich beobachte Stephen dabei, wie er öfter versucht, seine runde Brille auf dem breiten Nasenrücken festzudrücken. Nach einigen beharrlichen, aber sanften Anstössen und zwei Tassen Tee lüftet er widerwillig das Geheimnis um sein Abenteuer und erzählt mir, was sich vor einigen Wochen in der gewaltigen Südwand ereignet hat: Nachdem er im Alleingang zwei Drittel der Franzosenroute bewältigt hatte, wurde er von einem heftigen Sturm erfasst. Im Laufe der nächsten drei Tage kämpfte er sich hinab durch einige Meter Neuschnee und eine Lawine, die den Grossteil seiner Ausrüstung, einschliesslich seiner Eisgeräte, mitriss. Er bewältigte die letzten Seillängen, darunter einige in senkrechtem Eis, indem er sich mit gefrorenen Händen an den Ersatzhauen der verlorenen Eisgeräte festklammerte.

Oben: Das oft als «alpine Goldgräberstadt» bezeichnete Basislager Plaza de Mulas liegt am oberen Ende des Horcones-Tals am Normalweg des Aconcagua.

Links: Eine Gruppe von Bergsteigern wandert durch das Horcones-Tal; die schnee- und eisbedeckte Südwand des Aconcagua überragt die umgebenden Bergspitzen als mächtiger Klotz.

Als er seine Geschichte beendet hat, frage ich ihn, ob ich einen Blick auf seine Zehen werfen dürfe. Ohne zu zögern, zieht er seine Schuhe aus. Ich klopfe sacht auf seinen hölzern wirkenden grossen Zeh. Da ich meine eigenen Zehen in demselben Zustand gesehen habe, denke ich: «Sieht nicht gerade gut aus.» Ich suche in Stephens Gesicht nach Anzeichen von Angst, aber der Zustand scheint ihn nicht im Geringsten zu belasten. Wenn man sich 20 Jahre lang auf hohe Berge hinaufkämpft, muss einem wahrscheinlich keiner mehr die Spielregeln erklären.

Zwei Tage später überspringen Willie, Mitch und ich Camp Alaska und stellen unsere Zelte am Nido de Condores (5635 m) auf, einer Hochebene in der Grösse eines mittleren Stadtparks. Wir finden, dass dort viele gute Lagerplätze vorhanden sind, sogar in Anbetracht des geschäftigen Gedränges am Aconcagua. Direkt oberhalb unseres Zeltplatzes liegt die breite Geröllhalde des Gran Acarreo, über die der Schweizer Bergsteiger und Bergführer Matthias Zurbriggen bei der historischen Erstbesteigung des Berges im Jahre 1897 aufgestiegen ist.

Am Nido de Condores haben wir das Glück, Bergsteiger aus der ganzen Welt zu treffen. Die meisten von ihnen haben hier vor kurzem ihren persönlichen Höhenrekord aufgestellt. Einige lehnen es verächtlich ab, sich einen Führer zu nehmen, hängen gleichzeitig aber wie ein Schatten an jeder Bewegung der kommerziell geführten Gruppen. An diesem Berg gibt es wirklich Platz für jedermann.

Fast 100 Jahre nach Zurbriggen hat die Normalroute des Aconcagua den Status eines sauerstoffarmen Cirque de Soleil erlangt, der eine internationale Gruppe von Rekordbrechern anlockt. Zieht man einige Millionen Tonnen Eis ab und fügt die Hälfte der Höhe dazu, dann hat man einen südamerikanischen Montblanc. Abgesehen vom Mars ist dies auch der einzige Ort des Sonnensystems, an dem Wanderer schneefrei die Höhe von 7000 Metern erreichen können.

Auf den mächtigen Schultern des Aconcagua sind Möchtegern-Eroberer mit dem Fahrrad gefahren, haben Pferde angetrieben und Motorräder abgewürgt. Andere sind mit dem Gleitschirm von seinen Höhen hinuntergesegelt. Und einer verbrachte sogar eine ganze Saison auf der Spitze des Berges, nur um herauszufinden, wie viele Gehirnzellen man bei einem einzigen Ausflug verlieren kann.

Tags darauf gönnen wir uns einen Ruhetag, und dann beginnt sich das Wetter zu verschlechtern. Willie und ich sehen, wie ein gelbes VE-25-Zelt am Plateau vorbeisegelt. «Woher kam denn das?», krächze ich, bevor ich hinterhersprinte. Nach vorn gebückt, um Atem zu holen, sehen wir kurz darauf, wie das gelbe Flatterding immer wieder aufprallt und in Richtung Vacas-Tal davonsegelt. Eine Stunde danach stapfen drei Mitglieder der gut gesponserten amerikanischen «Aconcagua Clean Up Expedition» (Expedition zur Beseitigung von Müll) von Camp Alaska herauf und fragen verlegen, ob jemand ihr Zelt gesehen habe.

In der folgenden Stunde erreicht der Lärm des Windes Trompetenstärke, und unsere Nachbarn zerstreuen sich, um sein Ende abzuwarten. Mitch und ich schmelzen Schnee und lauschen dem Sturm, der noch stärker wird. Willie bietet sein Zelt dem «Clean Up»-Team an und schliesst sich einigen Aufsehern an, um Bergsteigern im Berliner Lager (5951 m), die in Not sind, zu Hilfe zu kommen. Über den ganzen folgenden Tag und die Nacht hinweg hämmert der Sturm mit mörderischen Schlägen auf unser Zelt ein. Die stärksten Stürme am Aconcagua werden Viento Blanco, «Weisser Wind», genannt. Über die Jahre hinweg haben sie einen ganzen Friedhof mit Opfern gefüllt. Ein morbides Zeugnis der Katastrophen findet man im «Cementerio de los Andinistes», dem Friedhof der Andenbergsteiger, der am Rand von Puente del Inca liegt. Dort muss man nur an den Reihen der Grabsteine entlanggehen: Mehr als 50 Opfer liegen da.

Bei Willies Rückkehr am nächsten Tag erfahren wir die Geschichte des letzten Opfers vom Weissen Wind, eines 27 Jahre alten Franzosen. Berichten zufolge stolperte er, aus einer anderen Route kommend, in die Berliner Hütte, wo er dann kurz darauf starb. Eine Französin schaffte es ins Lager, die meisten ihrer Finger und Zehen wird sie jedoch, wie die Aufseher meinten, wegen ihrer Erfrierungen verlieren.

Willie beendet seinen Bericht, und Mitch schaut mich an. Weitere Warnungen sind

Wie eine unheimliche Mondlandschaft erscheint dieser dem starken Wind ausgesetzte, öde Sattel, der am Normalweg zum Gipfel des Aconcagua liegt. Er wird Nido de Condores (Nest der Kondoren) genannt.

Oben: Ein Bergsteiger folgt dem Gipfelgrat, der auch Guanaco-Grat genannt wird. Hinter ihm ist der obere Teil der fast 3000 Meter hohen Südwand des Aconcagua zu sehen.

Rechts: David Keaton geniesst seinen Aufenthalt auf dem Gipfel des Aconcagua. Rechts hinter ihm der etwas niedrigere Südgipfel.

nicht nötig. An diesem Abend lösen sich Wind und Wolken in spektakulärer Weise auf. Durch Rufe der Nachbarn aufmerksam geworden, robbe ich aus dem Zelt und sehe gerade noch, wie die Sonne in einer letzten Explosion der Farben untergeht. Orange und gelbe Wolken driften wie Baumwollbäusche durch das Labyrinth der niedrigeren Gipfel, und einige Minuten später verschluckt der Pazifik auf der anderen Seite von Chile die Sonne. Unsere Gruppe steht still da, von Ehrfurcht ergriffen. «Es ist offiziell», sagt Willie mit Inbrunst, «der Berg ist für Besteigungen wieder offen!»

Am nächsten Morgen steigen wir bei blauem Himmel und ruhigem Wetter gemütlich zum Hochlager auf. Als wir ins Berliner Hochlager stapfen, finden wir die drei kleinen Hütten alle in verschiedenen Stadien des Verfalls vor. Hinter der letzten Konstruktion liegt die Leiche des Franzosen auf einem Felshaufen, eingewickelt in durchsichtige Plastikfolie. Einige Schneeblöcke schirmen sie vor der starken UV-Strahlung ab. Ich helfe Willie, mit dem Eispickel weitere Brocken aus dem Schnee zu hacken, die wir noch auf das behelfsmässige Totenbett legen. «Einige Aufseher haben sich freiwillig dazu bereit erklärt, ihn hinabzubringen», erklärt Willie, «und wenn das Wetter hält, dann ist er in einigen Tagen unten.»

An der Kante des Hochlagers stehend, überblicke ich die Weite vor mir und versuche, meinen Kopf frei zu bekommen. Im Norden gräbt das Vacas-Tal eine Rinne in Richtung Mercedario, und von links nach rechts versperrt eine Reihe von Felsgipfeln den Blick in die Ferne. Als ob das Panorama eine Predigt halten würde, wirbt es um die Überzeugung, dass sich das Bergsteigen trotz aller Anstrengungen und trotz der negativen Seiten lohnt.

An diesem Abend fragt mich Mitch, was es für mich bedeuten wird, die Sammlung der Seven Summits abzuschliessen. Ich sage ihm: «Vielleicht kann ich als ein geläuterter Bürger wieder in die Gesellschaft zurückkehren.» Aber ehrlich gesagt, habe ich keine Ahnung. Vor Jahren hatte ich mir dieses Ziel als witzige, scheinbar unerreichbare Marke gesetzt, aber nun, einen Tag davor, bin ich mir nicht mehr sicher, worum es dabei eigentlich geht. 1991 sass ich in der grauen Kammer einer Firma und hatte in einer Tabellenkalkulation aufgestellt, was es kosten könnte. Der Monitor vor mir war gefüllt mit langen Zahlenreihen der geschätzten Mindestkosten. Aber jetzt, da ich hier auf Nummer Sieben in 5800 Metern Höhe sitze, stelle ich fest, dass man Erfahrungen im Leben kaum bemessen kann. Es gibt keine Schnäppchen, und die meisten Träume werden auch nicht leicht in die Zahlenkolonnen einer Bilanz passen.

Als ich um 6 Uhr morgens aufstehe, verpflastere und polstere ich meine Füsse bei jenem Vorsorge-Ritual gegen Erfrierungen, an das ich mich in den vergangenen sechs Monaten gewöhnt habe. Dann schlüpfe ich unbeholfen in meine Latzhose und in mehrere andere Bekleidungsschichten und ziehe die Schuhe an. Nun fehlt nur noch das Wasser. Der Kocher brummt gleichmässig vor sich hin, doch das Fehlen jeglichen Fortschritts ist alarmierend.

Ich versuche entspannt und zuversichtlich zu bleiben, zwinge mich hinauszugehen und schaue zum entfernten Gipfelaufbau hoch. Es ist ruhig und klar. Als ich ins Zelt zurückkrieche, ist es bereits 7 Uhr, und wir haben noch immer kein heisses Wasser. Ich würge eine halbe Tafel Schokolade runter und warte. Gegen 7.40 Uhr sind wir alle drei in einen Halbschlaf gefallen und lauschen dabei dem Geräusch des Kochers. Ich nicke ein und fahre erschreckt hoch: «Lasst uns gehen!»

Der Weg windet sich deutlich sichtbar hinauf bis zum nächsten Hochlager, Playa Blanca, das an eine Art von «überdimensionalem Parkplatz» für die Berliner Hütte erinnert. Es ist kein grosses Mysterium, warum die meisten dieses unheimliche, windverblasene Plateau meiden. In einer kalten Brise stapfen wir gleichmässig voran und arbeiten uns nach oben. Während wir bei dieser nicht enden wollenden Höhenwanderung aufsteigen, habe ich viel Zeit, meine Motive zu hinterfragen. Wenige Stunden vor dem Erreichen meines Ziels beschäftigt mich, was wohl wäre, wenn ich einfach umkehren würde. Etwas, das tief in meinem Inneren verborgen ist, findet Gefallen an diesem Gedanken. Aber wäre das nach all dem, was ich erlebt habe, purer Mut oder Feigheit?

Ich denke nicht mehr darüber nach, als ich den nächsten Absatz bewältigt habe und ein starker eisiger Wind heraufbläst – ein Gruss aus dem Vacas-Tal. In der Nähe ist das kleine Rifugio Independencia (6500 m), angeblich weltweit die höchstgelegene Biwakschachtel. Wir setzen uns so, dass eine Wand der Hütte zwischen uns und dem Wind ist. Auf fast 7000 Metern Höhe ist kein Hamburger oder Leinenstuhl in Sicht. Die Jahrmarktstimmung vom Basislager ist vorbei.

Nach einer Pause von zehn Minuten schnallen wir die Steigeisen an, um wieder über einen Schneehang zu trotten. Ein auffälliger Pfeiler, der Martinez Rock, markiert die schattige und geschütztere Nordseite des Berges. Wir gehen an ihm vorbei, und schon fallen Wind und Kälte in den Komfortbereich zurück.

Innerhalb von wenigen Minuten erreichen wir die berüchtigte Canaleta, diesen 400 Meter hohen «Aufzugsschacht», der oben am Gipfelgrat endet. Da die Canaleta mit fürchterlich losem Geröll gefüllt ist, gilt sie als Schlüsselstelle dieser Route, die bekanntlich keinerlei klettertechnische Schwierigkeiten aufweist. Es heisst, dass sie ein echter Brummer ist, der eher Anstrengung und Entschlossenheit als technisches Können verlangt. Als wir jedoch ins Herz der Canaleta blicken, sieht es aus, als ob jemand ein Hintertürchen für uns geöffnet hätte: Zu unserer Überraschung ist ein Grossteil des Couloirs mit Schnee bedeckt, der es ermöglicht, mit den Steigeisen direkt hinaufzusteigen.

Am Einstieg ins Couloir türmt sich allerdings der Schnee, und es ist steil. Ich frage mich, wie Mitch zurechtkommt: Als ich beobachte, wie er vorankommt und die Früchte von zwei Monaten Höhentraining erntet, denke ich, dass es gut gewesen wäre, wenn wir ein Seil mitgenommen hätten. Ich brülle zu Mitch hinab: «Ich bin mir nicht sicher, ob du das machen willst!» Er hat bisher nur einmal Steigeisen getragen, und das ist eine Stelle, an dem eine gute Steigeisentechnik erforderlich ist. «Kein Problem!», sagt er, und ich beobachte ihn, wie er zuversichtlich in Eckensteintechnik den steilsten Abschnitt bewältigt.

Oberhalb des Schnees steige ich in das 35 Grad steile Geröll, das dieser Rutschbahn ihren berüchtigten Ruf eingetragen hat. Der Gipfelgrat, die Cresta del Guanaco, liegt direkt darüber und der Gipfel etwas höher, links davon. Es sind einige Entscheidungen erforderlich, welchen Weg wir nehmen, und ich steige nach rechts zu den schmalen Spuren in der Mitte.

Als ich den Gipfelgrat erreiche, hämmert mein Herz von der Anstrengung des Atmens in dieser Höhe. Die Spitze dieser hoch geschätzten Erhebung im Firmament ist schneebedeckt, und wuchtige Wechten hängen weit über die Südwand hinaus. Es ist ein anderer Berg hier oben – die reine Inspiration. Ich setze mich, um auf Mitch zu warten. Zwanzig Minuten später verdichten sich die Wolken, und es fröstelt mich. Ich zwänge meinen Rucksack zwischen zwei Blöcke und gehe auf dem Grat weiter, der den Nord- (6960 m) mit dem Südgipfel (6930 m) verbindet.

Es ist nicht mehr weit, aber es ist noch ein hartes Stück Arbeit. Energiegeladen steige ich weiter nach oben, zunächst über einen letzten Felsvorsprung, dann bin ich auf einer Terrasse. Das häufig fotografierte Aluminiumkreuz steht in einem Schotterhaufen aus braunem Fels und neigt sich in Richtung Erde. Ich bin am Ziel. Mit einer Prise Stolz und einer Dosis Demut bin ich am Ende meiner Reise angelangt. Jemand sagte mir einmal, dass man auf den längsten Wegen immer einige Dinge zurücklassen muss. Er hat Recht: Als ich auf dem Gipfel des Aconcagua sitze, durchströmt mich so etwas Ähnliches wie ein Gefühl des Bedauerns. Im Leben geht es darum, Entscheidungen zu treffen, und ich denke, dass die meisten Bergsteiger das eine oder andere darüber lernen. Ich hole meine Trinkflasche hervor, schraube den Verschluss ab und nehme einen Schluck. An meinen Fingerspitzen ziehen grosse, graue Wolken vorbei. Vielleicht ist Bergsteigen eine Metapher für das Leben, aber es gibt nichts, was wirklich genau dasselbe ist.

Das Wetter wird wieder zunehmend kälter. Als Mitch zum Gipfelkreuz steigt, schüttle ich ihm die Hand und gratuliere ihm, dass er auf dem höchsten Gipfel der westlichen Hemisphäre steht. Ich blicke mich noch einmal um: Seven Summits – es ist an der Zeit, abzusteigen und heimzugehen.

Aconcagua
Polnischer Gletscher
7.1.89

Everest
Südsattel
16.5.89

ricardo torres nava

Betrachtungen auf dem Eis

Der mexikanische Bergführer Ricardo Torres Nava hat den Aconcagua häufig bestiegen. Hier beschreibt er seinen ersten Besuch des höchsten Gipfels von Südamerika. Seine Aconcagua-Besteigung über den Polnischen Gletscher war ein ereignisreiches und bewegendes Erlebnis, das ihn dazu anregte, über Leben und Tod nachzudenken und darüber, welche Bedeutung die Berge für ihn haben.

Der Aconcagua, der höchste Berg der gesamten amerikanischen Hemisphäre, war meine Tür zu den Seven Summits. Sein Gipfel kann über mehrere Routen erreicht werden; die erste meiner zwölf Besteigungen war jedoch die Route über den Polnischen Gletscher. Die Besteigung des Aconcagua ist wegen der grossen Höhe eine Herausforderung. Der Gigant hat erfahrenen Bergsteigern das Leben gekostet. Deshalb darf man eine Besteigung nicht auf die leichte Schulter nehmen.

Als ich nach Argentinien kam, war ich geblendet von diesem Land Carlos Gardels und Eva Peróns, von Tango, Mate-Tee und den weltberühmten Steaks. Darüber hinaus bestätigte sich, was meine Freunde mir erzählt hatten: Die argentinischen Frauen sind hinreissend, und es war nicht zu vermeiden, dass ich mich alle zehn Minuten aufs Neue verliebte. Von Buenos Aires flogen wir nach Mendoza, wo wir die erforderliche Besteigungsgenehmigung erhielten. Auf dem Markt kauften wir frische Verpflegung für unseren Anmarsch zum Basislager ein. Am nächsten Tag fuhren wir mit dem Bus nach Puente del Inca. Dort begannen wir uns zu akklimatisieren und wanderten zwei Tage um die nahen Berge. Dann reisten wir mit dem Bus nach Rio Vacas, das an der Hauptstrasse liegt, die Argentinien mit Chile verbindet. Wir begannen dort den Anmarsch zu unserer Route, die viel seltener begangen wird als der Normalweg über die Nordflanke. Nur Guanakos, die Verwandten der Lamas, begleiteten uns und sorgten dafür, dass wir uns der Natur in ihrer wildesten Form nahe fühlten. Nachdem wir stromaufwärts gegangen waren, überquerten wir den Fluss und beendeten unsere Tagesetappe, patschnass von zahlreichen Stürzen ins eisige, aufgewühlte Wasser des Vacas-Flusses. Als wir in Lenos ankamen, stellten wir das Lager auf, holten Wasser und kochten das Abendessen. Wir trafen die Arrieros, die Mulitreiber, deren Tiere unser Gepäck trugen, und tranken zusammen Mate-Tee. Das Gebräu aus einem einheimischen Kraut schmeckt bitter, aber ich gewöhnte mich rasch daran. Danach schliefen wir herrlich!

Sehr früh am nächsten Morgen wurden wir vom hämmernden Geräusch geweckt, das die Mulitreiber beim Beschlagen der Mulis und Pferde verursachten. Es wurde ein langer Tag mit starkem Wind, und es regnete ununterbrochen. Wir erreichten schliesslich den Zusammenfluss der beiden Flüsse Vacas und Relinchos und zelteten dort, wobei der Abend wie am Tag zuvor verlief. Noch vor Sonnenaufgang brachen wir am nächsten Tag auf zu unserer letzten Etappe des Anmarsches. Wir gingen ziemlich langsam, gewannen aber rasch an Höhe. Es war ein anstrengender Tag, dennoch erreichten wir das Basislager mit genügend Energie, um ein grosses Messzelt für die Mahlzeiten und unsere eigenen Zelte aufzustellen. Ferner bauten wir eine komfortable Latrine mit guter Aussicht. Die Mulitreiber stiegen mit ihren Tieren in niedrigere Gefilde ab, da es da oben keine Weide für ihr Futter gab. Wir fielen zusammen wie Kartoffelsäcke.

Rechts oben: Ricardo Torres Nava gönnt sich eine kurze Rast im Aufstieg zum Aconcagua, dem ersten Gipfel seiner Seven Summits.

Rechts: Solche von der Sonneneinstrahlung geformten Zacken, die penitentes oder Büsserschnee genannt werden, sind ein gewohnter Anblick während des Aufstiegs zum Aconcagua.

Den ganzen nächsten Tag über ruhten wir uns aus, was ein wichtiger Bestandteil des Akklimatisationsprozesses ist. Wir nutzten die Zeit zum Lesen, Musikhören, Schach oder Karten spielen oder entspannten uns. Bevor wir uns abends zum Schlafen zurückzogen, hatten wir alle Rucksäcke gepackt, die wir am nächsten Morgen zum Lager 1 hinauftragen wollten.

Beim ersten Anzeichen des Morgengrauens begannen wir mit dem Aufstieg zu Lager 1, wobei jeder von uns eine unglaublich schwere Last von bis zu 60 Kilogramm Gewicht schleppte. In Argentinien gibt es keine Träger, die dabei helfen. Das störte mich nicht, da ich mich schon in jungen Jahren daran gewöhnt hatte, schwere Rucksäcke zu tragen. Einige meiner Freunde kämpften jedoch bereits mit Lasten von 20 Kilogramm. Bei Ankunft in Lager 1 versteckten und sicherten wir

Oben: Ein Bergsteiger folgt der Route über den Polnischen Gletscher; der lawinengefährliche Hang über ihm liegt bereits in der Sonne.

Rechts: Zwischen den Wolken in rund 6000 Metern Höhe geniesst ein Mitglied des Teams von Ricardo Torres im exponierten Hochlager die Aussicht.

unsere Ausrüstung und stiegen ins Basislager ab zum Schlafen. Tags darauf kehrten wir zu Lager 1 zurück. So stiegen wir am Berg auf und ab, um uns zu akklimatisieren und die Anzahl der roten Blutkörperchen zu erhöhen, damit wir genug Sauerstoff aus der dünnen Luft absorbieren konnten.

Dasselbe wiederholten wir zwischen Lager 1 und Lager 2 mit einem Ruhetag dazwischen wegen eines schrecklichen Sturms. Das war unsere erste Begegnung mit dem gefürchteten Weissen Wind, der so schreckliche Ausmasse annehmen kann, dass er die Zelte in Stücke zerreisst. Als der Sturm abflachte, stiegen wir zum Beginn des Polnischen Gletschers auf. Um den Aufstieg sicherer zu machen, teilten wir unsere Gruppe in zwei Viererseilschaften auf. Ich führte die zweite Gruppe, die zwei Stunden nach der ersten aufbrach. Während meine Freunde über den Gletscher aufstiegen, beschloss ich, einige Fotos von ihnen zu machen, und ging zu einem felsigen Platz, um einen besseren Blickwinkel zu haben. Ich war schockiert, als ich dort auf eine männliche Leiche stiess. Als ich den Toten anstarrte, stellte ich fest, dass er fast nackt war, aber noch einen goldenen Trauring trug. Ich hatte zwar schon zuvor Leichen gesehen, aber diese deprimierte mich, und ich begann mir vorzustellen, wie er wohl gestorben war. Wenn ich mich jetzt, viele Jahre danach, wieder an diesen Moment erinnere, haben Leben und Tod eine andere Bedeutung für mich bekommen, weil ich viele Freunde beim Bergsteigen verloren habe. Sie gehörten zu den besten Bergsteigern der Welt: Pierre Béghin, Gary Ball, Chantal Mauduit, Adrian Benitez – und vor kurzem ein lieber Freund, den ich im Januar 1998 über eben diese Route auf den Aconcagua und damit auf den ersten Gipfel seiner Seven Summits geführt hatte: Constantin Niarchos, einer der reichsten Männer der Welt. Er bestieg den Mount Everest und starb später im Alter von 37 Jahren in einem Krankenhaus in London. Obwohl angeblich andere Ursachen zu seinem Tod geführt haben, bin ich doch davon überzeugt, dass diese Everest-Besteigung ein wichtiger Grund war.

Aber was bedeutet der Tod überhaupt? Einige sagen, dass es der wahre Beginn des Lebens sei. Ich würde jedoch nicht sterben wollen, um das herauszufinden. Wenn ich wählen könnte, würde ich gerne in den Bergen sterben; aufrecht und mit Würde, und um das kämpfend, woran ich glaube. Nicht alle Bergsteiger denken so.

Bei einem Gespräch über dieses Thema in der Antarktis sagte ein anderer Bergsteiger zu mir: «Das klingt alles sehr romantisch, dennoch würde ich lieber im Bett beim Biertrinken sterben, nachdem ich mit einer, vielleicht sogar mit zwei schönen Frauen geschlafen habe.» Wenn man darüber nachdenkt, ja, dann wäre das auch ein schöner Tod!

Nachdem ich mich von meinem grausigen Fund erholt hatte, ging ich zurück zu meiner Gruppe, und wir stiegen in Serpentinen über den verschneiten Gletscher auf. Es war anstrengend wegen der schweren Lasten, die wir trugen, und ganz besonders für mich, da ich für meine Gruppe den Weg durch den Schnee spurte.

Mehr als zehn Stunden vergingen, bis wir völlig erschöpft Lager 3 erreichten. Wie mechanische Zombies stellten einige von uns die Zelte auf, während die anderen Tee aufbrühten und kochten. Zu diesem Zeitpunkt begann ich in Gedanken bereits zum Gipfel zu steigen. Wir konnten wegen der Höhe, der Müdigkeit und der Sorge über die Entwicklung des Wetters fast überhaupt nicht schlafen. Auch das Schnarchen meines Zeltgefährten machte diese Nacht zur Hölle. Es war kein normales Schnarchen; er machte Geräusche, als wäre er besessen. Das Kunststück bestand darin, geduldig zu sein und auf den grossen Gipfeltag zu warten!

Um drei Uhr morgens machten wir halb erfroren das Frühstück, das hauptsächlich aus Müsli bestand. Zwei Stunden später waren wir unterwegs und stiegen im Zickzack auf der linken Seite des Polnischen Gletschers hinauf. Als die Morgendämmerung begann, befanden wir uns unter den Séracs in der Nähe der Punta Banderas. Dieser Tag schien einer der besten der ganzen Saison zu sein. Wegen der ständig ansteigenden Temperaturen legten wir nacheinander die verschiedenen Schichten unserer Bekleidung ab, als wären wir Zwiebeln. Wir hätten direkt über den Gletscher zum Gipfel steigen können, doch die Tiefe des Schnees hätte unsere Chancen, den Gipfel zu erreichen, verringert.

Ich ging mit meiner Viererseilschaft voraus. Hinter uns konnte ich drei unbekannte Bergsteiger erkennen und unter ihnen die vier anderen Mitglieder unserer Gruppe. Ich war gerade in einer Querung, als ich ein unverkennbares Grollen hörte. Wie elektrisiert schaute ich nach oben und sah eine Lawine, die direkt auf uns zuschoss. Durch ein schieres Wunder raste sie vorbei und streifte nur den Letzten meiner Seilschaft. Mit Entsetzen verfolgte ich, wie sie die fremde Bergsteigergruppe verschlang und dann den Gletscher hinabdonnerte, ohne unser zweites Team zu erfassen.

Ich hielt inne, um zu sehen, wo die Körper in der Lawine zum Vorschein kommen. Wir sahen einige Punkte, die sich bewegten, und ich war erleichtert, dass sie zumindest lebten. Etwas später beobachteten wir, wie einige kleine Figuren langsam abstiegen und schliesslich auf dem Weg zu Camp 2 verschwanden. Einige Tage darauf fanden wir heraus, dass sie keine schweren Verletzungen davongetragen hatten.

Wir kamen wieder zu Atem und gingen weiter. Wir stiegen mit leichtem Gepäck auf und hatten nur das Nötigste dabei, dennoch kamen wir nur langsam voran. Schliesslich erreichten wir den Grat, von dem man in die Südwand des Aconcagua schauen kann – majestätisch, schön und so gefährlich! Wir folgten ihm, bis wir auf ein langes Plateau stiessen, von wo aus wir den fernen Gipfel sehen konnten. Obwohl ich das Tempo beschleunigte, dauerte es noch lange, bis wir den Gipfel erreichten. Dort entdeckten wir das charakteristische Aluminiumkreuz, das vor vielen Jahren aufgestellt worden war.

Wir brüllten los aus purer Freude, umarmten und beglückwünschten einander. Einer zog eine Flasche Champagner hervor, wir fotografierten und tranken, während wir die grossartige Aussicht bewunderten. Ich dankte Gott und dem «Steinwächter», der mir endlich gestattete, seinen Kopf zu berühren.

Der Abstieg erfolgte schnell, aber vorsichtig. Meine Gruppe bewältigte problemlos einige steile Abschnitte, und schliesslich erreichten wir Camp 3, wo wir müde, aber glücklich die Nacht verbrachten. Wir wachten auf und waren bereit, den Berg zu verlassen. Als wären wir Mulis, schleppten wir unser ganzes Gepäck zurück, auch unseren Müll. Es ist traurig, dass das nicht alle Expeditionen tun und unsere Berge dadurch zu den schlimmsten Müllhalden geworden sind. Einige Tage später waren wir zurück in Mendoza, wo wir feierten und Gott dankten, dass wir lebend zurückgekehrt waren.

Da wir beim Thema Gott sind: Ich habe gehört, dass jemand einmal einen Talmud-Rabbi fragte, was Gott denn nun mache, nachdem er die Welt erschaffen hat. Der Rabbi antwortete: «Er macht Treppen, damit die Menschen in den Himmel kommen können. Und er kann uns über seine Botschafter, die Engel, erreichen.»

Für mich sind die Berge Treppen, die mich hoch hinaufbringen, um mich dann mit einem tieferen Wissen darüber, was Leben, Tod und Demut bedeuten, wieder lebend zurückzubringen in den Alltag. Ich steige nicht auf die Berge nur um meines Egos willen. Ich besteige sie, weil ich dadurch mehr über meine Schwächen und Stärken erfahre – und dort oben erneuere ich meinen Geist, um meiner Familie, meinem Land, meinen Freunden und vor allem Gott besser dienen zu können.

Mount McKinley

Der Blick auf den Mount McKinley vom Wonder Lake im Norden des Berges bietet eines der majestätischsten Gebirgspanoramen der Welt, da der Kinley und die Alaska Range sich abrupt aus der arktischen Tundra und dem umgebenden Flachland erheben. Dieser Blick inspirierte die eingeborenen Inuit dazu, ihn Denali, den Grossen, zu nennen.

Der Mount McKinley, der höchste Berg Nordamerikas, ist der zweitschwierigste Gipfel der Seven Summits und wird nur vom Mount Everest übertroffen. Es ist ein Berg von grossen Ausmassen, der mit Kopf und Schultern alle seine Nachbarn überragt. Er ist eine harte Herausforderung. Der Kinley liegt direkt im Süden des Polarkreises in Alaska auf dem 63. Breitengrad. Er ist einer der kältesten Berge der Welt, und der Höhenunterschied vom Fusse des Berges bis zum Gipfel beträgt fast 6000 Meter – weltweit eine der grössten vertikalen Distanzen. Da er schon recht nahe am Nordpol liegt, ist seine Besteigung durch den niederen Luftdruck ausserdem vergleichbar mit der eines Siebentausenders im Himalaja.

Der Kinley ist die höchste Spitze der Alaska Range, die sich von den Aleuten durch Zentralalaska erstreckt und dann nach Südosten zieht bis zur Mount St. Elias Range in Kanada. Drei Hauptgletscher strömen strahlenförmig von seinen Flanken herab: der Muldrow in Richtung Nordosten, der Ruth-Gletscher nach Südosten und der Kahiltna nach Südwesten. Er hat zwei Gipfel, den Südgipfel (6194 m) und den niedrigeren Nordgipfel (5934 m), die durch den luftigen Denali-Pass getrennt sind. Diese wilde, ungezähmte Region ist überraschend leicht zugänglich – sie liegt nur 240 Kilometer nördlich von Anchorage, der grössten Stadt Alaskas. Der nächstliegende Ort ist Talkeetna, von wo aus ein 40 Minuten dauernder Flug die Bergsteiger in die eisigen Gefilde des Berges bringt.

Das alaskanische Wetter

Das Wetter in Alaska ist berüchtigt dafür, sich dramatisch und schnell zu verändern. April bis Juni sind die stabileren Monate, während Juli und August normalerweise für schlechtes Wetter bei Besteigungen sorgen. Der April ist kalt, und so sind Mai und Juni die beliebtesten Monate. Dennoch müssen Bergsteiger auch dann darauf vorbereitet sein, tagelang in einem Sturm auszuharren. Die Temperaturen können mit dem Windchill-Effekt auf bis zu minus 30 Grad Celsius und mehr abfallen. Das Erfolgsgeheimnis am Mount McKinley liegt darin, dass man bereit ist für den Gipfel, wenn gutes Wetter kommt.

Fauna und Flora

Eine Flora und Fauna existiert an den hohen Bergen fast nicht. Auf Vögel wie Raben und Finken (die eine Plage sein können, wenn sie eine Futterquelle finden) und einige Flechten und Moose an den Felsen kann man stossen, aber auf über 2000 Metern Höhe herrscht ein nahezu lebloses Reich aus Schnee, Eis und Fels. Die arktische Tundra in der Umgebung besteht aus Flachlandvegetation, die beherrscht wird von Wäldern, Torfmooren und alpinem Heideland, das im Sommer mit üppig blühenden Blumen ein Fest für die Augen ist. Wild wie Elch, Rentier, Bär und Wolf ist in grosser Zahl vorhanden – wie auch das blutrünstigste aller Tiere, die Stechmücke.

Besteigungsgeschichte

Der vom Meer aus sichtbare Berg wurde schon 1794 entdeckt. Der Name Denali wurde stets als Bezeichnung benutzt, bis er 1897 den Namen McKinley nach dem Präsidentschaftskandidaten William McKinley erhielt. In den letzten Jahren kam wieder der Name Denali in Mode, und der Nationalpark des Berges hat diesen Namen angenommen.

Der erste ernsthafte Besteigungsversuch erfolgte 1903: Die von Norden anmarschierende Expedition musste unter der Wickersham Wall aufgeben, die nach dem Expeditionsleiter benannt wurde. Eine Gruppe unter Leitung von Dr. Frederick Cook umrundete Ende 1903 als Erste den Berg.

Drei Jahre später kehrte Cook zurück, um den Kinley zu besteigen. Er stieg von Südosten über den Ruth-Gletscher auf und erreichte den East Buttress (Ostpfeiler). Er kam zurück mit einem Foto von sich selbst, auf dem er angeblich die amerikanische Flagge auf dem «Gipfel» flattern lässt. Sein Anspruch auf die Erstbesteigung erwies sich später als falsch, und es stellte sich heraus, dass der Gipfel seines Gipfelfotos nur 1600 Meter hoch war. Dies bleibt eine der grössten Debatten in der Geschichte des Bergsteigens.

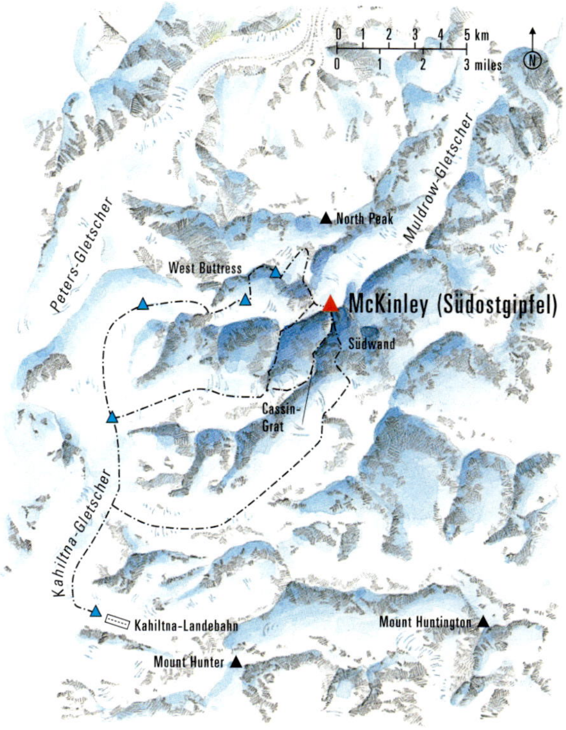

«Das Erfolgsgeheimnis am Mount McKinley liegt darin, dass man bereit ist für den Gipfel, wenn gutes Wetter kommt.»

Routen

① **West Buttress oder Normalweg**
Die beliebteste Route beginnt am Südostarm des Kahiltna-Gletschers auf 2100 m. Nach dem Windy Corner und Camp 3 erreicht man den Kamm des West Buttress über einen steilen Hang. Vom höchsten Lager führt eine ansteigende Querung auf den Denali-Pass und ein langer Weg über den Archdeacons Tower weiter zum Gipfel.

② **Messner-Couloir**
Eine direkte Variante, die vom Gletscherbecken unter dem West Buttress zum Gipfel führt.

③ **West Rim**
Eine schwierige Alternativroute über den elegant geschwungenen Grat, der vom Nordostarm des Kahiltna-Gletschers direkt ins Gletscherbecken unter dem West Buttress führt.

④ **Westrippe**
Diese schöne Route beginnt am Nordostarm. Über ein Eiscouloir gelangt man auf den Kamm der Rippe, über die man ohne grosse Schwierigkeiten direkt zum Gipfelplateau gelangt.

⑤ **Cassin-Grat**
Eine grosse Route für Bergsteiger. Der Zustieg erfolgt vom Nordostarm, wo man durch das steile Japaner-Couloir zum Kamm des Grates aufsteigt und mehr oder weniger direkt zum Gipfel klettert.

⑥ **Südwand, Scott/Haston-Route**
Diese sehr anspruchsvolle Route führt durch die 3000 m hohe Südwand. Sie durchquert die Wand rechts vom Gletscherbecken des Cassin-Grates bis hinauf zu einem Hängegletscher, über dessen linke Seite man den Gipfel erreicht.

⑦ **Muldrow-Gletscher (nicht abgebildet)**
Diese lange Route beginnt am Wonder Lake und folgt dem Muldrow-Gletscher bis zu seinem Ende. Dort führt der Karstens-Grat zum Harper-Gletscher und zum Denali-Pass, wo man auf die West-Buttress-Route gelangt.

Einige Jahre später wettete eine Gruppe von Goldgräbern, so genannten Sourdoughs, dass sie fähig seien, den Kinley zu besteigen. Sie begannen im Dezember und näherten sich dem Berg mit Pferden und Hundeschlitten von Norden. Anfang April hatten sie bereits über einen Monat in einem Lager auf dem Muldrow-Gletscher in 3350 Metern Höhe verbracht und einen vergeblichen Besteigungsversuch unternommen. Am 3. April 1910 brachen sie auf und bewältigten in der bemerkenswerten Zeit von 18 Stunden sowohl die Besteigung des Nordgipfels als auch den Rückweg ins Lager. Sie trugen einen vier Meter langen Fichtenstamm mit sich, den sie zwischen den Felsen auf dem Gipfel aufstellten. Dieser Stamm war drei Jahre später, als das erste Team den Hauptgipfel erreichte, der Beweis dafür, dass die Sourdoughs es tatsächlich geschafft hatten.

Der höhere Südgipfel wurde schliesslich im Jahre 1913 von Harry Karstens, einem einheimischen Führer, Walter Harper, Robert Tatum und Hudson Stuck bestiegen, einem Engländer, der Erzdiakon im Yukon war. Sie folgten der Route der Sourdoughs über den Muldrow-Gletscher und stiegen dann über den Harper-Gletscher direkt zum Gipfel.

1951 wurde die West-Buttress-Route erstmals von Bradford Washburn, Bill Hackett und Jim Gale sowie fünf weiteren Expeditionsmitgliedern begangen, die einige Tage später nachfolgten. Seitdem mit Ski ausgerüstete Flugzeuge für einen leichten Zugang zum Kahiltna-Gletscher sorgen, wurde diese Route zum Normalweg des Berges. Der Name Bradford Washburn ist wegen dessen Erstbegehungen und Fotografien für immer mit dem Kinley verbunden: Seine kristallklaren Luftaufnahmen von diesem und anderen Gipfeln von Alaska waren für eine ganze Generation von Bergsteigern eine wertvolle Informationsquelle. 1947 stand seine Frau Barbara als erste Frau auf dem Gipfel des Kinley. 1954 gelang einer starken Gruppe von vier Alaskanern die Erstbegehung des gewaltigen South Buttress. Elton Thayer, L. Viereck, M. Wood und G. Argus stiegen über den Muldrow-Gletscher ab, womit den Alaskanern auch die erste Überschreitung des Berges gelang.

Schlange stehende Bergsteiger sind am mitunter vereisten Hang zum Gipfelgrat, der Schlüsselstelle der West-Buttress-Route am Kinley, von Mai bis Juni keine Seltenheit.

Von den frühen 50er- bis zu den frühen 60er-Jahren galt die Aufmerksamkeit der 3000 Meter hohen Südwand, der steilsten und höchsten Wand des Berges. Im Jahre 195[illegible] wurde die Westrippe bestiegen, eine Route, die unter de[illegible] Südwand beginnt, aber entlang ihrer westlichen Begrenzung verläuft. 1961 führte der berühmte italienische Kletter[illegible]r Ric-

Westseite

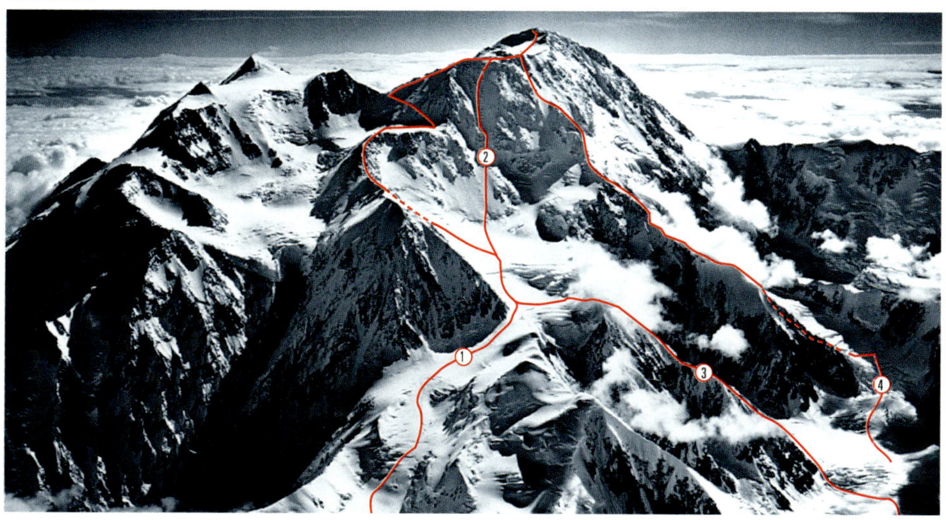

Südseite

cardo Cassin eine Expedition an den markanten Grat, welcher die Südwand teilt. Dem Team gelang diese Erstbegehung, nachdem es Schwierigkeiten gemeistert hatte, mit denen nie zuvor jemand konfrontiert worden war. Die Cassin-Route ist vermutlich die schönste des Berges.

Nach der Erstbesteigung des East Buttress im Jahre 1963 waren alle Hauptrouten des Berges begangen. Nun wurde die Aufmerksamkeit auf die schwierigeren Routen gelenkt, was in den 70er- und 80er-Jahren zahlreiche neue Routen und Varianten hervorbrachte. Die erste Winterbesteigung des Berges erfolgte im Februar 1967 über die West-Buttress-Route. Die Bergsteiger mussten durch den Windchill-Effekt dabei Temperaturen von bis zu minus 100 Grad Celsius aushalten. Im Jahre 1970 bestieg Naomi Uemura als Erster den Kinley im Alleingang. 1984 kehrte er zur ersten Winterbegehung im Alleingang zurück. Er erreichte zwar den Gipfel, verschwand aber beim Abstieg in einem Sturm. Seine Leiche wurde nie gefunden.

Die Besteigung des Mount McKinley heute

Seit 1980 ist die Besteigung des Mount McKinley populär geworden und zieht nun jährlich über 1000 Bergsteiger an. Mehr als 80 Prozent von ihnen benutzen dabei die West-Buttress-Route wegen ihres geringen Schwierigkeitsgrades und wegen des leichten Zugangs. Alle Expeditionen zum Berg müssen sich zuvor beim Denali National Park Service anmelden, wo die Wahl der Route in Bezug auf die Erfahrung der Bergsteiger geprüft wird. Nur sieben Bergschulen haben die Genehmigung, den Kinley kommerziell zu führen. Sie bieten die Besteigung über den West Buttress, die Westrippe und die Route über den Muldrow-Gletscher an.

Umweltschutz

Entlang der meistbegangenen West-Buttress-Route und bei ihren Lagern konzentrieren sich alle Arten von Umweltproblemen, vor allem in Bezug auf Abfall und Hygiene. Der National Park Service (NPS) ist gut organisiert und mindert die Folgen der Umweltbelastung, die jährlich durch die zahlreichen Besucher am Berg entstehen. Bergsteiger müssen ihren gesamten Abfall zurückbringen und Fäkalien in tiefen Spalten entsorgen. Wer diese Auflage nicht erfüllt, wird vor Ort bestraft. Das ist hart, aber es funktioniert. Auf klettertechnischen Routen wie dem Cassin-Grat stellen zurückgelassene Ausrüstungsgegenstände und Fixseile den grössten Teil des Mülls dar. Gelegentliche Aufräumexpeditionen durch den NPS oder von Freiwilligen beseitigen viel davon.

Doug Scotts Besteigung

Es gab einen regelrechten Aufruhr, als im Jahre 1976 zwei der weltbesten Bergsteiger kamen, um den Mount McKinley zu besteigen. Doug Scott (links) und Dougal Haston waren soeben von ihrer Epoche machenden Erstbegehung der Everest-Südwestwand zurückgekehrt und zogen im Mai 1976 sofort mutig los, um die Südwand des Kinley zu durchsteigen. Als sie sich, gepeinigt von schlechtem Wetter und vielen Lawinen, über die nie zuvor bestiegenen und oft gefährlichen Schneehänge hinaufkämpften, warfen sie Proviant und Ausrüstungsgegenstände weg, um schneller klettern zu können. Sie mussten fünf grauenvolle Biwaks überstehen, bevor sie den Gipfel bei bitterer Kälte erreichten. Während ihres Abstiegs über den West Buttress stiegen sie 1000 Höhenmeter wieder hinauf, um bei einer Rettungsaktion zu helfen, und erreichten schliesslich ihr Lager, nachdem sie acht Nächte am Berg verbracht hatten. Das war das erste Mal, dass eine neue Route am Kinley im alpinen Stil begangen worden war.

An diesem selten schönen Tag haben die Bergsteiger sechs bis acht Stunden nach ihrem Aufbruch vom höchstgelegenen Lager der West-Buttress-Route den Gipfelgrat erreicht.

arne naess

Die Entlarvung des Königs

Vorbereitung, Training und gegenseitiges Vertrauen unter den Teammitgliedern sind lebensnotwendig bei jeder Besteigung eines Berges. Der Mangel einer dieser Voraussetzungen kann eine Art Bergsteigerversion des russischen Roulettes zur Folge haben. Im folgenden Bericht erzählt Arne Naess, wie er und sein Team dies erfahren mussten.

Es war kaum noch ein Jahr bis zu unserer geplanten Everest-Besteigung. Ralph Höibakk und ich wollten zuvor noch ein Höhentraining absolvieren. Durch London zu joggen, reichte nicht. Wir hatten deshalb vor, kurz vor unserer Abreise zum Everest noch den höchsten Berg von Nordamerika, den Kinley, und den höchsten von Südamerika, den Aconcagua, zu besteigen. Das wäre eine gute Reihenfolge für die Höhenanpassung. Ralphs Job brachte es mit sich, dass er oft an die Westküste der USA fliegen musste. Ein Abstecher zum Kinley war da keine grosse Sache.

Ralph traf einen energiegeladenen und stämmigen kleinen Typ namens Dave. Er und Ralph unterhielten sich über die Berge und das Bergsteigen. Ralph war mächtig beeindruckt von dem, was Dave ihm erzählte. Seine Touren liessen die von Ralph und mir wie Sonntagsspaziergänge aussehen: Er hatte angeblich die schwierigsten Kletterrouten am El Capitan im Yosemite bewältigt, war durch die gefährliche und schwierige Südwand des Aconcagua geklettert und hatte den schwierigen Cassin-Grat am Kinley gemacht. Ausserdem kannte er die meisten Bergsteiger persönlich, von denen Ralph und ich nur gehört hatten.

Dave fragte, ob er mitkommen könne. Er wolle wieder zum Kinley, und da er von uns dem Berg am nächsten wohne, könnte er die Vorbereitungen koordinieren. Dave brachte zwei neue Namen ins Spiel: Nathan Smith und Bill Davidson. Bill war ein erfahrener Bergsteiger, der den Kinley bereits bestiegen hatte. Er könnte die Verantwortung übernehmen, alles zu organisieren was die Formalitäten und die Proviantversorgung betraf. Wir akzeptierten, obwohl es für uns zugegebenermassen ungewöhnlich war, mit Leuten eine Besteigung zu unternehmen, die wir noch nie gesehen und von denen wir noch nie etwas gehört hatten.

Wir trafen uns alle in einem Hotel in Alaska. Nathan war von mittlerer Grösse, schlank und wirkte jünger als sein Alter von 30 Jahren. Er hatte dickes, lockiges Haar, warme Augen und war von leicht zurückhaltender, fast unamerikanischer Art. Er hatte auch schon den Aconcagua bestiegen. Damals war er erst 18 Jahre alt. Er schien keine harten Kanten zu haben. Nette Gesellschaft, dachten wir.

Bill war ein robuster Typ, Mitte zwanzig. Er schien stark zu sein und hatte ein gutes Training absolviert. Seine Art war offener als die von Nathan, und sein Wortschatz liess vermuten, dass er im Fernsehen viele Western gesehen hatte. Er wirkte ein bisschen zu raubeinig, war jedoch offensichtlich gut vorbereitet. Die gesamte Verpflegung und Ausrüstung, die er mitbrachte, war völlig in Ordnung.

Dave war sehr erpicht darauf, dass Ralph und ich uns seine Ausrüstung ansehen. Alles, was er uns zeigte, sah neu aus. Seine Bergschuhe schienen noch nicht viele Schritte zurückgelegt zu haben, und sein Anorak war frei von jenen Schleifspuren, die das Klettern im Fels hinterlässt. Sein Eisbeil und seine Steigeisen waren völlig frei von Kratzern oder Rostflecken.

Bergsteiger kaufen sich immer wieder eine neue Ausrüstung während ihrer Bergkarriere. Die Freude an Ausrüstungsgegenständen macht ein Teil der Freude beim Bergsteigen aus. Sogar wenn Bergsteiger keine ernsthaften Touren mehr machen, ist das Vergnügen, sich ein neues, besonders leichtes Eisgerät oder Steigeisen mit Kabelzugbindung zu kaufen, eine Art Ersatz für die Touren, die durch Familie, Job oder Alter selten werden oder gar ganz wegfallen.

Ein kleines Flugzeug brachte uns in zwei Etappen an den Fuss des Mount McKinley. Zunächst flogen wir über eine flache Tundralandschaft, dann hinein in

die Bergwelt der Alaska Range. Die Tundra war völlig grün und von Flüssen und Seen durchbrochen. Der Laubwald hatte die Üppigkeit des Sommers, aber der Koniferenwald wirkte matt. Draussen im Marschland, nur wenig vom Flughafen Anchorage entfernt, stand ein gut gebauter Elch bis über seine Knie im Wasser und Schlamm und genoss das Riedgras und die Birkenzweige. Die Begegnung mit der unberührten Wildnis war wie ein Schock. Ausserhalb der Stadtgrenzen waren weder Strassen noch Häuser und kaum noch ein Pfad zu erkennen. Es gab Tierfährten, wo Bären, Wölfe und Füchse nach Wapitis, Rotwild und Hasen jagten, Flüsse, deren Lauf von Bibern reguliert wurde, reich an Lachs und Regenbogenforellen. Und über all dem hielt der Adler Ausschau nach allem, was sich bewegte.

Der Flug zwischen den Gipfeln der Alaska Range zum Basislager hinterliess einen noch stärkeren Eindruck: Die Berge waren zu nah, um sich wohl zu fühlen; ihr grauer, polierter Granit war kaum 50 Meter von den Spitzen der Tragflächen entfernt. Gähnende Abgründe öffneten sich zwischen den himmelhohen Felstürmen. Unendliche, fahl und tot wirkende Gletscher strömten von den Berggraten hinab und verwandelten sich in der Tundra zu Flüssen.

Den grössten Eindruck machte aber der Kinley selbst. Von den Indianern Denali, der Grosse, genannt, überragt kein Berg so hoch seine Umgebung wie der

Der Mount McKinley, der König, steht als gewaltiger Berg mitten in der alaskanischen Ebene. Man benötigt 18 bis 20 Tage, um vom Basislager zum Gipfel und wieder zurück zu gelangen.

Oben: Arne Naess gönnt sich in etwa 4600 Metern Höhe eine kleine Atempause beim Aufstieg über den berüchtigten Hang der West-Buttress-Route.

Rechts: Ralph Höibakk (links) und Arne Naess geniessen die Aussicht vom Kamm des West Buttress, kurz unter dem höchstgelegenen Lager in 5200 Metern Höhe.

Kinley. Er hat nichts Weibliches an sich; er ist ein selbstsicherer, ernster Mann, eine gefestigte Vaterfigur, kein angeberischer Rambo mit einem Macho-Komplex.

Während der Everest der Erste unter Gleichrangigen ist und der Kilimandscharo der einsame Wächter über der Savanne, ist der Kinley König und Alleinherrscher in seinem Reich, der Alaska Range. Der Denali hält Hof, aber der Rat des Königs bleibt in respektvoller Distanz. Die Nachbarn Mount Foraker und Mount Hunter sind um 1000 bis 2000 Meter niedriger. Dies macht aus dem Kinley eine unermesslich hohe und wuchtige Erscheinung.

Der Berg ist von allen Seiten grandios, vielleicht aber besonders schön von Norden, wenn man in der Sonne über die Tundra wandert und die Gipfel sieht, die 6000 Meter in den Himmel ragen. Dann wandert der Blick am bleichen Muldrow-Gletscher entlang, der wie eine Milchstrasse zwischen zerrissenen Felsgraten eingebettet liegt, wie ich sie noch nie an anderen Bergen gesehen habe.

Der Mount McKinley liegt auf dem 63. Breitengrad, demselben wie Trondheim, aber es gibt dort keinen Golfstrom, der das arktische Klima abmildert. Die Bergkette und der Kinley selbst bilden die Klimagrenze. Stürme sind häufig und gewaltig. Der Wind heult, und der Schnee fällt dann ohne Unterbrechung. Die Zeitspanne für gute Wetterbedingungen ist kurz. Niemand kann darauf hoffen, die gesamte Besteigung bei gutem Wetter zu machen.

Vom 2500 Meter hoch gelegenen Basislager bis zum Gipfel und wieder zurück benötigt man normalerweise 18 bis 20 Tage. In dieser Zeit müssen Bergsteiger mit mehreren Unterbrechungen durch Stürme rechnen. Von 5000 Metern Höhe bis zum Gipfel sind alle Lager ungeschützt. Der Wind kann Orkanstärke erreichen und auf seinem Weg alles in Stücke zerreissen. Bergsteiger müssen sich dann gut zusammenkauern, um nicht vom Berg gefegt zu werden.

Die grossen Schneemengen bedeuten, dass nur die steilsten Stellen schneefrei sind. Der Kinley besitzt auch die schönsten Gletscher der Welt. Sie sind fahle an ein Hermelinfell erinnernde Pfade, die fast bis zum Horizont reichen, aber sie sind auch trügerisch. Unter der samtweichen Oberfläche lauern hungrige Rachen: Der häufige Schneefall deckt die Spalten zu, und die tiefen Temperaturen bewirken, dass sich die Schneebrücken nicht verfestigen können und dann unter dem Gewicht eines Menschen einstürzen. All das macht aus dem Kinley eine Herausforderung – keine technisch schwierige, aber eine gefährliche. Wer sich dem Denali nähert, muss dies mit Respekt tun, braucht eine gute Ausrüstung und Erfahrung.

Der Mount McKinley strahlt eine grosse Anziehungskraft aus, und Bergsteiger aus der ganzen Welt fliegen ins Basislager auf dem Kahiltna-Gletscher; fast 1000 in jedem Sommer. Nicht alle kehren zurück. 1992, im schlimmsten Jahr in Bezug auf die Todesfälle, starben zwölf Personen in Stürmen, Gletscherspalten oder an der Höhenkrankheit.

Es ist immer aufregend, mit einem kleinen Flugzeug auf einem Gletscher zu landen. Da der Hauptgletscher stark von Spalten zerklüftet ist, liegt das Basislager rund 100 Meter höher auf einem Nebenarm des Gletschers. Der Pilot kreiste mehrmals zwischen Mount Foraker und Mount Hunter, bevor er uns absetzte. Das Basislager war voll von Leuten, und ein «Lagerwart» wies uns einen Zeltplatz zu. Das vermittelte mir ein seltsames Gefühl von Massentourismus in einer der entlegensten Ecken der Welt.

Es war glühend heiss in der Nachmittagssonne, wie in einem Ofen. Wir begriffen, dass wir bei diesem guten Wetter unser Gepäck nachts hochtragen und tagsüber ausruhen mussten. Wir hatten die Wahl, alles sofort hinaufzutransportieren oder in Teilen durch mehrmaligen Auf- und Abstieg. Die letzte Möglichkeit schien die beste zu sein, weil sie uns an die Höhe gewöhnen liess.

Ralph und ich lagen in einem Zelt, Bill, Nathan und Dave zusammen in einem anderen. Wir vereinbarten, morgens um 3 Uhr aufzustehen und unsere erste Ladung zum nächsten Lager zu transportieren. Die Nacht war kalt und klar. Es war hell, und die Oberfläche des Schnees war hart, als Ralph und ich uns bereit machten, um gegen 4 Uhr aufzubrechen. Bill und Nathan waren wach und ausgerüstet, während Dave noch immer im Schlafsack lag. Ralph schüttelte das Zelt und rief: «Dave, Zeit aufzustehen!» – «Okay Ralph, bin in einer Minute draussen», antwortete Dave. Ralph und ich brachen mit den Ski auf, jeder von uns zog einen Schlitten. Die harte Schneedecke auf dem Weg hinab zum Hauptgletscher eignete sich hervorragend zum Gehen. In den ersten Strahlen des Morgenlichtes leuchtete der Mount Foraker wie eine goldene Kuppel. Entlang des Kahiltna-Gletschers legten wir ein gutes Gehtempo vor. Es war schön, sich zu bewegen. Der Mount McKinley, der von einem Hindernis verborgen war, wurde wieder sichtbar. Ein enges Tal verlief unter der Südwand entlang. Deren Anblick raubte mir den Atem: eine riesige Fläche von steilen Felsen, Hängegletschern und gähnenden Spalten.

Unser Aufstieg zum nächsten Lagerplatz, wo sich gerade eine grosse Gruppe von Schweizern zum Aufbruch fertig machte, erfolgte überraschend schnell. Sie erzählten uns, dass der Tod am Kinley bereits zugeschlagen habe: Jemand war an der Höhenkrankheit gestorben, ein anderer konnte im letzten Augenblick gerettet werden, und zwei Männer waren mit starken Erfrierungen heruntergebracht worden. In der glühenden Sonne unten auf dem Kahiltna-Gletscher war es einfach, darüber zu reden. Es schien uns nicht zu betreffen. Auf eine gewisse Art betraf es den Kinley auch nicht. Zumindest nicht unseren Kinley. Wir sind alle unsterblich, bis wir an der Reihe sind. Genauso wie das Gnu, das sogar dann noch friedlich grast, wenn es weiss, dass Löwen ganz in der Nähe im Gras versteckt liegen.

Ralph und ich machten ein Depot und gingen zurück. Am Fuss des Hanges, der zum Basislager hinaufführt, trafen wir Bill, Nathan und Dave. Sie waren angeseilt, mit Bill als Führer. Hinten sah ich Dave in seiner brandneuen Faserpelzkombination. Bill winkte uns zu sich heran, als wir uns trafen. «Irgendetwas stimmt hier nicht», sagte er. «Es war fast unmöglich, Dave aus dem Zelt herauszubekommen. Er fummelte eine Ewigkeit an seiner Ausrüstung herum.» Dave schien wirklich Probleme zu haben. Ralph ging zu ihm. Dave hatte sich auf den Schlitten gesetzt. «Hi Ralph, ich habe Probleme mit meinen Füssen. Diese neuen Bergschuhe drücken entsetzlich. Ich bekomme Blasen.» Ralph bückte sich und schaute sich das an. Es war kaum zu glauben! Ralph blickte nochmals genau hin. Es bestand kein Zweifel: Dave hatte die Schuhe verwechselt und trug sie jeweils am falschen Fuss. Als wir schliesslich alle ins Lager zurückkehrten, war Dave völlig erledigt. «Ich verstehe überhaupt nichts mehr, Ralph», sagte er. «Ich glaube, es liegt am beruflichen Ärger und an mangelndem Training. Ich fliege mit dem nächsten Flugzeug zurück.» Keiner widersprach. Wir halfen ihm beim Packen und hievten ein paar Stunden später sein Gepäck ins Flugzeug. Er kam, sah und verschwand.

Der Eindruck hingegen, den Bill und Nathan auf uns machten, verbesserte sich, je weiter wir uns von der Zivilisation entfernten. Ich selbst mache mir im Grunde genommen nicht viel aus Ausrüstung und Technologien. Mich interessiert daran immer nur die Weiterentwicklung. Deshalb bin ich immer schnell beeindruckt, wenn ich Bergsteiger sehe, die Ausrüstung und Handwerk beherrschen. Bill und Nathan waren für mich die perfekten Repräsentanten amerikanischer Präzision. Jede Kleinigkeit hatte seinen festen Platz in beschrifteten Tüten, Reisetaschen und Etuis, und vom Nähset über die Erste-Hilfe-Ausrüstung und Flicken zum Aufnähen oder Aufkleben bis hin zum Werkzeugset war bei ihnen alles an seinem Platz. Ich nehme stets nur ein Minimum an Ausrüstung mit. Es wiegt einfach zuviel. Nathans Rucksack überragte den Mann um einiges. Es war unglaublich, was dieser schmal gebaute Junge schleppte. Er hatte nur eine Schwäche: Er ging langsam. Nicht nur wegen seines grossen Rucksacks, sondern weil das generell sein Rhythmus war. Es war eine Qual für mich und Ralph, da wir ein schnelleres Gehtempo gewohnt sind.

Ralph und ich haben viele Berge gemeinsam bestiegen. Wir sind ein gutes Team und fühlen uns wohl miteinander am Berg, im Zelt und in lebensbedrohlichen Situationen. Und wir ergänzen uns gut: Ich hasse es, Gepäck zu schleppen, und bringe nie genügend Essen oder Ausrüstung mit. Ralph schleppt dagegen gern. Er hat immer einen schwereren Rucksack als ich und bringt immer das mit, was ich zurücklasse. Das ist für mich natürlich sehr praktisch. Wir vertreten beide die Meinung, dass letztendlich alles klappen wird, und nehmen die Dinge nicht allzu ernst. Bill und Nathan waren methodischer und sorgfältiger als wir, so dass wir zu viert ein ausgewogenes Team waren.

Vorbereitung und Training sind lebensnotwendig bei jeder Bergtour. Es ist ebenfalls unerlässlich, dass die Teammitglieder einander in allen anderen Bereichen vertrauen. Unsere Tour über den Normalweg verlief ohne besondere Ereignisse. Wir verirrten uns zwar beinahe im Nebel und mussten einmal ohne Zelte im Freien schlafen, aber das war alles. Wir stiegen auf den Gipfel hinauf und wieder herab innerhalb von neun Tagen. Es gereicht einem nicht zur Ehre, wenn man hinter einer Karawane von Touristen über den Normalweg auf den Kinley steigt. Man erobert so kein Neuland, weder für sich selbst noch für andere. Aber die Natur und der grossartige Berg haben uns ein wunderschönes Erlebnis ermöglicht. Zudem haben wir unser Höhentraining bekommen, das jedoch von wenig oder überhaupt keinem Nutzen für unsere Everest-Besteigung war, auf die wir noch neun Monate warten mussten.

Obwohl es sich bei den Vorkommnissen in diesem Bericht um Fakten handelt, sind einige Namen verändert worden.

Kilimandscharo
Heim-Gletscher
1.2.87

steve bell

Eine Verabredung mit dem Denali

Steve Bell kehrte 17 Jahre nach seinem ersten Besuch nach Alaska zurück, um den Mount McKinley zu besteigen und damit seine Sammlung der Seven Summits abzuschliessen. Während der Besteigung dachte er darüber nach, was wichtig ist beim Bergsteigen – aber erst nach einem persönlichen Verlust fand er die wahre Antwort.

An einem stürmischen Tag im Jahre 1980 verabredete ich mich mit dem Denali. Roger Mear und ich standen auf dem Gipfel des Mount Huntington, nachdem wir über eine neue Route durch die Ostwand geklettert waren. Nur einige wenige Meilen nördlich von uns stand der riesige South Buttress des Mount McKinley, der unseren Blick durch die zerrissenen Wolkenfetzen zum höchsten Gipfel Nordamerikas führte, rund 2450 Meter über uns. Es war ein beängstigender und schauriger Anblick. Wir waren dort oben in einer ziemlich exponierten Lage und mussten auf der uns unbekannten, der Aufstiegsroute gegenüber liegenden Seite des Berges den Abstieg bewältigen. Dennoch drehten sich meine Gedanken schon wieder um zukünftige Touren. Als der Wind heulte und die Wolken über die Abgründe des Kinley wirbelte, war ich mir sicher, dass ich ihn eines Tages besteigen würde.

Wir überlebten schliesslich einen abenteuerlichen Abstieg vom wenig besuchten Gipfel des Mount Huntington. Es dauerte viele Jahre, bis ich den Mut hatte, wieder nach Alaska zurückzukehren. Roger war aus härterem Stoff gebaut. Unser erster, von Grauen geprägter Blick auf den «Grossen» brachte ihn nicht aus der Ruhe, und so wählte er eine der schwierigsten Routen, um den Kinley im Winter zu besteigen. Im Feb-

Rechts: Schwer beladen geht Ulf Carlsson beim langen Transportmarsch von der Landebahn auf dem Kahiltna-Gletscher zur Hauptroute voraus.

Unten: Eine Luftansicht der Kahiltna-Landebahn, des Ausgangspunkts für den Grossteil der Teams, die den Kinley besteigen.

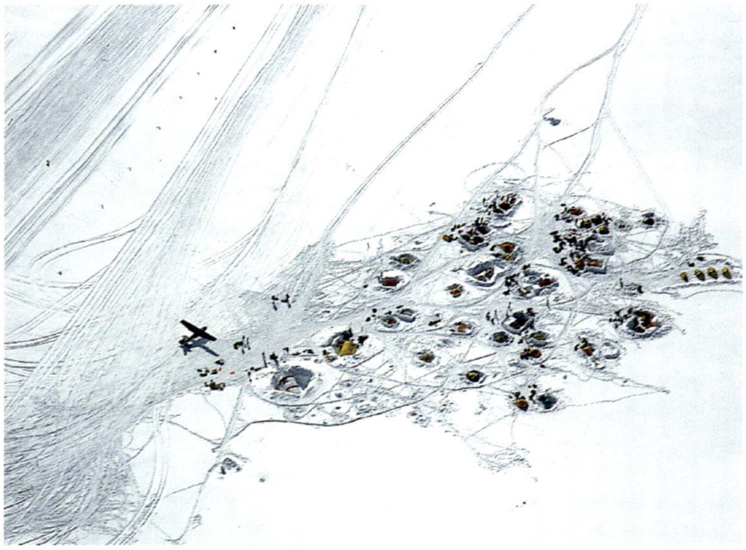

ruar 1982 kletterte er mit zwei Amerikanern den Cassin-Grat. Das war erst die zweite erfolgreiche Winterbesteigung des Berges überhaupt. Dieses Unternehmen hielt ich für verrückt, aber ich war entsprechend beeindruckt.

Jahre vergingen, und nach einer unendlich lang erscheinenden Wartezeit war es im Jahre 1997 schliesslich so weit. Mein Bedürfnis, den Kinley zu besteigen, hatte ein kritisches Stadium erreicht, da er der einzige Gipfel der Seven Summits war, der mir noch fehlte. Ich musste mich endlich dem «Grossen» stellen. Ulf Carlsson und ich hatten Skizzen vom Cassin-Grat: Welch eine grossartig aussehende Route! Ein klassischer Sporn von 3000 Metern Höhenunterschied, der in einer gewaltigen, abweisenden Wand direkt zum Gipfel hinaufführt. Diese Route sah aus wie eine schöne und passende Art, die Sammlung der Seven Summits zu vervollständigen.

Wir akklimatisierten uns auf der West-Buttress-Route, die wir mit Hunderten anderen Leuten teilten, die alle auf dem Dach Amerikas stehen wollten. Das Wetter war schrecklich, aber es störte uns nicht, solange es nur während unserer Besteigung über den Cassin-Grat gut bleiben würde. Es machte Spass, uns über den Weg hinaufzuplagen, uns mit anderen Bergsteigern zu unterhalten oder ein Buch zu lesen, während der nicht nachlassende Wind und Schnee des Kinley gegen die Zeltwände hämmerte. Im obersten Lager liessen wir in einem kleinen Versteck etwas Verpflegung und Brennstoff zurück für den Abstieg vom Gipfel und trotteten wieder den ganzen Weg hinab zum Nordostarm des Kahiltna-Gletschers, von wo die Route zum Cassin-Grat nach rechts abzweigt.

Während des Abstiegs zum Kahiltna war das Wetter perfekt, alle stiegen auf, und wir steckten in einem Dilemma: Sollten wir hinab, oder sollten wir das selten gute Wetter nutzen, um den Gipfel zuerst abzuhaken und dann darüber nachzudenken, ob wir die schwierigere Route auch noch begehen sollen? Es könnte doch sein, dass wir keine weitere Chance mehr bekämen, den Gipfel zu erreichen. Wäre es nicht vernünftiger, zunächst mit allen Mitteln auf den Gipfel zu steigen, als die Chance auf den Gipfel durch den Versuch einer schwierigeren Route zu verringern? Ulf und ich blieben im Strom der sich aufwärts bewegenden, ihren Schlitten ziehenden Bergsteiger stehen, um uns zu beraten. Was war wichtiger, der Gipfel oder die Route? War es der Erfolg, der zählte, oder die Qualität des Erfolgs? Ulf war nicht auf den Zug der Seven Summits aufgesprungen, weshalb für ihn das Erreichen des Gipfels nicht so zwingend war wie für mich. Als wir darüber nachdachten, warum wir eigentlich hier sind, schaute ich über den Hang zurück und hinauf zum «Grossen». Denali, der Riese, schlief ruhig und doch grossartig vor dem klaren blauen Himmel, sanft umweht von einem zarten Windhauch. Ich dachte über alle Touren nach, die ich gemacht hatte, und darüber, welche mir am meisten bedeuteten. Dort lag die Antwort: Es war nicht wichtig, ob man den Gipfel erreichte, sondern wie man ihn erreichte. Wir setzten unseren Abstieg fort.

Am nächsten Tag standen wir sprungbereit am Beginn des «Tals des Todes», wie der nicht gerade liebliche Spitzname des Nordostarmes lautet. Dieses auf beiden Seiten von Lawinen bedrohte Tal war der Zustieg zu der von uns gewählten Route. Plötzlich schwächten Angst und Selbstzweifel meinen Entschluss; sie wurden noch verstärkt durch den packenden Bericht von zwei Amerikanern über ihre neuntägige Begehung. Ich versuchte rational zu denken. Roger hatte gesagt, dass der Cassin-Grat leicht sei – dann war er es auch. Es war eine Frage des Abwägens zwischen britischem Understatement und der amerikanischen Art zu übertreiben.

Ulf dachte auch länger über den Cassin-Grat nach, aber seine Zweifel beruhten auf vernünftigen Überlegungen. Er war über das Wetter besorgt. Wir hatten zwei schöne Tage benötigt, um über den West Buttress abzusteigen und die Tour vorzubereiten. Bald würde das Wetter von Alaska den Riesen aufwecken. Wir rechneten damit, dass wir im besten Falle noch zwei schöne Tage zur Verfügung hatten. Nicht genug für die Cassin-Route, aber genug für die leichtere Westrippe – falls wir schnell wären.

Ich nahm diese Ausrede an, und um Mitternacht betraten wir das «Tal des Todes» mit der Westrippe als Ziel.

Auf festem Schnee kamen wir im arktischen Zwielicht schnell voran. Die Wände des Tals waren Furcht erregend lawinengefährlich, aber man hörte keinen Laut, als ob die Welt durch die nächtliche Kälte tiefgefroren wäre. Der Mount Foraker hinter uns wurde vom Sonnenaufgang in ein sanftes Rosa getaucht, das langsam in Orange überging. Als die Sonne den Gipfel des Kinley erreichte, stiegen wir im Zickzack zwischen den Spalten und Séracs eines Eisbruches auf, um ein grosses, versteckt liegendes Schneecouloir zu finden. Wir stellten im Sonnenschein das Zelt auf, machten Frühstück und schliefen dann für einige Stunden. Nach unserer nächtlichen Reise bei Minusgraden war die Wärme der Sonne wunderbar. Alaska ist aber ein Land der Extreme: Es wurde bald drückend heiss. Wir packten zusammen und waren gegen 9.30 Uhr morgens wieder unterwegs, wobei Ulf im Couloir vorstieg.

Die Westrippe ist eine schöne Tour. Diese Rippe, welche die Südseite des Berges am linken (westlichen) Rand begrenzt, zieht fast vom Nordostarm in einer Folge von Eiswellen hinauf. Das Einstiegscouloir führt nach ungefähr 450 Metern zum Kamm der Rippe, dem man bis zu ihrem Ende folgt. Dann steigt man entweder über Schneehänge oder den felsigen Kamm zum Gipfelplateau hinauf, das rund 3000 Höhenmeter über dem Einstieg liegt.

Indem wir gemeinsam aufstiegen und dabei nur gelegentlich Zwischensicherungen anbrachten, hatten wir bereits die Hälfte des Couloirs bewältigt, als ich erschrak: Direkt über uns hörte ich weit oben das Grollen einer sich nähernden Lawine. Angespannt schauten wir nach oben, konnten aber kein Anzeichen davon entdecken. Doch das Geräusch war da, laut und bedrohlich, und kam von den Felsen rechts über uns. Ich konnte mich auf den Fotos an keine lawinengefährdete Stelle erinnern, aber ich erwartete immer noch, in der nächsten Sekunde von einer Staublawine verschluckt zu werden. In einer sinnlosen Geste verbarg ich meinen Kopf im Schnee und dachte: «Das ist das Ärgerliche an den Bergen Alaskas, sie versuchen immer, einen auszulöschen.» Das Grollen verstärkte sich und explodierte über unseren Köpfen, als zwei tief fliegende Düsenflugzeuge über den Himmel schossen. Meine Erleichterung wechselte sofort in Ärger über meine Dummheit. Ich schüttelte mir den Schnee aus dem Gesicht und schaute verstohlen zu Ulf, der am anderen Ende des 50-Meter-Seiles war. Er kletterte noch immer: Die Düsenflugzeuge hatten ihn nicht zum Narren gehalten.

Der obere Teil des Couloirs war bis zu 60 Grad steil, und der Schnee wurde zu Wassereis. Wir sicherten dort eine Weile und gingen dann die letzten hundert Meter bis zum Kamm der Westrippe wieder gleichzeitig. Dabei überholten wir ein amerikanisches Paar, das ohne vorausgegangene Akklimatisation nur langsam vorankam. Im Gegensatz zu den vielen Menschen auf der West-Buttress-Route waren sie die einzigen Bergsteiger, die wir in dieser Route trafen.

Der Kamm war spektakulär und bestand aus einer Reihe von Eisdomen, die abwechselnd steile und leichte Kletterei boten. Der letzte Dom war mit rund 30 Metern in 70 Grad steilem Schnee der steilste und führte zu einer grossen, beinahe ebenen Schneekanzel auf halber Höhe. Weiter oben entdeckten wir einen bequemen Bergschrund, wo wir beschlossen, es für heute gut sein zu lassen. Erfreut über unser rasches Vorankommen, brühten wir Tee und genossen den Blick über das trügerische «Tal des Todes» hin zum Mount Foraker und in die entgegengesetzte Richtung über die Wand zum Cassin-Grat, an dem mindestens zwei Seilschaften als kleine Punkte auftauchten. «Ihr seid mutiger als ich», dachte ich. Wir verbrachten eine gute Nacht, obwohl unser kleines Gemini-Zelt um einiges kürzer ist als Ulf.

Das Wetter war auch am nächsten Tag noch schön, als wir in rund 5500 Metern Höhe einen perfekten Hochsitz erreichten. Es war seltsam warm, als wir im Freien sassen und über die Alaska Range blickten, die höher als alles andere um uns war ausser dem «Grossen», auf dessen Schultern wir sassen. Hinter uns begann der Schneehang, der zum Gipfelplateau führt und unter Bergsteigern als «Orient Express» bekannt ist. Direkt über uns befand sich also mein letzter Gipfel der Seven Summits, nur wenige Stunden entfernt.

Am nächsten Morgen war es auch noch schön, allerdings nicht für lange. Die Sonne hatte einen trüben Halo, und als wir aufbrachen, wussten wir, dass die Schon-

Links: Ulf Carlsson steigt im 450 Meter langen Couloir vor, das auf den Kamm der Westrippe hinaufführt.

Rechts: Im ersten Hochlager seiner Tour mit Steve Bell über die Westrippe des Kinley geniesst Ulf Carlsson die Sonne und entspannt sich. Im Hintergrund das berüchtigte «Valley of Death».

Oben: Ulf Carlsson während einer kurzen Rast am letzten Schönwettertag an der Westrippe.

Rechts: Fast nackt kam sich Steve Bell vor, als er ohne Rucksack auf dem Gipfel des Kinley stand, dem letzten Gipfel seiner Seven Summits.

zeit bald beendet sein würde. Zwei Stunden später zogen wir uns auf das Gipfelplateau hinauf, gerade als der Riese erwachte. Die Sichtweite war auf rund 30 Meter begrenzt, und der Wind drosch aus jeder Richtung auf uns ein. Mit Hilfe der Kompasspeilung fanden wir eine Reihe von Markierungsfähnchen, der wir bis zum unsichtbaren Gipfel folgten. Wir waren nun beide müde, die Anstrengung der letzten Tage machte sich langsam bemerkbar. Obwohl wir wussten, dass man sich nie von seiner Ausrüstung trennen sollte, liessen wir unseren Rucksack am Fuss des Gipfelhangs zurück. Es hätte ein fataler Fehler sein können, wir wollten aber schnell vorankommen, bevor die Verhältnisse jegliches Vorwärtskommen verhinderten. Am Fusse des Gipfelgrates kam uns ein Alleingänger bei seinem Abstieg entgegen. Seine Bekleidung war mit Sponsorenabzeichen vollgepflastert, und über seinem Rucksack knatterte eine grosse koreanische Flagge im Wind. In Eile winkte er uns kurz zu, bevor er im trüben Licht verschwand.

Eine tief ausgetretene Spur führte an der linken Seite des Grates entlang nach oben. Im stärker werdenden Schneesturm konnten wir unmöglich sagen, wie weit es noch war, doch bald kamen wir am oberen Ende des Berges an. Ich hatte mir vorgestellt, zum Nordgipfel zu schauen, dann auf der anderen Seite des Berges hinab und weit hinaus über die endlose Tundra der Inuit in Richtung Nordpol. Aber alles, was wir sehen konnten, waren ein oder zwei Meter des schneebedeckten Grates, Schneeverwehungen und Wolken. Lächelnd umarmten wir uns, fotografierten uns gegenseitig und eilten wieder hinab in der Hoffnung, dass wir unterwegs unsere Rucksäcke finden würden.

Wieder mit ihnen vereint, überquerten wir das Gipfelplateau und schleppten uns den anstrengenden Hang hinter dem Archdeacons Tower hinauf, um über die West-Buttress-Route abzusteigen. Mehrere andere Seilschaften stiegen jetzt noch auf, einschliesslich einiger geführter Gruppen, deren Kunden im Wind atemlos herumhingen und elend aussahen. Das letzte der aufsteigenden Teams waren drei Jungs von der britischen Armee, die wir kennen gelernt hatten, als wir uns auf der West-Buttress-Route akklimatisiert hatten. Ihr Führer, Mark, gratulierte uns, und wir teilten mit ihm den Tee in seiner Trinkflasche. 15 Uhr war spät, um noch zum Gipfel aufzusteigen, ferner bestand kein Zweifel, dass das Wetter schlechter werden würde, bevor es sich wieder verbesserte. Mark rief mir gegen den Wind zu: «Wie weit noch zum Gipfel?»

«Ungefähr drei Stunden», sagte ich. Aber ich dachte: «Seid ihr sicher, dass ihr weitergehen wollt?» Ich wünschte, ich hätte es gesagt. Kurz nachdem wir in entgegengesetzter Richtung aufgebrochen waren, blickte ich zu den dreien zurück und sah gerade noch, wie sie im Sturm verschwanden.

Es schneite stark, als wir um 20 Uhr im 4330 Meter hoch gelegenen Lager am West Buttress Zuflucht fanden. In dieser Nacht fiel am Kinley mehr als ein Meter Schnee. Eine der geführten Gruppen, an denen wir vorbeigegangen waren, übernachtete auf dem Gipfelplateau. Sie überlebten, indem sie sich in den Schnee eingruben. Einige erlitten dabei jedoch Erfrierungen. Die Jungs der britischen Armee hatten weniger Glück: Nachdem einer von ihnen aufgegeben hatte und sicher ins höchste Lager abgestiegen war, erreichten Mark und sein Partner spät am Tag den Gipfel. Auf ihrem Rückweg über das Gipfelplateau war der Schneesturm am stärksten, und die Sichtweite sank auf null. Sie verliefen sich, versuchten zu früh abzusteigen, und gerieten dabei im steilen Gelände in Schwierigkeiten. Als sie abstürzten, hatten sie keine Ahnung, wo sie sich befanden. Sie wurden am nächsten Tag gefunden, nachdem ein Rettungstrupp vom 4300 Meter hoch gelegenen Lager der Ranger aufgestiegen war. Mark war tot, sein Freund wurde mit Knochenbrüchen, Erfrierungen und Unterkühlung per Helikopter ins Krankenhaus geflogen. Die beiden waren rund 200 Meter den «Orient Express» hinabgestürzt.

Diese Neuigkeiten waren ein harter Schlag. Warum hatte ich nichts gesagt, als wir ihren Tee tranken? Mir war übel, und ich war entsetzt über meinen mangelnden Weitblick. Ulf sagte, rational wie immer, dass es nichts geändert hätte. Vielleicht hatte er Recht, aber wie kann ich das wissen? Zwei Tage nachdem wir den Gipfel erreicht hatten, schrieben Ulf und ich unsere Namen an die Wand der «West Rib Bar» in Talkeetna. Bei ein paar Gläsern Bier scherzten wir über unsere Tour, klopften uns gegenseitig auf die Schulter, und ich versuchte, in Feststimmung zu kommen. Aber irgendwie fühlte sich dieser Erfolg leer an.

Postskriptum: Im Sommer 1999 starb Ulf Carlsson bei einem Sturz im Pamir-Gebirge in Zentralasien. Seine Freunde bestatteten ihn vor Ort, weit weg von Schweden und seinem Heim in Nairobi, wo seine Frau Vanessa ihr erstes Kind erwartete. Nun weiss ich es: Es ist nicht der Gipfel, der wichtig ist, und auch nicht die Route. Es ist die Freundschaft, die einen mit jenen, mit denen man Berge besteigt, verbindet. Das ist es, was die Besonderheit einer Tour ausmacht. Und keine Bergtour war deshalb wichtiger für mich als die auf den Denali mit Ulf.

Kilimandscharo

Der Kilimandscharo ist vielleicht der bekannteste Berg der Welt, dessen Gipfel auch von jenen erreicht werden kann, die nur über die Erfahrung von anspruchsvollen Bergwanderungen verfügen. Er ist zweifellos einer der leichtesten Gipfel der Seven Summits, und immer mehr Bergsteiger und Wanderer reisen deshalb nach Afrika, um ihn zu besteigen.

Der Kilimandscharo zieht Touristen aus der ganzen Welt an, die den Gipfel über die Normalroute erreichen wollen. Gleichzeitig finden seine steileren Flanken aber Beachtung bei einigen der weltbesten Bergsteiger.

Der Berg ist wie eine Insel. Er ist umgeben von den heissen und trockenen Ebenen der Massai-Steppe und ragt vom Fuss bis zum eisgekrönten Gipfel fast 5895 Meter in die Höhe. Dieser Vergleich mit einer Insel geht jedoch über den blossen Anschein hinaus, da hoch oben über der afrikanischen Ebene eine Welt existiert, die sich radikal von der des restlichen Kontinents unterscheidet. Die äusserst vielfältige Vegetation an diesem Berg überrascht dabei sehr: In den niedrigeren Lagen gibt es Regenwald, eine tropische alpine Zone und ein schönes, naturbelassenes Hochmoor. Darüber erstrecken sich Felsklippen und Gletscher, die aus einer Entfernung von Hunderten Kilometern zu sehen sind.

Der Kilimandscharo ist ein schlafender Vulkan, der 400 Kilometer südlich des Äquators direkt an der Grenze von Tansania zu Kenia liegt. Im Jahre 1886 schenkte ihn Königin Victoria von England ihrem deutschen Enkel Wilhelm zum Geburtstag. Dies erklärt den kleinen Knick im sonst schnurgeraden Grenzverlauf zwischen den beiden Ländern. Wegen dieser königlichen Laune erfolgte dann auch fast die gesamte frühe Erforschung des Kilimandscharo und des Gebietes, das damals Tanganyika hiess, durch deutsche Kolonialisten. Nach dem Ersten Weltkrieg war der Berg bis zur Unabhängigkeit von Tanganyika und der Gründung von Tansania im Jahre 1961 wieder in britischem Besitz.

Klima

Die weiten Hänge des Kilimandscharo sind einzigartig, da sie in vielen verschiedenen Klimazonen liegen. Bergsteiger wandern innerhalb von zwei Tagen durch tropischen Regenwald, Steppe, Wüste und schliesslich Tundra, bevor sie die Eisgrenze und den Gipfel erreichen. Die besten Zeiten für die Besteigung des Kilimandscharo liegen ausserhalb der beiden Regenzeiten, also zwischen Dezember und Anfang März sowie zwischen Juni und Oktober. Bergwanderer sollten jedoch immer auf Kälte und Stürme gefasst sein, da es in den oberen Bereichen des Berges sehr kalt ist, vor allem von Juni bis August, im ostafrikanischen «Winter». Es herrscht dann oft starker Wind, der die Temperaturen, die bis auf minus zehn Grad absinken können, noch kälter erscheinen lassen.

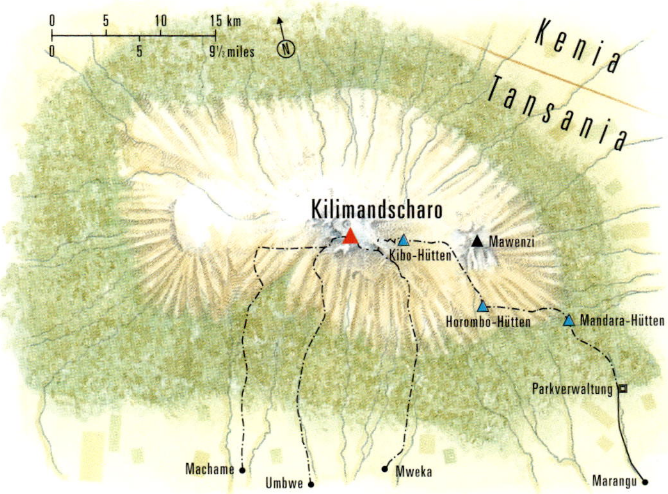

Flora und Fauna

Die zahlreichen Klimazonen am Berg bedeuten auch, dass es eine Vielzahl von Pflanzen gibt, von denen einige nur auf den ostafrikanischen Bergen wachsen. Das macht den Kilimandscharo zu einem besonders interessanten Ort für Botaniker. Eine der spektakulärsten Pflanzen ist das riesige Kreuzkraut, eine Senecien-Art, deren baumähnlicher Stamm lange Blattrosetten trägt, die bis zu sechs Meter in die Luft ragen.

«Für jene, die auf der Jagd nach den Seven Summits sind, stellt der Kilimandscharo den besten Anfang der Sammlung dar.»

Ferner liegt der Kilimandscharo im Hinterland einiger der berühmtesten Wildschutzgebiete der Welt, weshalb es nicht überrascht, dass sich auf seinen Flanken viele wilde Tiere aufhalten. Jede Zone des Berges hat seine Dauerbewohner; da die Tiere jedoch durch den raschen Höhenanstieg eng zusammengedrängt leben, kann es durchaus vorkommen, dass man einige auch ausserhalb ihres normalen Habitats antrifft. Die Entdeckung des gefrorenen Gerippes eines Leoparden in der Nähe des Gipfels ist ein bekanntes Beispiel für dieses Phänomen.

Die wilden Tiere am Berg bleiben meist im Verborgenen, weshalb viele Besucher vor oder nach der Besteigung die Gelegenheit zu einer Safari in der näheren Umgebung nutzen. Eine Elefantenherde mit dem Schnee des Kilimandscharo im Hintergrund ist ein unvergesslicher Anblick.

Der Berg und seine Routen

Der Kilimandscharo bietet abseits der allgemein beliebten Marangu- oder auch Touristenroute viele Möglichkeiten für eindrucksvolle Erlebnisse. Neben den schwierigen Routen

Treckingrouten

Es gibt sechs Anmarschwege durch die Steppe zum Fusse des Kibo: Marangu (siehe im Bild oben), Mweka, Umbwe, Machame, Shira und Rongai. Sie ermöglichen den Zugang zu den verschiedenen Routen. Nur die Marangu- oder Touristenroute führt bis auf den Uhuru Peak hinauf. Sie steigt dabei über eine Strecke von 34 Kilometern gleichmässig an. Die anderen Routen erreichen den Kibo Circuit Pass, den Ausgangspunkt zu allen anderen Wegen auf den Gipfel, einschliesslich jenem auf den Marangu. Um Erosion zu vermeiden, wurde auf manchen Routen ein «One-Way-System» eingeführt.

Abgesehen von der Marangu-Route gibt es noch einige andere leichte Routen auf den Kibo, insbesondere die Barafu-Route und die Western-Breach-Route (③), wobei diese schwierig werden kann, wenn sie mit Schnee bedeckt ist.

Routen

Die beiden technisch schwierigen, von Seven-Summits-Sammlern begangenen Routen sind:

① **Der Heim-Gletscher**
Diese einst gut begehbare Route ist inzwischen bis zum oberen Teil des Gletschers eine anstrengende Tour in steilem kombiniertem Gelände. Die Schwierigkeiten im senkrechten Eis und brüchigen Fels konzentrieren sich auf den ersten 600 m.

② **Die Direkte Breach-Wall-Route**
Bei dieser Route steigt man direkt auf den riesigen Eisblock, der im Breach Wall den Balletto-Gletscher mit dem Diamond-Gletscher verbindet. Seit der Erstbegehung durch Reinhold Messner und Konrad Renzler wurde sie nur noch einmal wiederholt; sie ist vermutlich die schwierigste und gefährlichste Route von ganz Afrika.

③ **Die Westliche Breach-Route**

über die Gletscher und den Breach Wall führen zahlreiche Wege durch die Steppe und ohne technische Schwierigkeiten hinauf auf den konischen Gipfel. Wer dabei die Gesellschaft von vielen Menschen sucht, der wird von der Touristenroute nicht enttäuscht!

Der Berg besitzt drei Gipfel: Kibo, Mawenzi und Shira. Der Kibo ist mit seiner leicht erkennbaren vulkanischen Form und seinem Gipfelkrater von 2,5 Kilometern Durchmesser der höchste. Auf diesen Gipfel, der die Form des Berges prägt, haben es die meisten Kilimandscharo-Besteiger abgesehen. Östlich vom Kibo steht der zweite Gipfel, der zerklüftete Turm des Mawenzi, an dem es zahlreiche Kletterrouten gibt. Der Shira liegt im Westen des Kibo und ist so stark erodiert, dass er kaum mehr darstellt als eine Hochebene in der hügeligen Steppe.

Der Kraterrand des Kibo ist intakt, abgesehen von der mächtigen Kluft der Western Breach und einigen kleineren Scharten auf der Ostseite. Diese Scharten ermöglichen den leichtesten Zugang zum Krater und zum Kraterrand. Der höchste Punkt des Kraterrandes und des gesamten Berges ist der Uhuru Peak, der Gipfel des Kibo, dessen Klippen rund 180 Meter steil vom Grund der Caldera aufragen. Der Uhuru Peak ist zugleich der höchste Punkt der grossen Südlichen Gletscher, die über die Südseite des Kibo fliessen und einige der schwierigsten Routen des Berges ermöglichen. Zwischen den Gletschern und der Western Breach befindet sich der Breach Wall, eine 600 Meter hohe Wand aus brüchigem, überhängendem Fels.

Auf der anderen Seite des Berges liegt das Northern Icefield, eine einzige Eisfläche, die den Kraterrand drapiert und deren schimmerndes Weiss noch von hoch oben im Amboseli-Nationalpark des benachbarten Kenia zu sehen ist. Andere Gletscher ruhen träge am flachen Grund des Kraters

Südseite

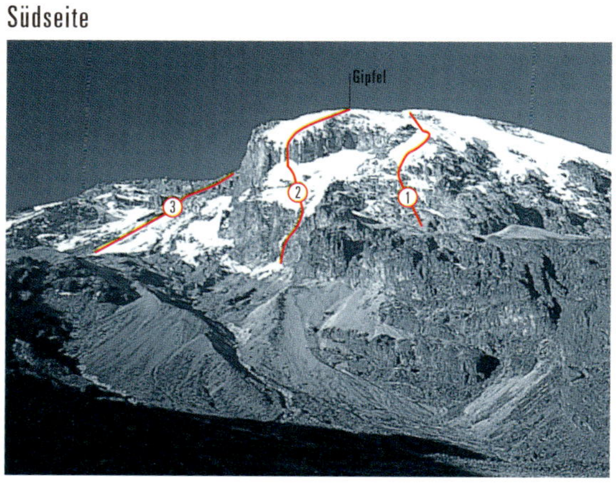

und warten auf die nächste Eiszeit wie gestrandete Wale, die auf die nächste Flut hoffen, um ihr Überleben zu sichern. Alle Gletscher am Kilimandscharo ziehen sich zurück, und einige davon sind schon völlig verschwunden.

Besteigungsgeschichte

Die ersten Aufzeichnungen über Besteigungsversuche am Kilimandscharo stammen von westlichen Missionaren, die im 19. Jahrhundert auf ihren Reisen in die Nähe des Berges kamen. Obwohl es keine Anzeichen dafür gibt, dass sich einheimische Afrikaner auf die Hänge des Berges gewagt oder gar den Gipfel erreicht hätten, bevor der Kilimandscharo erstmals von Weissen erblickt wurde, besteht doch die Möglichkeit, dass er bereits von den frühen Bewohnern der Region bestiegen worden ist. Zweifellos hätten sie den grossen Vulkan mit seiner weissen Kappe dann mit ihrem Aberglauben und ihrer Folklore verflochten, und wahrscheinlich wären dadurch die abschreckenden physischen Barrieren seines dichten Dschungels und der grossen Höhe noch durch mythisch begründete Furcht verstärkt worden.

1887 war der Missionar Charles New der Erste, der den Schnee des Kilimandscharo betrat, als er zum Sattel zwischen Kibo und Mawenzi hinaufstieg. Die Erstbesteigung des Uhuru Peaks (damals Kaiser-Wilhelm-Spitze) erfolgte im Jahre 1889 durch den Leipziger Geografen Hans Meyer und seinen österreichischen Bergführer Ludwig Purtscheller zusammen mit dem 16-jährigen tansanischen Führer Y. Louwa. 1898 eröffnete Johannes Korner die beliebte Marangu- oder Touristenroute.

Die 1932 erbaute Kibo-Hütte war der Vorbote des Bergtourismus zum höchsten Gipfel Afrikas. Sie wurde zum Sprungbrett für Tausende von Besteigungen. In dieser Gegend gibt es heute einen ganzen Komplex von Hütten, auch weiter unten an der Route, in Mandara und Horombo.

Die erste überlieferte Besteigung der Western Breach erfolgte 1953 durch eine Gruppe der Universität von Sheffield, Grossbritannien. 1957 gelang den Briten A. Nelson, H. J. Cooke und D. N. Goodall die Erstbegehung der klassischen Route über den Heim-Gletscher. Die meisten der anderen Hauptrouten wurden in den 70er-Jahren hauptsächlich von Bergsteigern eröffnet, die vom kenianischen Mountain Club eingeladen worden waren. Im Jahre 1978 gelang Reinhold Messner und Konrad Renzler die eindrucksvolle Direkte Breach-Wall-Route.

Die Besteigung des Kilimandscharo heute

Obwohl der Kilimandscharo weiterhin ein interessantes Betätigungsfeld für Bergsteiger darstellt, werden inzwischen nahezu keine neuen Routen mehr erschlossen. Die grossen

Der für seine herrlichen Tierschutzgebiete bekannte Kilimandscharo liegt in der Nähe mehrerer Nationalparks, unter anderem auch des jenseits der Grenze in Kenia liegenden Amboseli-Nationalparks.

Messners erstaunliche Leistung

Die Direkte Breach-Wall-Route am Kilimandscharo ist aussergewöhnlich: Ihre Schlüsselstelle ist eine 90 Meter hohe, senkrechte Eissäule, die das Balletto-Eisfeld mit den Gipfelhängen verbindet. Es gab mehrere Besteigungsversuche, darunter einen von Doug Scott, aber es war schliesslich Reinhold Messner (unten), dem die waghalsige Erstbegehung gelang. Im Januar 1978 überraschte Messner die Welt der Bergsteiger, als er zusammen mit dem Österreicher Konrad Renzler die 1500 Höhenmeter lange Route in nur 12 Stunden bewältigte. Messner hielt sie für eine seiner gefährlichsten Routen überhaupt – eine viel sagende Erklärung des weltweit bekannten Bergsteigers!

Gletscher des Kilimandscharo ziehen sich stärker als an jedem anderen Berg der Seven Summits zurück, wodurch die Routen steiler und steinschlaggefährdeter werden. Hinzu kommt, dass brüchiger Fels beim Klettern alles andere als attraktiv ist. Vor diesem Hintergrund ist die früher häufig begangene Route über den Heim-Gletscher inzwischen für Bergsteiger ein ernstes Unternehmen. Andere, noch schwierigere Gletscherrouten, wie beispielsweise die Kersten-Route, sind überhaupt nicht mehr begehbar. Da sich das Eis immer weiter zurückzieht, können die grossen Eistouren am Kilimandscharo eines Tages ganz verschwinden. Inzwischen werden die Wanderrouten immer beliebter und belasten infolgedessen die Umwelt.

Naturschutz

Mit mehr als 50 000 Besuchern pro Jahr steht der Kilimandscharo kurz davor, zu Tode geliebt zu werden. Der Berg weist alle Zeichen von Übernutzung auf, wie erodierte Wege sowie Abfall- und Müllansammlungen – vor allem rund um die Lagerplätze der seltener begangenen Routen, da sie nicht gewartet werden. Ein Problem ist auch die Abholzung durch das Fällen von Bäumen zur Gewinnung von Brennholz für das Lagerfeuer. Mangelnde Hygiene stellt bisher noch kein grösseres Problem dar, allerdings haben die Toiletten der Kibo-Hütte schon die stärksten Mägen umgedreht.

Obwohl der Kilimandscharo ein Nationalpark ist, wird nur wenig gegen diese Probleme getan. Die Wiederherstellung und der Unterhalt von Wegen, das Verbot der Benutzung von Brennholz und die Förderung des Gebrauchs von Gas- und Kerosinkochern sowie die Erziehung der Besucher dahin, dass sie ihren gesamten Müll wieder mit zurücknehmen: Das sind Lösungen, die eine Kooperation von Parkbehörden, örtlichen und ausländischen Veranstaltern und Agenturen sowie jedem einzelnen Besucher erfordern.

Vinson
Normalroute
7.12.92

chris brown

Die Odyssee eines Bauern

Im Jahre 1995 nahm sich Chris Brown eine Woche Urlaub von seinen Kartoffelfeldern in Nordengland, um den höchsten Berg Afrikas zu besteigen. Obwohl es eine leichte Tour war und die Touristenroute eine Anzahl von Annehmlichkeiten bietet, fand er, dass sie doch noch einige Herausforderungen bietet: Höhe, Kälte und sehr rutschige Verhältnisse.

Ich war 49 Jahre alt, und der Kilimandscharo sollte der zweite Gipfel meiner Seven Summits werden. Mike Potter, ebenfalls Bauer aus dem nördlichen Yorkshire, und ich schlossen uns einer kommerziellen Expedition an. Da wir als Bauern sehr beschäftigt sind, hatten wir vor, den Kilimandscharo zu besteigen und innerhalb von einer Woche wieder zurück bei der Arbeit zu sein. Wir beschlossen, nur wenig Bergausrüstung mitzunehmen, da es sich bei der Tour ja nur um einen anstrengenden Marsch handelt. Die Höhe würde dabei die besondere Herausforderung darstellen.

Als wir im Januar auf dem Kilimandscharo-Flugplatz eintrafen, waren wir erstaunt über den Temperaturunterschied zu unserer Heimat Grossbritannien. Bei 35 Grad Celsius war es unglaublich heiss und feucht. Nach der Fahrt zum Mountain Inn trafen wir dort unsere acht Expeditionsgefährten, die zuvor gemeinsam an einer Safari in der Serengeti teilgenommen hatten.

Ein Lastwagen mit offener Ladefläche brachte uns zum Eingang des Kilimandscharo-Nationalparks, wo wir uns registrierten und von unseren acht obligatorischen Trägern und zwei Führern begrüsst wurden. Dann brachen wir auf und wanderten durch den sattgrünen, üppigen Regenwald zur 2743 Meter hoch gelegenen Mandara-Hütte. Für die Bergsteiger, die über die Touristenroute aufsteigen, ist alles vorhanden, einschliesslich elektrischen Stroms, der von Sonnenkollektoren geliefert wird. Diese komfortablen Einrichtungen stellen eine Ermutigung für Bergsteiger dar und helfen ihnen, jene Beschwerden zu vergessen, die öfter durch die Höhe des Kilimandscharo verursacht werden.

Nach dem Frühstück wanderten wir durch einen Wald, wobei sich zwischen den Bäumen gelegentlich spektakuläre Ausblicke auf die afrikanische Steppe eröffneten. Je höher wir kamen, desto spärlicher war die Vegetation. Nach fünf Stunden erreichten wir die auf 3760 Metern Höhe gelegene Horombo-Hütte.

Der nächste Tag war zur Akklimatisation bestimmt, und trotz der feuchten Verhältnisse stiegen wir bis zum rund 4115 Meter hoch gelegenen Sattel unter dem Gipfel auf. Mike bekam Kopfschmerzen und war dehydriert, beides Anzeichen dafür, dass er höhenkrank war. Als wir am nächsten Tag wieder aufbrachen, nahm er Medikamente dagegen. Ich hatte einmal dasselbe getan, würde es aber nicht wieder machen, da ich prinzipiell der Meinung bin, dass es am besten ist, zunächst einmal abzuwarten, bis sich der Körper auf natürliche Weise angepasst hat. Die Medikamente verschafften Mike jedoch Erleichterung. Nach einem langen Aufstieg erreichten wir um 15 Uhr die Kibo-Hütte auf 4730 Metern Höhe. Ich war sehr müde, und Mike litt wieder unter der Höhenkrankheit. Wir sitzen daheim öfter zusammen und trinken Alkohol; die Auswirkungen der Höhenkrankheit schienen mir denen von übermässigem Alkoholgenuss sehr zu ähneln: Mike fiel dauernd hin und brachte nicht mehr als zwei Worte hintereinander heraus. Eine höhere Dosis der Medikamente schien ihm zu helfen.

Mike war angesichts seines Zustands nicht sicher, ob er überhaupt fähig sei, zum Gipfel aufzubrechen, aber als er um 22 Uhr aufwachte, beschloss er, es wenigstens zu versuchen. Unser achtköpfiges Team brach um 1 Uhr morgens in stockdunkler Nacht auf. Bevor wir losgingen, hielten die Führer einen kurzen Vortrag und sagten uns, dass wir bis zu einem bestimmten Zeitpunkt einen bestimmten Ort erreichen müssten, da sie sonst gezwungen wären, mit uns umzukehren. Als wir losmarschierten, sagten sie immer: «Poli, poli» – «langsam, langsam». Wir gingen jedoch so langsam, dass wir, wie mir plötzlich klar wurde, Gefahr liefen, umkehren zu müssen, ohne den Gipfel erreicht zu haben. So eilte ich ohne Führer voraus, folgte einer irischen Gruppe, die in einiger Entfernung vor mir aufstieg, und fand den Weg mit Hilfe meiner Stirnlampe. Ich stieg über trockenen und gefrorenen Bimsstein recht steil bergauf und konnte wegen der Dunkelheit gar nicht erkennen, wie steil es tatsächlich war. Ich hielt oft an, um Wasser zu trinken, aber es war so kalt, dass das Wasser in der Flasche schliesslich gefror. Einige Bergsteiger sind nicht auf

die grosse Kälte vorbereitet. Wenn man eine solche Hitze erlebt wie wir an unserem Ankunftstag, dann kann man sich leicht vorstellen, dass manche den falschen Eindruck gewinnen, dass es während der gesamten Besteigung so heiss sein würde.

Die Sonne ging etwa um 4 Uhr morgens auf und ermöglichte einen grandiosen Blick auf Afrika. Der fruchtbare vulkanische Boden schimmerte in einem ungewöhnlichen Orange. Ich erreichte fast fünf Stunden später Gillman's Point am Kraterrand in 5670 Metern Höhe und genoss den spektakulären Blick auf die nach Süden strömenden Gletscher. Ich wusste, dass Mike hinter mir war und vermutlich litt, aber da ich nur noch ungefähr 90 Minuten vom Gipfel entfernt und meinem Ziel so nahe war, beschloss ich, allein zum Uhuru Peak weiterzugehen.

Schnee und Eis machten den Abstieg in den Krater zu einem schwierigen und rutschigen Unternehmen, und ich wünschte, ich hätte meine Steigeisen und meinen Pickel mitgenommen. So gut wie möglich bewältigte ich bei dieser Kälte rund fünf Kilometer auf dem Kraterrand und war erstaunt über das riesige Kraterloch auf der einen und die Gletscher auf der gegenüber liegenden Seite. In gleichmässigem Tempo stieg ich weiter bergauf und erreichte schliesslich den Gipfel des Kilimandscharo. Erschöpft, aber begeistert sonnte ich mich im Glück dieses Augenblickes, genoss das Panorama vom höchsten Gipfel Afrikas und freute mich, meinen zweiten Gipfel der Seven Summits bewältigt zu haben.

Zwanzig Minuten später trafen drei Mitglieder unserer Gruppe mit einem der beiden Führer auf dem Gipfel ein und sagten mir, dass sie Mike am Gillman's Point zurückgelassen hätten. Müde und mit einigen Schwierigkeiten bewältigten wir den Abstieg über den rutschigen Hang.

Beim Gillman's Point stiessen wir auf Mike, der grossen Durst hatte, weil das Wasser in seiner Trinkflasche gefroren war. Unverzagt und fest entschlossen, den Gipfel zu besteigen, brach er dann mit zwei anderen Teilnehmern und einem Führer auf. Ich stieg in der Zwischenzeit ab und war um 11 Uhr morgens zurück in der Kibo-Hütte. Nach einiger Zeit traf Mike ein, müde, aber in Hochstimmung darüber, den höchsten Gipfel Afrikas bestiegen zu haben. Genau eine Woche nach unserer Abreise kamen wir daheim an und hatten damit bewiesen, dass es für fleissige Bauern durchaus möglich ist, den Kilimandscharo innerhalb von einer Woche zu besteigen.

Oben: Diese Luftaufnahme von Chris Brown zeigt den Gipfelkrater des Kibo. Die Western Breach ist hinten in der Bildmitte zu sehen, links davon befindet sich der Uhuru Peak direkt auf dem Kraterrand.

Links: Chris Brown freut sich über seinen zweiten Gipfel der Seven Summits. Hinter ihm die abschmelzenden Gletscher des Gipfelkraters.

McKinley, Ginette West Buttress 16.6.83	1990 Aconcagua, Ginette Normalroute 27.1.90	Kilimandscharo, Gary Marangu-Route 20.11.90	Kosciuszko, Ginette Normalroute 11.91	1992 Aconcagua, Gary Polnischer Gletscher 3.1.92	McKinley, Gary West Buttress 28.5.92

gary pfisterer & ginette harrison

Überraschung am Heim-Gletscher

Der Amerikaner Gary Pfisterer und die Britin Ginette Harrison kannten sich nicht, bevor sie sich 1993 in Katmandu für eine Expedition zum Mount Everest trafen. Als sie die letzten Schritte zum Gipfel des Everest Hand in Hand gingen, wussten sie, dass es nicht ihr einziger gemeinsamer Gipfel bleiben würde. Die Seven-Summits-Sammlung wurde zum gemeinsamen Ziel. 1994 gingen sie zum Kilimandscharo und wählten eine Route, die sie herausfordern sollte – den Heim-Gletscher. Sie fanden, dass die Routenbeschreibung ziemlich veraltet war.

Gary

Wir trafen uns alle vier in Nairobi. Ginette war das verbindende Element zwischen uns und brachte ein Team zusammen, das sich bis dahin nicht kannte. Ginette war Ärztin und eine aktive, Abenteuer liebende Reisende, die wegen ihrer beruflichen Karriere 1991 nach Australien gegangen war. Dort lernte sie durch ihre Arbeit Richard Bamfield, einen Kletterer aus Yorkshire, und Terry Stubberfield, einen australischen Kinderarzt, kennen. Ginette war das erfahrenste Mitglied des Teams.

Ginette und ich hatten gerade den Elbrus zusammen bestiegen und waren nun aufgebrochen nach Afrika, um einen weiteren Gipfel der Seven Summits, den Kilimandscharo, zu besteigen. Wir hatten uns im Herbst 1993 am Everest kennen gelernt, und nachdem wir den Gipfel Hand in Hand erreicht hatten, beschlossen wir, sowohl unsere Romanze als auch das Sammeln der Seven Summits fortzusetzen. Wir hatten beide zuvor bereits den Kinley und den Aconcagua bestiegen, und ich hatte 1991 den Gipfel des Kilimandscharo über die Marangu-Route er-

reicht. Wir beschlossen daher, zu dieser besonderen Gelegenheit eine schwierigere Route zu versuchen. Nach genauem Studium der Touren im Führer von Ian Allan aus dem Jahre 1981 einigten wir uns auf die Heim-Route, von der wir meinten, dass sie ein schwieriges, aber dennoch zu bewältigendes Ziel für uns sei.

Die Fahrt nach Tansania ermöglichte uns ein sanftes Eintauchen in die ostafrikanische Atmosphäre. Unterwegs waren wir tief beeindruckt von den verstaubten Braun- und den vertrockneten Grüntönen und völlig gefesselt von den Giraffen, Zebras und Gazellen, die entlang der Strasse zu sehen waren. Da das Gaspedal stets bis zum Anschlag durchgedrückt war, bot die Fahrt einiges an Aufregung. Vom Bremsen hatten die Fahrer hier offenbar noch nie etwas gehört: Sie hielten die hohe Geschwindigkeit unter allen Umständen bei. Jedes Fahrzeug, das auch nur um Bruchteile langsamer fuhr, wurde überholt, so als ob unsere Fahrer von Geburt an das Recht auf Vorfahrt gehabt hätten.

Unsere heile Ankunft am späten Nachmittag verdankten wir eher unserem Glück als diesen Fahrkünsten. Wir wurden zu den Marangu-Häuschen gebracht, wo wir unseren Koch Abel trafen, mit dem wir unsere Pläne besprachen: Wir würden über die Machame-Route zum Shira-Plateau aufsteigen, dann nach Osten zur Baranco-Hütte queren. Von dort wollten Ginette, Richard und ich zum Heim-Gletscher gelangen. Terry und Abel würden in der Zwischenzeit über die Barafu-Route aufsteigen und auf dem Kraterboden biwakieren, wo wir mit ihnen dann die Nacht verbringen wollten. In der Zwischenzeit sollten die Träger zur Mweka-Hütte absteigen, wo wir sie dann auf unserem Abstieg wieder treffen würden.

Als wir am nächsten Tag aufbrachen, war bald jede Spur von Zivilisation verschwunden; wir wanderten durch einen Dschungel mit Hängegärten von Begonien und stolzen Kilimandscharo-Lobelien. Am späten Nachmittag kamen wir bei der baufälligen Machame-Hütte (3000 m) an. Die Träger trafen kurz nach uns ein. Wir stellten die Zelte auf und schliefen nach einer herzhaften Mahlzeit sofort ein.

Über Nacht hatte es aufgeklart. Wir gingen im T-Shirt bei blauem Himmel, während über der Talebene unter uns die Wolken zogen, wanderten durch dichten, mit spanischem Moos geschmückten Wald und erreichten schliesslich das wüstenähnliche Gelände, das zum Shira-Plateau hinaufführt. Jeder Schritt wirbelte nun eine kleine Wolke von Staub auf, der den Rachen austrocknete und die Nasenlöcher verstopfte. Wir stiegen hinauf ins unheimliche Reich des hier riesigen Kreuzkrautes und der Lobelien, einer in dieser Höhe weltweit einzigartigen Flora.

Auf dem Plateau wurden wir mit dem ersten Blick auf den Heim-Gletscher belohnt, der nur eine entfernte Ähnlichkeit mit dem Gletscher auf dem Foto aufwies, das wir im Führer gesehen hatten. Die Gletscher des Kilimandscharo ziehen sich zurück. Obwohl sich das wie ein langsamer Prozess anhört, waren die Veränderungen, die wir seit Erscheinen des Führers vor 15 Jahren feststellten, dramatisch: Fast 300 Meter des unteren Gletschers waren verschwunden. Wir setzten den Aufstieg fort in Richtung Breach Wall und erreichten bald die Shira-Höhlen (3840 m), wo wir die Nacht verbrachten.

Unser Weg am nächsten Tag bestand aus einer langen, leicht auf- und absteigenden Querung um den Südostsporn des Berges mit wenig Höhengewinn. Je weiter wir kamen, desto besser sahen wir den Heim-Gletscher und die Gletscher dahinter, was viele Stopps zur Folge hatte, um die Route, die wir nehmen wollten, festzulegen und die Schwierigkeiten zu studieren, die wir dabei bewältigen mussten. Durch den Rückzug des Gletschers wirkte das felsige Gelände am Ende der Gletscherzunge und auf den unteren Hängen völlig brüchig und stellte für uns eine äusserst gefährliche Herausforderung dar. Als wir die Baranco-Hütte am frühen Nachmittag erreichten, genossen wir die letzte von Abels grossartigen Mahlzeiten und erwarteten gespannt den Anbruch des nächsten Tages, an dem der ernsthafte Teil unserer Tour beginnen sollte.

Oben: In den 70er-Jahren reichte der Heim-Gletscher noch bis zum Fuss des Berges; seither ist er um die Hälfte seiner Masse geschrumpft.

Links: Der Heim-Gletscher kontrastiert mit der Vegetation des ostafrikanischen Hochlandes.

Ginette

Wir verabschiedeten uns von Terry und brachen im ersten Tageslicht zum Beginn des Heim-Gletschers auf. Zwei Stunden später zogen wir unsere Schalenbergschuhe und die Kletterausrüstung an und sagten Lebewohl zu Abel und den Trägern. Wir reduzierten Ausrüstung und Gepäck auf das Allernotwendigste und führten nur eine spartanische Essensration für zwei Tage, einen Kocher, einen Liter Brennstoff, ein Neunmillimeterseil, acht Eisschrauben und Zwischensicherungen, einige Schneeanker, Biwakausrüstung und die notwendigen persönlichen Dinge mit. Auf ein Zelt verzichteten wir. Die Lasten, die wir tragen mussten, beschränkten sich auf angenehme 15 bis 18 Kilogramm. Nachdem wir den Aufstieg über den Gletscher zunächst seilfrei begonnen hatten, wurde es rasch steiler, und wir mussten uns anseilen. Wir kletterten drei Seillängen über geröllbedecktes Eis, das abwechselnd feucht oder hart gefroren war, je nachdem, ob es in der Sonne oder im Schatten lag. Wir kamen dann zu einer Stelle, an der wir eigentlich nach links queren sollten. Dies wurde uns jedoch verwehrt durch einen Wasserfall, der schlechten Halt und Nässe bis auf die Haut versprach. Die Markierungen und die Hinweise im Führer waren nicht eindeutig, und so beschlossen wir, das unerwartete Hindernis zu umgehen.

Wir suchten rechts davon eine Möglichkeit und entdeckten eine kurze, steile Seillänge in bröckeligem Fels, die den Zugang zum Eis darüber ermöglichte. Richard erhielt per Mehrheitsbeschluss den Vorstieg, und er bewältigte diese Herausforderung auf bewundernswerte Art und nur mit einigen Schlingen zur Sicherung. Als Garry sich nach ihm hinaufkämpfte, rutschte ihm der nicht eingehängte Eishammer aus der Materialschlinge seines Gurtes. Mit der tollsten Verrenkung des Jahrhunderts gelang es ihm, das Eisgerät von einer schmalen Leiste unterhalb der Seillänge heraufzuholen.

Es war inzwischen fast schon Nachmittag, und wir hatten das Problem, den Einstieg der Route zu finden, noch immer nicht gelöst. Gary stieg voraus, querte nach links um einen steilen Eisbug herum und machte Stand. Danach ging er nach rechts weiter, indem er die Schwachstellen in diesem 50 bis 60 Grad steilen Gelände nutzte, und versuchte, rasch an Höhe zu gewinnen. Die innere Uhr schlug lauter, je schneller der Tag verrann. Über einige Seillängen stiegen wir gleichzeitig auf, um Zeit zu sparen, da Gary mit den acht Schrauben nicht weit vorausgehen konnte und wir das Sicherungsmaterial schnell wieder einsammeln mussten.

An einem der Stopps erblickten wir die Krönung aller Schwierigkeiten dieses Tages: eine etwa 70 Grad steile Seillänge mit einem schwierigen Wulst als letztem Hindernis. Das war ein guter Abschluss für einen Tag, der sich zu einem ziemlich langen entwickelt hatte, und wir erreichten gerade bei Beginn des Sonnenuntergangs die Spitze dessen, was als Window Buttress (ca. 3800 m) bezeichnet wird. Richard fand den Biwakplatz, eine schmale, ebene Stelle, die von einer niederen Steinmauer umgeben und gerade gross genug für uns drei war. Wir richteten uns ein und brachten den Kocher in Gang, als es völlig dunkel wurde. Wir waren zu müde zum Kochen, tranken nur einige Tassen Tee und legten uns schlafen, während Blitze über die fernen Ebenen zuckten und über uns die Sterne leuchteten.

Gary

Ginette war ruhelos und zündete den Kocher bereits an, als es noch dunkel war. Als die Morgendämmerung begann, streiften die ersten Sonnenstrahlen den Gipfel des nahen Mount Meru, und der Schatten des kegelförmigen Kilimandscharo zeichnete sich in westlicher Richtung auf der unter uns liegenden Wolkenschicht ab. Während wir zusammenpackten, nahmen wir ein wenig Haferschleim und ein heisses Getränk zu uns. Ich führte mit Zwischensicherungen über ein wenig steiles Schneefeld. Es handelte sich dabei zwar um leichtes Gelände, doch die Oberfläche war hart, und die ungesicherten Passagen wären zu lang gewesen. Wir stiegen direkt zum Breach Wall auf und dabei in eine Schlucht hinein, die, wie sich zeigte, hinten endete. Eine kleine Scharte führte uns zu einem weiteren Schneefeld, von wo aus wir sehen konnten, dass es einen leichten Zugang zum Gletscher gab, der 100 Meter unter uns lag. Ich bevorzugte dagegen, von hier in unbekanntes Terrain nach links oben weiterzusteigen. Meine Entscheidung zur Routenfindung wurde an diesem Punkt heftig kritisiert, aber für einen optimistischen Bergsteiger ist es nun einmal ein Gräuel, über mühsam eroberten Boden wieder absteigen zu müssen. Dies führte letztlich zur widerwilligen Zustimmung, den Weg ins Ungewisse nach oben fortzusetzen, mit der unausgesprochenen Drohung einer ernsthaften Vergeltung im Falle des Scheiterns.

Wir kamen auf einer Moräne rasch voran und bewältigten problemlos kleinere Schwierigkeiten, als wir schliesslich unter einer zehn Meter hohen Eiswand standen, die mit Schotter übersät war. Dieses Hindernis war unsere letzte Herausforderung vor Erreichen des Gletschers. Gesichert kletterte ich los. Es war schwierig, Zwischensicherungen anzubringen, da die Schrauben nicht in das mit Steinsplittern durchsetzte Eis eindrangen. Ich zog auf halber Höhe eine schlecht platzierte Zwischensicherung wieder heraus und kletterte weiter. Als ich mich dem Ende des senkrechten Bereiches näherte und der Erfolg sicher schien, beschloss ich weiterzugehen, anstatt zu versuchen, nochmals eine zweifelhafte Zwischensicherung anzubringen.

Als ich gerade am Übergang vom vertikalen zum horizontalen Bereich war, löste ich mein rechtes Eisgerät und streckte mich, um so weit hinauf und über die Kante zu reichen, dass ich mein Eisbeil oben einschlagen könnte. Seine Spitze schlug jedoch in etwas, das sich anfühlte wie ein an dieser Stelle völlig wertloses Federkissen, und das ganze Manöver endete erfolglos und mit starkem Herzklopfen. Die senkrechte Wand war oben mit einer dicken Schicht von horizontal gelagertem, ascheähnlichem Kies bedeckt. Meine Nerven flatterten, und meine Innereien wurden zu Wackelpeter, als Adrenalin durch meinen Körper schoss. Ich wusste, dass ich im Falle eines Sturzes unten auf dem Boden aufschlagen würde.

Während ich hyperventilierte und mein Herz hämmerte, gelang es mir, das Gleichgewicht zu halten und mich langsam dorthin zurückzuschieben, wo ich beide Eisgeräte im Eis verankern konnte. Ich versuchte, die Fassung zu bewahren und nicht in Panik zu geraten, während ich eine Schraube mit dem Hammer ins Eis drosch. Dank dieser eher psychologischen Sicherung konnte ich tief durchatmen; danach schnellte ich mich regelrecht hoch. Durch diesen Schwung gelangte ich auch mit den Beinen höher, während ich mit beiden Eisgeräten wild im Kies wühlteAls die Steigeisen auf den Kies trafen, hatten sich die Eisgeräte schon in einer festeren Substanz verbissen. Ich hatte es geschafft. Die Anspannung und die Angst verabschiedeten sich mit einem Kribbeln in den Füssen und ein ausgelassenes Wohlbehagen stellte sich ein. Ich baute einen bombensicheren Standplatz und sicherte die anderen beim Hochklettern mit dem gespannten Seil. Danach folgten wir einer grossen Schmelzwasserrinne zum Gletscher.

Gerade als wir auf den eigentlichen Gletscher gelangten, begann sich das Wetter zu verschlechtern. Die Sichtweite beschränkte sich oft auf die Länge des Seiles, und obwohl der Gletscher nur 30 bis 35 Grad steil war, wäre es wegen der harten Oberfläche ohne Seilsicherung schwierig gewesen, einen Sturz mit den Eisgeräten per Rettungsgriff selbst abzufangen. Als das Wetter wieder aufklarte, erreichten wir den Beginn des Heim-Gletschers. Endlich konnten wir jetzt alle Hindernisse in der Umgebung erkennen. Das nächste Problem, das sich uns stellte, war die Frage, wie wir vom Gletscher, der abrupt in einer zehn Meter hohen Eiswand endete, wieder herunterkommen sollten. Wir opferten dafür eine Eisschraube und seilten uns über die Eiswand auf den Fels darunter ab.

Es war nun fast 18 Uhr, und der Berg nahm im Licht der untergehenden Sonne langsam einen orangen Farbton an. Nirgends gab es einen Biwakplatz. Wir gingen weiter und gelangten genau dorthin, wohin wir wollten: auf die unteren Hänge des Southern Icefield. In direkter Linie stiegen wir den 20 bis 25 Grad steilen Hang hinauf, dann wurde es dunkel. Im Schein unserer Stirnlampen fanden wir eine fast ebene Stelle und beschlossen, genau dort zu biwakieren. Wir waren zu erschöpft, um ans Essen zu denken, und krochen in unsere Schlafsäcke. Als ich kurz vor dem Einschlafen war, schoss eine leuchtende Sternschnuppe über den Himmel.

Wir erwachten in der kalten, klaren Morgendämmerung, gerade rechtzeitig, um eine ganze Reihe unter Sauerstoffmangel leidender Zombies zu sehen, die apathisch in Richtung Gipfel stapften. Wir waren dem Gipfel überraschend nah, nur etwa 100 Meter horizontal entfernt und 25 Höhenmeter darunter. Als uns die Sonne zu wärmen begann, wanderten wir hinauf auf den Uhuru Peak, den höchsten Punkt Afrikas. Wetter und Aussicht waren perfekt.

Oben: Während sich bereits die am Äquator kurze Dämmerung ankündigt, seilt sich Ginette Harrison über eine zehn Meter hohe Eiswand ab, um vom Heim-Gletscher herabzukommen.

Links: Gary Pfisterer im Abendlicht in der Nähe des Biwakplatzes am Window Buttress.

Tief unter uns auf dem Grund des Kraters entdeckten wir das Zelt von Terry und Abel; wir eilten zu ihnen und stiegen dann gemeinsam zur Barafu-Hütte ab, wo wir ein herrliches Frühstück genossen, und gingen weiter zur Mweka-Hütte (3000 m). Dort streckten wir uns zufrieden in der warmen Sonne aus.

PS: Dr. Ginette Harrison kam am 24. Oktober 1999 am Dhaulagiri in Nepal in einer Lawine ums Leben. Nachdem sie die Sammlung der Seven Summits vervollständigt hatte, wurde sie zur herausragendsten Bergsteigerin Grossbritanniens und bestieg fünf Achttausender, einschliesslich des Kangchendzönga, an dem ihr die erste Frauenbesteigung gelang.

Elbrus

Die Rehabilitation des Elbrus als höchster Berg Europas erfolgte rasch und wurde dabei nicht unwesentlich unterstützt durch den relativ einfachen Anstieg und den Status, ein Gipfel der Seven Summits zu sein. Aber vor der Öffnung der Sowjetunion durch Gorbatschow im Jahre 1985 war am Elbrus alles ganz anders.

Die im Westen lebenden Bergsteiger hatten nicht vergessen, dass der Elbrus 835 Meter höher ist als der Montblanc. Sie hatten nur vergessen, dass Europa sich bis in die damalige UdSSR erstreckte. Perestroika und Glasnost ermöglichten nach 1985 freien Zugang zum Kaukasus, der schnell wieder als einer der beiden Hauptgebirgszüge Europas anerkannt wurde. Damit waren 70 Jahre der Zurückgezogenheit und weitgehender Isolation beendet.

Eingezwängt zwischen dem Schwarzen und dem Kaspischen Meer erstreckt sich die Kette des Kaukasus über eine Länge von rund 1500 Kilometern und eine Breite von rund 130 Kilometern. 14 seiner Gipfel sind höher als der 4807 Meter hohe Montblanc, und mehr als 100 Gipfel sind Viertausender. Die Höhe des Kaukasus sorgt für eine beträchtliche Schneedecke, und da es auch viele Gletscher gibt, sind Spalten am Elbrus ein Problem, obwohl sie im Allgemeinen kleiner sind als die der Alpen.

Das Elbrus-Massiv hebt sich mit seinen beiden eisüberzogenen Gipfeln vulkanischen Ursprungs deutlich ab von den anderen zerklüfteten Gipfeln aus Schnee und Eis. Etwa 70 grosse und kleine Gletscher bedecken das Massiv auf 145 Quadratkilometern mit einer Eisschicht, die an manchen Stellen mehrere Hundert Meter dick ist. Deshalb wird der Berg oft als «kleine Antarktis» bezeichnet.

Geografisch betrachtet, markiert der Kaukasus die Grenze zwischen Europa im Norden und – mit der Türkei und dem Iran – Asien im Süden.

Die faszinierende ethnische und kulturelle Vielfalt der Kaukasusregion spiegelt die Vermischung von Ost und West wider, doch führte sie nach dem Zusammenbruch der UdSSR auch zu Konflikten: Tschetschenien, Georgien, Aserbeidschan und Armenien haben, 1600 Kilometer von Moskau entfernt, mit wechselndem Erfolg gegen ihre politischen Führer und gegeneinander gekämpft. Vor allem in Tschetschenien gibt es nach wie vor Unruhen, und die ganze Region ist weiterhin politisch instabil. Während es immer noch schwierig ist, den Kaukasus von Georgien, vom Süden her, zu erreichen, sind der Elbrus und die hohen Berge des zentralen Kaukasus normalerweise einfach und sicher von Russland, also vom Norden her, zugänglich.

Klima

Der Kaukasus liegt auf demselben Breitengrad wie die Pyrenäen, doch das Klima ist völlig verschieden: Die Berge sind quasi von Land umschlossen, obwohl das Schwarze und das Kaspische Meer so riesig sind, dass sie deutliche Auswirkungen auf Klima und Niederschläge haben. Im Norden erstreckt sich die russische Steppe und jenseits davon Wald und der Polarkreis. Im Süden breiten sich die Wüste und die Halbwüste des mittleren Ostens und Arabiens aus. Der Wald und die Bergwiesen des Hohen Kaukasus liegen wie eingeklemmt dazwischen. So sind die südlichen Hänge, anders als die wesentlich kühleren nördlichen Hänge, trocken und subtropisch.

Oberhalb der Baumgrenze fallen die Temperaturen sehr schnell, und über der Grenze des ewigen Schnees, die höher liegt als in den Alpen, steigen sie selten über den Gefrierpunkt. In Sommernächten kann die Temperatur auf minus 8 Grad Celsius absinken und für ausgezeichnete Schnee- und Eisverhältnisse sorgen. Oberhalb der Schneegrenze können die Temperaturen jedoch bis auf minus 30 Grad abfallen, sogar tagsüber.

Obwohl Ende Juli und August die stabilste Wetterlage bieten, sind Gewitter am Nachmittag häufig, und es gibt mitunter sogar längere Phasen mit starken Regenschauern oder Schneefällen. Der Elbrus ist berüchtigt für seinen kalten, heftigen Wind und einen raschen Wetterwechsel, wobei der Berg wenig Schutz bietet vor den Elementen. Seine gleichmässige, eisüberzogene Form bereitet bei schlechter Sicht Orientierungsprobleme, und sobald man sich vom Hauptweg entfernt, ist der Gletscher oft von tiefen Spalten zerrissen.

Klettertechnisch betrachtet stellt die Besteigung des Elbrus eine einfache Wanderung über mittelmässig steile Schnee- und Eishänge dar; Wetter, Höhe und mangelndes Durchhaltevermögen verunmöglichen es aber vielen, den Gipfel zu erreichen.

«Der Elbrus ist einfach anders: ein massiver, eisüberzogener Vulkan mit zwei Gipfeln.»

Oben: Eine Bergsteigergruppe stemmt sich gegen den starken Wind des Elbrus und kämpft sich Schritt für Schritt im Schneetreiben den Berg hinauf.

Rechts unten: Bergsteiger queren beim Aufstieg zum Sedlowina-Sattel die harten Schneehänge am Ostgipfel des Elbrus; Skistöcke geben ihnen dabei mehr Halt.

Flora und Fauna

In mancher Hinsicht ähneln Fauna und Flora am Elbrus jener der europäischen Alpen, abgesehen von einigen bemerkenswerten Ausnahmen: Sogar oberhalb der Baumgrenze findet man eine Vielfalt wilder Blumen und Pflanzen, vor allem aber alle Arten von Beeren. Ausserdem ist die Waldzone bekannt für ihre riesigen Sträucher, die bis das Fünffache ihrer normalen Höhe erreichen.

Ziegen, Steinböcke und Gämsen sind ebenso häufig vertreten wie Steinadler, Wölfe und Bären. Die Bären sind scheu und vermeiden normalerweise eine Konfrontation; die Wölfe wirken weniger erschreckend als die Hunde der Schäfer. Kleine Räuber wie Luchse, Wildkatzen und Marder sind manchmal zu sehen.

Der Berg und seine Routen

Der Elbrus kann fast von allen Seiten bestiegen werden, da die ebenmässige Form des Berges eine Vielfalt ähnlicher Anstiege bietet. Durch den einfachen Zustieg aus dem Tal und die dortige angenehme Unterkunft hat sich jedoch die Route von Abau Alma als beliebteste Tour etabliert. Vom Dörfchen Terskol im oberen Baksan-Tal bietet Abau Alma den Bergsteigern durch die Seilbahn und den weniger modernen Sessellift einen leichten Zugang. Früher musste man ungefähr eine Stunde über den Gletscher zur Elfer-Hütte, die besser unter dem Namen Priutt-Hütte bekannt ist, aufsteigen. Diese Hütte brannte 1998 ab, wobei ein Bergsteiger ums Leben kam und mehrere andere verletzt wurden. Seither werden die neun tonnenförmigen Unterkünfte bei der Gipfelstation als Lager benutzt. In jedem dieser Schlafcontainer können sechs Personen übernachten, das sind jedoch wesentlich weniger als in der früheren Elfer-/Priutt-Hütte. Bis zum Bau einer neuen Hütte verursachen die unzureichenden Unterkunftsmöglichkeiten und sanitären Einrichtungen, die mangelnde Müllentsorgung und die Versorgung mit frischem Wasser sicherlich zunehmend Probleme.

Seilbahn und Sessellift erleichtern die Besteigung des Elbrus und ermöglichen es einer akklimatisierten Gruppe zu den Hütten hinaufzufahren, am nächsten Tag den Gipfel zu besteigen und innerhalb von 24 Stunden wieder unten im Tal zu sein. So ein rascher Aufstieg kann für nicht akklimatisierte Bergsteiger allerdings gefährlich werden. Der Gipfel des Elbrus liegt 3500 Höhenmeter über Terskol, und die meisten Bergsteiger benötigen vier bis sechs Tage, um sich langsam an die Höhe zu gewöhnen und sich so für den Gang zum Gipfel vorzubereiten.

Südseite

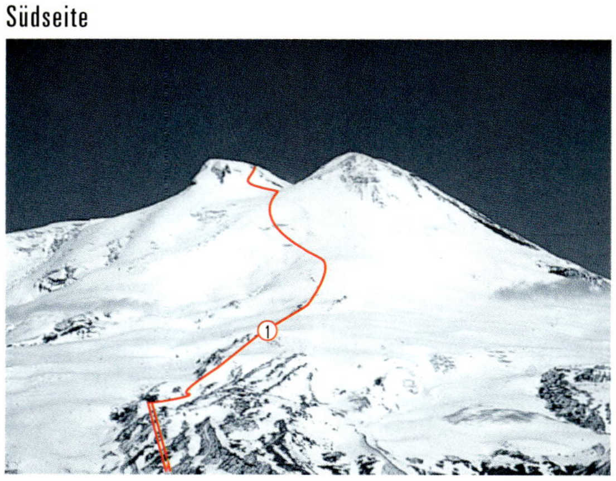

Die Besteigungsgeschichte

Als die hohen Alpengipfel bestiegen waren, begannen die Bergsteiger des viktorianischen Grossbritannien nach entfernteren Zielen Ausschau zu halten. Das Interesse an den Bergen des Kaukasus wuchs, und von den zehn höchsten Gipfeln des Gebirges wurden neun erstmals von Mitgliedern des Alpine Club (AC) erreicht.

Die Erstbesteigung des etwas niedrigeren Ostgipfels des Elbrus ist umstritten: Die Russen behaupten, dass ihn Killar Kashirov, der Leiter einer wissenschaftlichen Armee-Expedition, am 22. Juli 1829 erreicht hatte. In westlichen Bergsteigerkreisen wird die Erstbesteigung des Ostgipfels allerdings Douglas W. Freshfield, Adolphus W. Moore, C. C. Tucker, Akhia Sottajev, D. Datosov und dem französischen Bergführer François Devouassoud im Jahre 1868 zugeschrieben. Der höhere Westgipfel wurde im Juli 1874 von Florence Crawford Grove, Frederick Gardiner, Horace Walker, Akhia Sottajev und dem Schweizer Bergführer Peter Knubel bezwungen.

Vor der Oktoberrevolution im Jahre 1917 hatten nur etwa 20 russische und ausländische Expeditionen die Elbrus-Gipfel zum Ziel. Insgesamt waren nur wenige Unternehmungen zu verzeichnen bis zum Jahre 1928, als deutsche und öster-

Routen

① Westgipfel, Südostwand

Von den Schlafcontainern führt ein Weg von 90 Minuten über den aperen Gletscher zur alten Priutt-Hütte. Gleichmässig ansteigend, geht es anschliessend an den Pastukhova-Felsen (4700 m) vorbei und dann nach links um die Felsen des Ostgipfels in das zwischen dem West- und dem Ostgipfel gelegene Schneebecken. Oberhalb der Ruinen des Biwaks auf dem Sedlowina-Sattel steigt man zuerst über einen steilen Schnee- und Eishang hinauf, dann über Felsen auf dem fast waagrechten Grat zum Gipfel. Es ist auch möglich, den Westgipfel über die Südwand des 5600 m hohen Südwestgipfels zu erreichen.

reichische Bergsteiger in den Kaukasus zurückkehrten. Im Laufe der nächsten zehn Jahre eröffneten sie eine Reihe von Routen und einige lange Gratüberschreitungen. Deutsch-österreichische Teams bestiegen in dieser Zeit die beiden Elbrusgipfel auch im Winter.

Die Aktivität der russischen Bergsteiger verstärkte sich in den 30er-Jahren und fand erst in den frühen 40er-Jahren wegen der Verwicklung der UdSSR in den Zweiten Weltkrieg ein Ende. Nach dem Krieg kehrten die Russen zurück, kletterten durch viele der schwierigen Nordwände und machten spektakuläre Überschreitungen der langen und hohen Grate, die ein typisches Kennzeichen der Berge des Kaukasus sind. Mit der zunehmenden Politisierung des Sports in der sowjetischen Gesellschaft entstanden Bergsteigerlager in der Region, von denen einige auch heute noch als Unterkunft dienen. Ausländische Expeditionen reisten zwar über die Jahrzehnte hinweg weiterhin in den Kaukasus, doch verlangte eine Reise ins Gebiet der ehemaligen UdSSR damals eine wahre Expeditionsmentalität und vor allem die Bereitschaft, einen schier endlosen Papierkrieg mit einem Lächeln zu ertragen. Die meisten Bergsteiger bevorzugten deshalb die Alpen, die Anden und Alaska, in denen es weniger Verbote gab.

Die Öffnung Russlands in den 80er-Jahren veränderte alles und ermöglichte fortan einen freien, unbeschränkten Zugang zum Elbrus, der so seinen rechtmässigen Platz in der Welt des Bergsteigens einnehmen konnte.

Die Besteigung des Elbrus heute

Die Besteigung des Elbrus verlangt Durchhaltevermögen und Höhenanpassung. Deshalb vermittelt er den Möchtegern-Sammlern der Seven Summits einen guten Vorgeschmack auf das, was sie an den anderen Bergen erwartet. Obwohl der Normalweg technisch einfach ist, verlangt seine Bewältigung doch einen langen Marschtag ohne grössere Pausen: rund sieben bis neun Stunden von den Schlafcontainern bis zum Sattel und weitere ein oder zwei Stunden bis zum Gipfel. Danach folgt der Abstieg.

Der Kilimandscharo mag mit seinen 5895 Metern zwar höher sein, doch eine Besteigung des Elbrus an einem Tag bei mittelmässigem Wetter und entsprechendem Wind sagt mehr darüber aus, ob man genügend Durchhaltevermögen hat, um den Gipfel des Aconcagua zu erreichen, und ob man über genügend Ausdauer und Willenskraft verfügt, um sich auf den Kinley oder gar auf den Everest hinaufzukämpfen.

Naturschutz

Es gibt in der Gegend seit langer Zeit mehrere Skigebiete. In der sowjetischen Ära wurden die Skianlagen, Hütten und alle anderen touristischen Einrichtungen gut instand gehalten. Leider war das in den 90er-Jahren nicht mehr der Fall, und die Infrastruktur ist inzwischen meist verfallen.

Heutzutage werden die Berghütten schlecht gewartet, und den Bau von Mülldepots und sanitären Anlagen hat man vernachlässigt. Die berühmte Elfer-/Priutt-Hütte, die einst das Basislager für die Besteigung des Elbrus war, brannte 1998 ab, und die Ruine wurde zu einer wilden Müllhalde.

Obwohl der Elbrus in einem Nationalpark liegt, sind die Behörden nicht mit den erforderlichen Mitteln für die Abfallentsorgung ausgestattet. Daher müssen alle Bergsteiger, Führer und Reiseveranstalter selbst dafür sorgen, dass der Abfall mit zurückgenommen wird und dass durch ihr umweltbewusstes Verhalten die Auswirkungen auf die Natur so gering wie möglich bleiben.

Der Brand der Priutt-Hütte

Am 16. August 1998 brach ein Feuer in der etwa 4200 Meter hoch gelegenen Elfer-/Priutt-Hütte aus (im Bild oben). Ein Bergsteiger kam bei diesem Brand ums Leben, mehrere andere wurden zum Teil schwer verletzt, als sie sich mit einem Sprung aus dem Fenster in Sicherheit brachten. Das dreistöckige, mit Aluminium verkleidete Gebäude, das bis zu 200 Bergsteigern Unterkunft bot, wurde in den 30er-Jahren errichtet und so konstruiert, dass die Hütte den grossen Temperaturunterschieden in den Bergen standhielt.
Rund 100 Menschen befanden sich bei Ausbruch des Feuers im Gebäude, das durch den Brand völlig zerstört wurde. Einer davon war der Brite Chris Pearson: «Wir schafften es ins Freie, doch da war jemand, der im obersten Stock, aus dem wir geflüchtet waren, an eines der Fenster schlug. Wir versuchten mit Steinen das Fenster einzuwerfen und schichteten Rucksäcke aufeinander für eine Sprungmatte. Der Rauch war jedoch überall, und nach kurzer Zeit mussten wir deshalb aufgeben und weglaufen. Einige Tage danach stiegen wir erneut zur Hütte auf. Nur die Reste der eingestürzten Aluminiumverkleidung und einige schwelende Holzbalken waren übrig geblieben. Die Wandverschalung hatte dieselbe Wirkung wie ein Verbrennungsofen.»
Derzeit scheint es noch keine Pläne zu geben, die Hütte wieder aufzubauen. Wegen der steigenden Beliebtheit des Berges ist jedoch eine baldige Lösung der Unterkunftsprobleme erforderlich.

josep pujante

Die Treppe zu den sieben Gipfeln

Im Vergleich zu den grossen Bergen der Welt wirkt der Elbrus vielleicht nicht besonders interessant. Seine Besteigung ist ein monotoner Schneehatscher, für den ein akklimatisierter Bergsteiger nur wenige Stunden benötigt. Doch der Berg und die Region können einem vielfältige Eindrücke vermitteln, wie Josep Pujante nachfolgend beschreibt. Im Jahre 1994 bestieg er den Elbrus zusammen mit mehreren Freunden, darunter Ramón Agirre, ein spanischer Baske, der seine Sammlung der Seven Summits noch im selben Jahr vervollständigte.

Sieben Monate nachdem wir den Chomolungma, den höchsten Gipfel der Welt, erreicht hatten, bestiegen wir die Carstensz-Pyramide, den höchsten Berg Australasiens. Danach trafen wir sofort alle Vorbereitungen, um bei einer Expedition zum Mount McKinley noch einmal unser Glück zu versuchen, nachdem er uns im Jahr zuvor abgewiesen hatte. Das stürmische Wetter von Alaska durchkreuzte unsere Pläne jedoch zum zweiten Mal, obwohl wir bereits den Archdeacon's Tower unter dem Gipfel erreicht hatten. So kehrten wir also nach einer langen Reise wieder nach Spanien zurück. Schon eine Woche später verliess ich mit zwei Freunden Barcelona und flog an Bord einer alten Tupolew-Maschine nach Moskau, zum Elbrus …

Damals hatte noch kein Spanier alle Gipfel der Seven Summits erreicht, und ich eilte meinem Schicksal entgegen. Ich war durch meinen Aufenthalt im Gebiet der knapp 6000 Meter hohen alaskanischen Berge gut akklimatisiert; meine Freunde Luis Lopez, Ramón Agirre und Emili Civis kamen jedoch aus den Alpen und mussten langsam aufsteigen, um sich an die Höhe zu gewöhnen. Als Arzt war mir klar, wie wichtig eine langsame, stufenweise Anpassung an die Höhe ist. Aber der Elbrus ist auch nicht übermässig hoch und ausserdem technisch einfach – einige würden vermutlich sagen, dass er ein enttäuschend leichter Gipfel sei.

Auch für mich hat der Elbrus eine geringere Bedeutung als die anderen sechs Gipfel der Seven Summits, doch das Erlebnis wurde zu einer grossartigen Lektion über Themen wie Leben, Kultur, Geschichte und Völkerkunde. Es war mehr eine eindrucksvolle menschliche Erfahrung als eine bergsteigerische Leistung. Nach dem Verfall des sowjetischen Imperiums kam die Vielfalt der kaukasischen Republiken mit all ihren Traditionen wieder zum Vorschein. Nach mehreren Jahrzehnten des auferzwungenen politischen Schutzes wurde durch die neue Situation der Deckel von einem Topf gehoben, in dem die Probleme vor sich hin köchelten. Der Elbrus liegt in einer Republik namens Kabardino-Balkaria, die nicht weit von Tschetschenien entfernt ist. Als wir erfuhren, dass einige Wochen vor unserer Reise in den Kaukasus eine Terroristengruppe mehrere Touristen entführt und für deren Freilassung Helikopter und Waffen gefordert hatte, war dies für mich keine grosse Überraschung.

Wir begaben uns in eine der instabilen Regionen der Welt, in der alle Länder den kalten Wind des Verlassenseins spüren, nachdem sie jahrelang in der Wiege des besitzergreifenden Väterchens Staat aufgehoben waren. Vielleicht blicken sie auf die Zeit ihrer Abgeschiedenheit als Teil der Sowjetunion mit Stolz zurück und vielleicht sogar mit Wehmut, da sie damals viele Einrichtungen und Dienstleistungen zur Verfügung hatten, die es inzwischen nicht mehr gibt. Die russische Regierung hat diese Menschen vergessen, und sie stehen am Anfang des 21. Jahrhunderts und blicken in eine ungewisse Zukunft.

Wir kamen an einem Abend im Juli in Moskau an und verbrachten die Nacht in einer früheren Datscha am Stadtrand der Hauptstadt. Am nächsten Tag flogen wir nach Mineralny Vody weiter und gelangten nach einer langen Fahrt mit dem Lastwagen nach Terskol, einem grösseren Ort am Eingang des Baksan-Tales. Ein verfallendes Hotel wurde dort zu unserem Hauptquartier, von dem wir unseren Angriff auf den Elbrus, den «doppelköpfigen Giganten», starten wollten. Der erloschene Vulkan hat zwei Gipfel, fast wie Zwillinge, die durch den so genannten Sedlowina-Sattel voneinander getrennt sind. Der Ostgipfel ist etwas niedriger als der 5642 Meter hohe Haupt- oder Westgipfel, der höchste Punkt unseres guten, alten Europa.

Das Tal des Baksan-Flusses ist ebenso wie seine Nebentäler wunderschön: mit einem Bergwald, in dem schöne, grosse Bäume stehen, und grünen Wiesen, die übersät sind mit farbenprächtigen Blumen und auf denen Dutzende von zauberhaften Schmetterlingen flattern. Über all dem erscheinen die Eisfelder und Gletscher am Horizont wie das Tor ins Reich aus Fels und Schnee, zu den eindrucksvollen Wänden aus reinem Granit und zu den hohen Gipfeln. Es ist ein Paradies aus Grün, Weiss und Grau, über dem sich eine blaue Himmelskuppel wölbt, die so rein und klar ist wie ein Saphir.

Endlich waren wir im Kaukasus angelangt. Meine Gedanken waren aber weniger beim Berg als bei den dort lebenden Menschen. Ich war innerlich aufgewühlt von den sozialen und moralischen Verhältnissen und der Trostlosigkeit ihres Lebens. Ich dachte darüber nach, dass der Elbrus einst Mingui Tau genannt wurde, was «Weisser Berg» bedeutet: Welch ein Kontrast zu dieser fast schwarzen Zukunft, der so viele dieser Menschen entgegensehen.

Am 11. Juli war es klar und trocken, so dass wir uns auf den Weg machten, das Cheget-Tal zu erkunden. Die kleinen Pfade, die sich zwischen den Bäumen durchschlängelten, waren wie eine kostbare Treppe zum Himmel. Wir genossen die verschiedenen Düfte der Bäume, Blumen und Büsche, der Bäche und selbst des in der Sonne liegenden Gesteins. In der Absicht, zur Akklimatisation einen Berg zu besteigen, gingen wir in die Richtung des Dungussorum-Passes (3198 m), eines schneebedeckten Sattels an der ungesicherten Grenze zu Georgien. Wir betrachteten den Dungussorum-Gipfel und seinen Eisfall in der Form einer Sieben und einen herrlichen Berg namens Nakra Tau. Doch nicht alles war hier Poesie: Hinter einer Wegbiegung stand plötzlich eine Patrouille von drei bewaffneten Soldaten vor uns, und sie riefen: «Halt!» Ihre Kalaschnikow-Maschinengewehre liessen uns keine Wahl. Wir blieben alle stehen und wagten nicht einmal zu blinzeln. Die drei Männer trugen zwar alte Armeeuniformen und alte Gewehre, doch vielleicht waren die Patronen neu. Sie befahlen uns, stehen zu bleiben, und fragten nach einigen «Geschenken». Obwohl sie uns zurückschickten, empfanden wir tiefes Mitgefühl für sie und das Leben, das sie führen.

Wir folgten einer anderen Route, die frei von unheimlichen Begegnungen war, und erreichten schliesslich doch noch den

Wegen der Höhenanpassung und des herrlichen Panoramas steigen manche Alpinisten am Tag vor ihrem Gipfelversuch zu den 4600 Meter hoch gelegenen Pastukhova-Hütten auf, die etwa eine Stunde Gehzeit oberhalb der alten Priutt-Hütte liegen.

Dungussorum-Pass, wo wir lange den Anblick der Berglandschaft genossen. Als wir wieder in Terskol zurück waren, trafen wir am Abend den bekannten britischen Bergsteiger Doug Scott und einige seiner Freunde. Er erzählte mir, dass sie eine neue Route am Ushba, einem beeindruckend steilen Berg, eröffnet hätten und auch auf andere Berge geklettert seien. Wir tranken miteinander, stiessen auf die Berge an, und ich gab Doug eins von meinen Büchern. Im Jahr darauf vervollständigte Doug Scott seine Sammlung der Seven Summits – genau fünf Wochen bevor ich meine beendete.

Am nächsten Morgen wanderten wir ins Shkelda-Tal. Wir gingen am Ufer des Flusses Adyl Su entlang und stiegen dann unter den Bergwänden zwischen dem Akhsu und dem Yusengi über den Shkelda-Gletscher auf. Schliesslich erreichten wir den Gipfel des Gumatschi, wo wir eine Stunde lang blieben und den herrlichen Tcheget Tau, einen 4190 Meter hohen, schwierigen Gipfel bewunderten. Am Tag danach brachen wir erstmals zum Elbrus auf und benutzten die äusserst unsicher wirkende Seilbahn, um die Elfer-/Priutt-Hütte zu erreichen [sie brannte vier Jahre nach Pujantes Elbrus-Besteigung ab]. Diese seltsam aussehende Schlafbaracke verdankt ihren Namen den elf Personen einer Expedition, die hier vor vielen Jahren einen schweren Sturm überlebt hatten. Wir stiegen über die Hänge des Elbrus bis zu den Pasukhova-Felsen (4690 m) auf, wo wir umdrehten und nach Terskol zurückkehrten, um gut zu schlafen und uns auf die Besteigung des höchsten Berges Europas vorzubereiten.

Am 16. Juli fuhren wir wieder zur Elfer-/Priutt-Hütte hinauf, wo wir einen Schlafplatz bekamen. Tags darauf brachen wir um 3 Uhr morgens auf zum Gipfel. Mit unserer gesamten Hochgebirgsausrüstung stiegen wir bergauf, stiessen unsere Steigeisen in den Schnee und setzten den Eispickel wie einen Spazierstock ein. Wolken verbargen die Sterne und verdunkelten den Mond. Der Himmel liess zwar zu wünschen übrig, doch das Wetter schien stabil zu sein. Wir erreichten die Pastukhova-Felsen noch vor fünf Uhr morgens. Während ich still bergauf stapfte und von der Dunkelheit umhüllt war, die alles ausserhalb des Scheins unserer Stirnlampen verbarg, dachte ich an die ersten Bergsteiger, die diesen Weg gegangen waren – die Pioniere Gardiner, Grove und Walker aus Grossbritannien, die mit ihrem Schweizer Bergführer Peter Knubel als Erste den Westgipfel des Elbrus erreichten.

Ich war glücklich darüber, am Berg unterwegs zu sein, nicht etwa wegen der Tour selbst. Es war nicht der Gipfel, der mich motivierte, sondern die Möglichkeit, eines Tages meine mir selbst gestellte Herausforderung, alle Gipfel der Seven Summits zu besteigen, erfüllen zu können. Ich bevorzuge Berge wie Everest, K2 oder Cho Oyu, den Manaslu oder die Annapurna, die im Himalaja meine Lieblinge sind. Der Elbrus ist einer der Seven Summits und musste deswegen eben gemacht werden; die Tour war aber ein angenehmes Erlebnis.

Als wir hielten, um aus unseren Thermosflaschen zu trinken, merkten wir erst, wie eisig kalt es war. Die Temperatur betrug etwa minus 15 Grad Celsius. Wir vergassen jedoch bald die unangenehme Kälte, als sich der Himmel veränderte und den unverkennbaren Farbton von Perlen annahm, der dem Sonnenaufgang vorausgeht. Später kündigte ein roter, feuriger Streifen an, dass Wärme und Sonnenlicht auf dem Weg zu uns waren. Die Sonne selbst zeigte sich etwas später mit einem wunderschönen, malven- und amethystfarbenen Halo, was mich an ein Gemälde von Van Gogh erinnerte.

Im pastellfarbenen Schimmer des Morgenlichts steigen zwei Alpinisten am Elbrus auf, während sich der Schatten des Berges über die Gipfel des Kaukasus erstreckt.

Ramón und ich erhöhten unser Tempo ein wenig, und wir erreichten den Sattel um 7.30 Uhr ohne grössere Anstrengung. Wir tranken heissen Tee mit viel Zucker aus unseren Thermosflaschen und setzten den Aufstieg danach fort. Mein Freund und ich wechselten uns beim Spuren ab. Seilfrei und ohne das ganze bergsteigerische Brimborium stapften wir im festen Schnee den Hang hinauf. Die Sonne stand inzwischen hoch am Horizont, und man konnte bereits sehen, dass der Himmel nicht allzu klar war. Mehrere Wolken hingen an der blauen Kuppel, und der Wind begann stärker zu blasen.

Als wir den Kraterrand erreichten, wurde der Grat steiler. Beim Blick hinab sahen wir, dass unsere Freunde Emili und Louis sehr langsam mit zwei anderen Bergsteigern folgten. Niemand ausser uns war am Elbrus unterwegs. Eine halbe Stunde später erreichten wir die Wechte, die über den Schneehang hinausragt. Ein kurzer Zug am Pickel, und schon genossen wir einen sehr schönen Blick vom Balkon. Wir konnten spüren, wie der Wind nun immer stärker wurde. «Jetzt haben wirs geschafft», sagte Ramón, «schau, man kann dort drüben am Ende des Schneehangs die Silhouette des Gipfels sehen.» – «Ja», erwiderte ich, «die Umrisse sind sehr nah, ich denke, dass sich dieser Grat und der andere dort treffen. Lass uns gehen.» – «Okay, auf gehts, zum Gipfel!», meinte mein Freund fröhlich lächelnd.

Nachdem wir einen kleinen, fast senkrechten Vorsprung bestiegen hatten, sahen wir zu unserer grossen Überraschung ein Panorama, das wir nicht erwartet hätten: Vor uns lag der gesamte, gefrorene Krater in Form eines Halbmondes, und am gegenüber liegenden Ende des Kraterrands ragte die echte Gipfelspitze auf. So waren wir also noch nicht auf dem Gipfel, sondern etwa 500 Meter horizontal von ihm entfernt.

Wir holten tief Luft, brachen dann in schallendes Gelächter aus und genossen den Blick auf die Landschaft, die unter uns zu sehen war. Wir befanden uns auf gleicher Höhe mit dem Ostgipfel des Elbrus, nur lag er auf der anderen Seite des Sattels. Wir gingen weiter und kamen zum letzten kleinen Anstieg des Geländes. Nun war nur noch der blaue Himmel über uns. Wir bewältigten die Distanz von unserem falschen zum richtigen Gipfel, indem wir am Rachen des erloschenen Vulkans entlang wanderten. Um 9 Uhr standen wir endlich auf dem Westgipfel des Elbrus. Der höchste Punkt Europas war mit einem gedrungenen, etwa hüfthohen Monolith aus Vulkangestein markiert.

Sicherlich ist der Elbrus kein schwieriger Berg; seine Besteigung ist kein Hindernisrennen, und er ist auch nicht die scharfe Kante eines schönen Turms. Die Schöpfung machte den Elbrus zu dem, was er ist, und unser Ziel war es, zu seinem höchsten Punkt hinaufzusteigen. Wir umarmten uns 5642 Meter über dem Meeresspiegel an der Schwelle des Tors zum Himmel und fotografierten uns gegenseitig, um diesen Augenblick festzuhalten. Das war kein besonders spezieller Gipfel für uns, und wir waren nicht besonders gerührt, aber beide hatten wir im Jahr zuvor gemeinsam den Gipfel des Everest erreicht. Jetzt standen wir also wieder zusammen auf einem Berg wegen unseres ganz persönlichen Ziels, die höchsten Gipfel der Kontinente zu besteigen. Wir befanden uns damals beide auf einer sehr privaten, langen Reise auf der Suche nach dem wahren Ich. Das Vergnügen und die

Rechts: Josep Pujante freut sich auf dem höchsten Punkt des «alten Kontinents» über seinen fünften Gipfel der Seven Summits.

Unten: Bergsteiger folgen der ausgetretenen Spur zum Sedlowina-Sattel, der den Ostgipfel vom Westgipfel des Elbrus trennt.

Befriedigung beim Bergsteigen sind jedoch am grössten, wenn man sie mit jemandem teilt.

Wir genossen den grossartigen Panoramablick und bewunderten den Ushba, der seine beiden unbesteigbar wirkenden Pfeilspitzen emporreckt, als wollte er am Himmel kratzen. Weiter südlich entdeckten wir die mächtige Gestalt des Dungussorum mit seinem loyalen Wächter, dem Nakra Tau. Auf der anderen Seite wurde der Blick über die russische Steppe vom Dunst und Nebel des Morgengrauens getrübt. Ein Meer von Wolken lag in mittlerer Höhe über den Tälern. Es war nicht sehr windig und auch nicht kalt.

Der Blick war herrlich, doch auf eine andere Art wirkte der Elbrus leer: Unser Gipfelsieg hatte fast einen sauren Beigeschmack, eine seltsame Mischung aus Glück und Enttäuschung. Wir waren froh darüber, dass wir ihn bestiegen hatten, doch hatten wir dabei nicht wie an anderen Bergen den Geschmack und den Duft des Abenteuers geniessen dürfen. Ich hatte grössere Herausforderungen auf komplexeren und riskanteren Routen bewältigt, die sich mir länger widersetzt hatten. Und ich war mit Hilfe der Glücksgöttin gefährlichen Situationen entronnen. Und dennoch, diese Besteigung musste eben gemacht werden. Sie war eine Stufe mehr auf der langen Treppe zu den sieben Gipfeln, und erst daraus ergab sich die Befriedigung, die sonst vielleicht gefehlt hätte.

Eine halbe Stunde später begannen wir den Abstieg. Bevor wir den Balkon am Ende des halbkreisförmigen Kraterrands erreichten, trafen wir auf Luis Lopez und zwei Freunde, und ich ging noch einmal mit ihnen zum Gipfel zurück. Eine Stunde später erreichten wir vier das Ziel. Wir machten noch mehr Fotos und stiegen dann ab, wobei wir feststellten, dass schlechtes Wetter aufzog. Nicht weit über dem Sattel entdeckten wir Emili, der langsam aufstieg, weil er Probleme mit seinen Bergschuhen hatte. Meine Freunde stiegen wegen des windigen und bewölkten Wetters rasch ab. Ich beschloss, Emili zu helfen, und zwei Stunden später erreichten wir den Gipfel. Zum dritten Mal stand ich an diesem Tag mit einem Freund auf dem höchsten Punkt Europas. Obwohl es bereits zu stürmen begann, holte ich eine Dose Bier aus meinem Rucksack, und in aller Ruhe genossen wir beide den köstlichen Geschmack der kalten, schäumenden Flüssigkeit.

Vinson-Massiv

Das Innere des antarktischen Festlandes ist zweifellos die letzte grosse Wildnis der Erde. Die Antarktis ist der höchstgelegene, kälteste und überraschenderweise auch trockenste Kontinent der Welt; es finden sich dort Täler, in denen es mit grösster Wahrscheinlichkeit in den letzten zwei Millionen Jahren keinerlei Niederschlag gegeben hat.

In der Antarktis ragen die Bergmassive aus einem Meer von Polareis auf, und diese Landschaft, in der es keinerlei Fauna und Flora gibt, ist vermutlich die unerbittlichste der Welt.

Das Vinson-Massiv, das fälschlicherweise oft als Mount Vinson bezeichnet wird, liegt auf dem 78. südlichen Breitengrad im südlichen Teil der Sentinel Range und ist etwa 1200 Kilometer vom Südpol entfernt. Im Gegensatz zu den meisten anderen Berggruppen der Antarktis besteht die Sentinel Range, in der sich die sechs höchsten Gipfel dieses Kontinents befinden, in erster Linie aus einer Ansammlung von eher schlanken, spitz geformten Bergen mit schmalen Graten und steilen Felswänden von bis zu 2500 Metern Höhe. Das Vinson-Massiv wirkt dagegen weniger spektakulär und um einiges wuchtiger, und seine acht Gipfel stehen ganz in der Nähe des 90 Quadratkilometer grossen Gipfelplateaus.

Der höchste Berg der Antarktis war der letzte unter den höchsten Bergen der Kontinente, der entdeckt und bestiegen wurde. Er wurde nach Carl Vinson, dem früheren Senator des US-Staates Georgia, benannt, der zwischen 1935 und 1961 beträchtlichen Druck auf die amerikanische Regierung ausgeübt hatte, die Erforschung der Antarktis zu unterstützen.

Im November 1935 gelang dem Amerikaner Lincoln Ellsworth, der bereits durch die erste Überquerung des transarktischen Ozeans ins Buch der Rekorde eingegangen war, zusammen mit dem Piloten Hubert Hollick-Kenyon der erste Transkontinentalflug über die Antarktis. Nachdem sie mit ihrem Polar Star (Polarstern), einem einmotorigen Flugzeug, von Dundee Island an der Spitze der Antarctic Peninsula (auch Palmer-Halbinsel genannt) losgeflogen waren, ging ihnen nach 22 Tagen kurz vor ihrem Ziel, dem Ufer des Ross-Meeres, der Sprit aus. Sie bewältigten die letzten 28 Kilometer zu Fuss. Am ersten Tag dieses Flugs erblickte Ellsworth eine spitze und einsam gelegene «kleine Bergkette», die er Sentinel Range (Sentinel: Wächter) taufte, wobei er allerdings nicht bemerkt hatte, dass dort noch höhere Gipfel hinter einer dicken Wolkenwand verborgen waren.

Das Vinson-Massiv blieb «unentdeckt», bis 1957 Piloten der US-Marine während eines Aufklärungsflugs für eine Gruppe des American International Geophysical Year darauf aufmerksam wurden. Bei Vermessungen aus der Luft und am Boden wurde zwischen 1958 und 1961 nicht nur die Höhe aller höheren Berge bestimmt, sondern auch festgestellt, dass diese Berge zu zwei verschiedenen Bergketten gehörten. Die nördliche Gruppe behielt den ursprünglichen Namen Sentinel Range, die südliche wurde Heritage Range und die gesamte Ansammlung Ellsworth Mountains genannt.

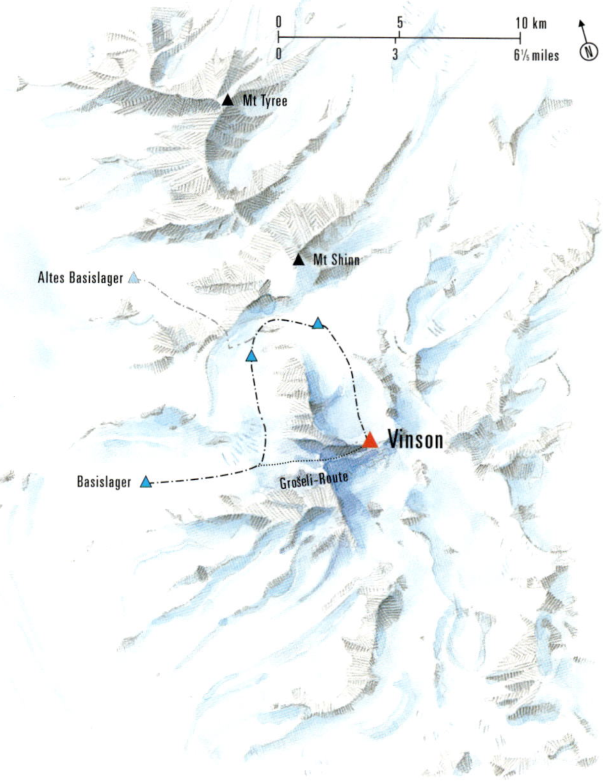

Klima

Das Vinson-Massiv kann am besten während der antarktischen Sommermonate November, Dezember und Januar erreicht werden, wenn es 24 Stunden lang hell ist. Im Gegensatz zum Klima an vielen hohen Bergen der Welt wird dasjenige der Sentinel Range von einer stabilen Luftmasse beeinflusst, die für sehr gutes Wetter und milde, niedere Temperaturen sorgt. Allerdings ist es nicht ganz so einfach, wie es klingt: Da der atmosphärische Druck an den Polen niedriger ist als an den anderen Breitengraden, werden in grosser Höhe Luftmassen angesaugt. Sobald diese Luft über dem Südpol abkühlt, sinkt sie rasch ab und rast mit hoher Geschwindigkeit davon. Das grösste Problem einer Besteigung ist vermutlich, auf dem Gipfelplateau des Vinson-Massives in diesen Wind zu geraten. Die Temperaturen können an relativ ruhigen Tagen bis auf minus 35 Grad Celsius abfallen. Erfrierungen sind eine ständige Bedrohung, vor allem bei Wind; die kleinste Unachtsamkeit kann katastrophale Folgen haben. Es erscheint dabei paradox, dass man durch die Sonnenbestrahlung rund um die Uhr und das durch die Umweltverschmutzung bewirkte Loch in der Ozonschicht bei unzureichenden Schutzmassnahmen auch einen Sonnenbrand bekommen kann.

«Bergmassive tauchen aus einem Meer von Polareis auf, und diese Landschaft, in der es keinerlei Fauna und Flora gibt, ist vermutlich die unerbittlichste der Welt.»

Ein Bergsteiger betrachtet vom Sattel, der auf der früheren Anstiegsroute überquert werden musste, den Branscomb-Gletscher am Vinson.

Die Routen

① Normalweg, Branscomb-Gletscher

Der Normalweg ist ein langer Gletscheranstieg ohne besondere Schwierigkeiten. Vom ANI-Basislager führt die sanft ansteigende Route 5 km über den Branscomb-Gletscher bis zum Fuss des Eisbruchs, über den man zum Sattel zwischen dem Vinson-Massiv und dem Mount Shinn gelangt. Vom obersten Lager verläuft die Route zunächst nach Süden über sanft geneigte, vom Wind blank gescheuerte Eishänge bis zu einer kurzen, steilen Schnee- oder Eiswand, über die man den Gipfelgrat erreicht. Die Besteigung dauert sechs bis zehn Tage.

② Slowenische Route

Diese Route, die von Viki Grošeljs Gruppe in einem Zug erstbegangen wurde, führt durch ein Eiscouloir, das auf halber Höhe des Branscomb-Gletschers beginnt, zum Gipfelplateau.

Besteigungsgeschichte

Die American Antarctic Mountaineering Expedition von 1966/67 war das erste grössere Projekt auf diesem Kontinent, dessen Hauptziel die Besteigung von Bergen war. Die amerikanische Regierung war damals sehr daran interessiert, eine Expedition loszuschicken, weil Gerüchte kursierten, dass der exzentrische Amerikaner Woodrow Wilson Sayre einen Besteigungsversuch des Vinson-Massives plane. Sayre hatte sich bereits 1962 mit seinem nicht genehmigten Besteigungsversuch des Everest über die tibetische Seite unmöglich gemacht. Die Regierung, die über Sayres logistische Organisation alles andere als begeistert war, befürchtete nun, dass sie gezwungen wäre, für ihn eine riesige und teure Rettungsaktion auf die Beine zu stellen. Anfang Dezember 1966 landete eine mit Ski ausgerüstete Hercules-Transportmaschine der amerikanischen Marine mit zehn erstklassigen amerikanischen Bergsteigern an Bord auf dem Nimitz-Gletscher in etwa 30 Kilometern Entfernung vom Gipfel des Vinson-Massives. Nachdem die Gruppe drei Lager eingerichtet hatte, erreichten Barry Corbet, John Evans, Bill Long und Pete Schoening am 17. Dezember den höchsten Punkt der Antarktis. Etwas später führten andere Mitglieder des Teams zwei weitere Besteigungen des Vinson durch. Die Expedition blieb 40 Tage vor Ort, und in dieser Zeit gelang die Erstbesteigung von sechs Gipfeln, darunter die vier höchsten der Bergkette. Der Mount Tyree, der zweithöchste Berg, der nur 45 Meter niedriger als der Vinson ist, erwies sich dabei als der anspruchsvollste und war eine tolle Belohnung für Corbet und Evans, die immer noch das einzige Team sind, das auf den drei höchsten Gipfeln der Antarktis stand.

1979 wurde der Vinson schliesslich von einem vierten Team bestiegen, als eine grosse amerikanische Expedition von Wissenschaftlern die Ellsworth Mountains nochmals vermass. Einige Tage vor Weihnachten unternahmen zwei Deutsche, Buggisch und von Gyzycki, mit einem sowjetischen Landvermesser namens Samsonov eine nicht genehmigte Besteigung und hinterliessen einen roten Wimpel auf dem Gipfel. Obwohl die Behörden diese Besteigung missbilligten, ermöglichte sie den Wissenschaftlern, genauere Höhenmessungen durchzuführen und die heute gültigen Höhenangaben zu ermitteln. Im Team der dritten erfolgreichen Expedition im Jahre 1983, bei der die vierte und fünfte Besteigung stattfand, war Dick Bass dabei, der als erster Sammler der Seven Summits den Vinson bestieg.

Westseite (nördlicher Teil)

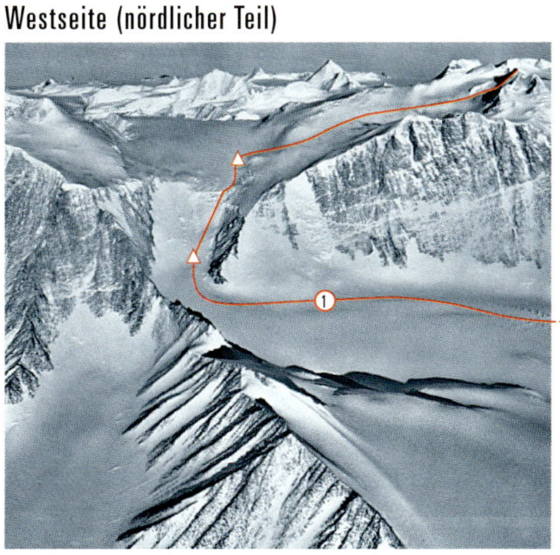

Westseite (südlicher Teil)

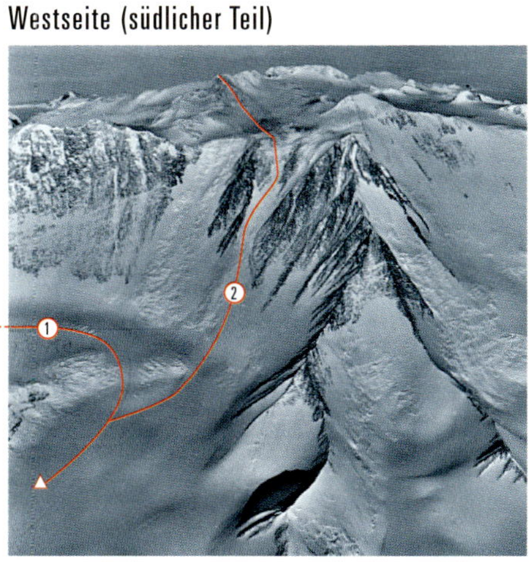

Die erste neue Route und der erste echte Alleingang am Berg gelang im Januar 1991 dem inzwischen verstorbenen deutschen Bergsteiger Rudi Lang, der direkt vom Branscomb-Gletscher über den Hängegletscher durch die Westwand kletterte. Im Jahr darauf machte der Amerikaner Robert Anderson im Alleingang zwei neue Routen: eine in der Südwand (Sunshine Wall) und die andere über den Westsüdwestgrat, der auch Rolex-Grat genannt wird. Seither kamen mehrere Routen in der Süd- und in der Westwand dazu, einschliesslich der Slowenischen Route, die von Viki Grošelj und seiner Gruppe in kürzester Zeit eröffnet wurde.

Der Zugang

Für die meisten Bergsteiger stellt ANI, Adventure Network International, die einzig praktikable Art dar, das Vinson-Massiv zu erreichen. ANI ist die einzige unabhängige Organisation, die logistische Dienste für ein Unternehmen in der Antarktis stellen kann. 1986 legte dieser Veranstalter die Patriot-Hills-Blue-Ice-Landebahn auf dem Gletscher an und errichtete ein Zeltlager auf dem 80. Südlichen Breitengrad. Kunden werden von Punta Arenas in Chile mit einer Hercules, die mit Reifen ausgerüstet ist, dorthin geflogen – eine zuverlässige Verbindung, wenn auch die Landung immer aufregend sein wird, da es nicht möglich ist, auf der Eispiste zu bremsen. Patriot Hills ist jeweils vier Monate im Jahr offen, und von dort fliegt man mit einer Twin-Otter, die mit Ski ausgerüstet ist, in einer Stunde zum Basislager am Vinson. 1992 wurde das Basislager vom Nimitz-Gletscher auf den Branscomb-Gletscher in rund 2100 Metern Höhe verlegt, was einen leichteren Zustieg zur Normalroute ermöglicht.

Die Besteigung des Vinson heute

Seit den ersten Sammlern der Seven Summits und der Gründung von ANI stellt der Vinson das Ziel für die meisten Bergsteiger dar, die das antarktische Festland aufsuchen. Mehr als 400 Personen haben den Berg inzwischen bestiegen, der Grossteil als Teilnehmer kommerzieller Gruppen, die entweder von ANI geführt werden oder von anderen Expeditionsveranstaltern, die bei ANI die Logistik buchen. Wegen der sehr hohen Kosten im Falle einer Rettungsaktion hat ANI strenge Kriterien für die Zulassung unabhängiger, nicht geführter Gruppen aufgestellt. Das bewirkte bei einigen Bergsteigern Frustration, da die Tour keine technischen Schwierigkeiten aufweist. Doch die einsame Lage und die extreme Kälte machen daraus ein ernstes Unternehmen.

Bis vor kurzem konzentrierten sich fast alle Besucher der Sentinel Range auf die Besteigung des höchsten Berges, doch in den vergangenen Jahren haben Kleingruppen damit begonnen, andere Gebiete der Bergkette zu erkunden. Die Struktur des Massives schliesst scheinbar die Möglichkeit aus, grössere klettertechnische Routen zu erschliessen, obwohl jene, die schwierige und herausfordernde Touren suchen, einige Möglichkeiten an den Bergen auf der nördlichen Seite der Sentinel Range finden werden.

Es kann noch mehrere Jahrzehnte dauern, bis es eine regelmässige Verbindung ins Innere der Antarktis gibt, die sich ein «durchschnittlich» verdienender Bergsteiger leisten kann. Da jedoch immer mehr Bergsteiger willens und in der Lage sind, grosse Summen für den Zugang zu dieser entlegenen Region zu zahlen, und zudem das Sammeln der Seven Summits weltweit immer beliebter wird, werden der Vinson (und ANI) bestimmt noch viele Jahre ein sicheres Publikum haben.

Naturschutz

Seit der Ratifizierung des Antarktis-Vertrags 1959 ist kein Land mehr Besitzer eines Teils des Kontinents, sondern nur noch Verwalter eines bestimmten Sektors (die Sentinel Range liegt im chilenischen Sektor). Die Länder, die diesem Abkommen beigetreten sind – inzwischen sind es über 30 –, verpflichten sich, einige grundlegende Bestimmungen einzuhalten, etwa keine Nukleartests durchzuführen und keine Bodenschätze abzubauen. Der Originalvertrag berücksichtigt den Tourismus nicht, aber all diese Länder sind zugleich Mitglieder des Protokolls von Madrid, einer Reihe von Richtlinien zum Naturschutz in der Antarktis, und müssen bei einem Besuch des Kontinents bestimmte Gesetze einhalten. Der internationale Verband der antarktischen Reiseveranstalter (IAATO), an dessen Gründung ANI beteiligt war, wurde als Mittel zur Selbstkontrolle innerhalb der Tourismusindustrie geschaffen und als Absicherung dafür, dass die Mitglieder die strikten Auflagen des Antarktis-Vertrags erfüllen. Obwohl das Protokoll von Madrid nur verlangt, dass gefährliche Stoffe wieder zurückgebracht werden und Müll nicht verbrannt werden darf, geht ANI einen Schritt weiter und verlangt von den Bergsteigern, dass sie den Kontinent von sämtlichen Spuren ihres Aufenthalts säubern und alles wieder zurückbringen, einschliesslich der Fäkalien. Dies sorgt für einen ausgezeichneten Schutz des Vinson und der Sentinel Range. Selbst wenn der Vinson von einer steigenden Zahl von Bergsteigern besucht wird, können diese weiterhin die unberührte Natur der Antarktis erleben.

Adventure Network International

Nach der siebten Besteigung des Vinson im November 1985 gründeten die drei Mitglieder des Gipfelteams, Giles Kershaw aus Grossbritannien und die beiden Kanadier Pat Morrow und Martyn Williams, eine Firma mit dem Namen Adventure Network International (ANI). Kershaw, der für die Organisationen British Antarctic Survey, Transglobe und Footsteps for Scott gearbeitet hatte, war jener wagemutige Pilot, der die Expedition von 1983 einflog und sich schnell grossen Respekt verschaffte als vermutlich erfahrenster Polarflieger. Die drei erkannten damals, dass es hier einen potenziellen Markt für eine Firma gibt, welche der steigenden Zahl von Bergsteigern, die auf der Spitze des höchsten Berges der Antarktis stehen wollen, die erforderliche logistische Unterstützung bieten kann.

Im März 1990 kam Kershaw auf tragische Weise während Filmaufnahmen auf der Antarctic Peninsula bei einem Helikopterzusammenstoss ums Leben. Seine Frau Anne übernahm daraufhin die Leitung der Firma. Aufgrund der steigenden Nachfrage wurde das Geschäft erweitert, und bis heute sind nahezu alle Besteigungen des Vinson mit Hilfe der Infrastruktur von ANI durchgeführt worden. Das Unternehmen prüft alle Anwärter, bevor sie für eine geführte Besteigung akzeptiert werden. Eine Tour zum Vinson-Massiv und zurück, für die normalerweise 12 bis 14 Tage veranschlagt werden, kostet derzeit ungefähr 25000 US-Dollar.

david hempleman-adams

Eine antarktische Initiation

Im Jahre 1994 reiste David Hempleman-Adams in die Antarktis, um den höchsten Berg des Kontinents zu besteigen. Da er aus demselben Holz geschnitzt ist wie die britischen Entdecker, ist sein Bericht über dieses Abenteuer in der Antarktis gewürzt mit Selbstironie und Humor. Der hat ihm seither dabei geholfen, noch grössere Herausforderungen in der Polarzone zu überstehen, sogar Alleingänge zum Süd- und zum Nordpol. Die Besteigung des Vinson war offensichtlich ein prägendes Erlebnis.

Mit einer Höhe von 4897 Metern ist der Vinson nicht der schwierigste Berg der Seven Summits, doch für mich war er zweifellos der kälteste, sauberste, entlegenste und – nach Tagessätzen berechnet – auch der teuerste Gipfel. Da er erst seit 1968 bestiegen wird, ist er wohl der bislang am wenigsten begangene Kontinentalgipfel.

Der schwierigste Teil des langen Wegs in die Antarktis ist die Beschaffung eines Flugs. Sie erfolgt durch die Firma Adventure Network International (ANI), die nun von Anne Kershaw geleitet wird. Ihr verstorbener Mann Giles war jener Pilot, der es gewagt hatte, die erste Bergsteigergruppe zum Vinson-Massiv ins Herz der Antarktis zu fliegen. Anne ist eine kleine, blonde Schottin mit dem Gesicht eines Engels, das ihren scharfen Geschäftssinn Lügen straft. Sie lässt Bergsteigerträume wahr werden, vom Alleingang zum Südpol bis hin zur geführten Besteigung des Vinson. Wenn einem der Preis von rund 25 000 US-Dollar pro Person auch äusserst hoch erscheinen mag, so ist er in Wahrheit doch unglaublich günstig, wenn man an die Kosten denkt, die bei der Beschaffung des Flugs auf eigene Faust entstehen würden, und an den hohen Zeitaufwand, der für die Logistik eines Abflugs von Südamerika, Südafrika oder Neuseeland erforderlich ist.

Die Expedition begann mit unserer Ankunft in Punta Arenas, das an der südlichen Spitze Chiles liegt. Die Stadt ist ein beliebter Zwischenstopp von Walfängern und war früher ein Zufluchtsort für Schiffe, die über das gefährliche Meer rund um Kap Horn fuhren. Bei meinem ersten Besuch wirkte die Stadt wie das Ende der Welt: kalt, staubig und abweisend. Mit den farbigen, korrodierten Dachbedeckungen aus Eisen, ihren robusten, aber gastfreundlichen Bewohnern und – wie man von einer Hafenstadt erwartet – ihrem lebhaften Nachtleben stellt sie aber einen bunten Kontrast dar zur Trostlosigkeit des südlichen Teils des Kontinents. Offenbar gibt es in Punta Arenas pro Kopf mehr Bordelle als an allen anderen Orten der Welt, und die Krabbensandwiches und Pisco Sours machen einen zweiten Besuch der Stadt zu einem Muss. (Das passt prima, weil jeder Besuch in der Antarktis zwei Aufenthalte in Punta Arenas bedeutet!) Ich warne aber davor, drei Piscos zu trinken; es würde jeden töten, der nicht die Konstitution eines Ochsen hat.

Wir wussten, dass wir Glück brauchten – viel Glück –, um innerhalb der wenigen Tage, in denen der Abflug geplant war, in die Antarktis fliegen zu können. Der Flug mit einer zivilen Hercules C 130 und die Landung bei Patriot Hills sind sehr von den Wetterbedingungen abhängig. Bläst der Wind stärker als 25 Knoten, ist ein Landeversuch zu gefährlich. Da die Flugzeit sechs Stunden beträgt und genügend Kerosin für einen Rückflug mittransportiert werden muss, sind die Kosten äusserst hoch. Ein Flug zu Patriot Hills und eine Rückkehr wegen schlechten Wetters würde für ANI schlicht den Verlust des Gewinns von einer ganzen Saison bedeuten. Aus diesem Grund und wegen der unberechenbaren Wetterentwicklung sowie dem Mangel an Wetterstationen unterwegs mussten wir eine Zeit lang auf besseres Wetter und sichere Flugbedingungen warten. Das war extrem frustrierend, doch als wir schliesslich erstmals über die trostlose Landschaft der Antarktis flogen, war ich dankbar für diese Vorsichtsmassnahme.

Im Inneren des Flugzeuges gab es zwei Sitzreihen für Passagiere, wobei die Sitze mit dem Boden der Hercules-Transportmaschine verschraubt waren. Der hintere Teil des Flugzeugs war mit Fracht beladen. Für mich war es einer der Höhepunkte des Trips, als wir allmählich das Festland verliessen, Kap Horn und die Drake Passage überflogen und schliesslich ins Herz der Antarktis gelangten, wobei die Crew des Flugzeugs immer den Ausblick erklärte. Die Landung bei Patriot Hills war die Mischung aus einer Vergnügungsfahrt in Disneyland und einem Alptraum, der einem den Magen umdreht. Die mit Rädern ausgerüstete Hercules ging auf einer Landebahn aus blankem, blauem Eis nieder, die vom Wind, der von den Patriot Hills herabbläst, schneefrei gehalten wird. Als wir endlich standen, wurde die Maschine schnell entladen, während wir einigen Markierungsfähnchen zum Camp von Patriot Hills folgten. Als wir das Lager erreichten, war das Flugzeug mit einer Ladung von Passagieren, Küchenabfällen und Fäkalientonnen schon wieder auf dem Rückflug.

Oben: Beim Aufstieg über den Branscomb-Gletscher führt zuletzt ein steiler Hang auf den Sattel zwischen Vinson-Massiv und Mount Shinn, wo das Hochlager errichtet wird.

Links: Ein Team kommt nach einem einstündigen Flug mit der Twin-Otter von ANI ab Patriot Hills im Basislager des Vinson an.

Das Lager war überraschend gut ausgestattet mit einem gemütlichen Mess- und Kochzelt, einer Toilette, die aus einem 150-Liter-Fass mit Toilettensitz bestand und sich in einem Iglu befand, und den Unterkunftszelten. Wir assen ausgezeichnet, und an alkoholischen Getränken bestand kein Mangel. Das Wetter war gut und musste es auch sein, um mit der Hercules überhaupt hierherfliegen zu können. Die Mannschaft von ANI gab ihr Bestes, um den Bestand ihres Weinlagers zu erhalten und uns sofort zum Basislager am Vinson zu bringen. Dies geschah mit einem der kleinen, robusten, mit Ski ausgestatteten Twin-Otter-Flugzeuge, den Arbeitspferden der Polarregion. In einer Stunde flogen wir zum Basislager am Vinson. Da unser Flug der erste der Saison war, landeten wir auf einem völlig unberührten, makellosen Gletscher, öffneten die Tür und blickten direkt auf die Wand des Vinson. Sie war ungeheuer beeindruckend.

Oben: Der Bergsteiger auf dem Gipfel des Vinson wird mit Sonne, einem kristallklaren Himmel und dem Blick in die schier grenzenlose, eisige Weite der Antarktis belohnt.

Rechts: Einige Bergsteiger haben auf ihrem Rückweg vom Vinson zum Basislager soeben den Branscomb-Gletscher überquert.

Das Erste, was uns auffiel, war die Kälte: Als wir aus dem Flugzeug sprangen, froren die Nasenhärchen sofort fest. Bald lernten wir, dass man seine Hände am schnellsten an den wärmsten Stellen des eigenen Körpers oder dem seines Partners aufwärmt: unter den Achseln oder im Schritt. In solchen Situationen wünschte ich mir, ich wäre mit jemand anderem unterwegs als mit einem bärtigen Antarktisforscher.

Mir fiel auch sofort auf, wie sauber hier alles war. Der Schnee war tatsächlich weiss, verglichen mit der schmutzig-grauen Substanz, die mir so bekannt war. Wir hatten kaum Zeit, alles in uns aufzunehmen, als die Twin Otter schon wieder abhob, um in die «Metropole» von Patriot Hills zurückzukehren. Das Brummen der Motoren klang langsam aus, und es war still, lange bevor das Flugzeug aus unserem Blick verschwand. Dann waren wir allein. Ich fühlte mich unglaublich isoliert.

Wenn man fit genug ist, kann man den Vinson vermutlich innerhalb von zwei Tagen besteigen, aber ich sehe wirklich keinen Sinn darin, das in so kurzer Zeit zu tun. Normalerweise fliegt das Flugzeug von ANI immer nach zwölf Tagen zurück, und man wird nach zehn Tagen von der Twin Otter im Basislager abgeholt in der Hoffnung, dass man nicht zu lange in Patriot Hills bleibt und sich dort selbst auf die Nerven geht. Demnach würde man beim schnellen Erreichen seines Ziels lange im Basislager herumhängen, ausser man hat noch andere Ziele wie die Besteigung weiterer Berge. Abgesehen davon: Wir waren nicht so fit.

Wir blieben für eine Nacht im Basislager, dann stiegen wir in die Skibindung, seilten uns an und brachen auf. Wir nahmen gleich alles mit, was wir für die Tour benötigten. Ein gemeinsamer Aufstieg erfordert eine gute Technik, wenn man mit schwerem Gepäck die Spalten überquert. Bleibt der Letzte am Seil hinten stehen, dann wird man immer vom Führer weitergezerrt, der ein leises Knurren von sich gibt, sobald sich das Seil an seinem Gurt spannt. Da die meisten Leute irgendwelche Marotten haben, sollte man bei einer solchen Tour unbedingt miteinander befreundet sein. Die Dinge geraten noch schneller ausser Kontrolle, wenn man gemeinsam mit den Ski abfährt und dabei angeseilt ist: Hält einer plötzlich an, bringt er seinen Partner leicht zu Fall. Man muss extrem viel Geduld aufbringen, vor allem diejenigen, die mit mir am Seil abfahren. Wenn man dann erst noch mit einem am Gurt befestigten Schlitten gemeinsam am Seil abfahren muss, dann entspricht das einem Test der Charta der Vereinten Nationen für den Frieden.

Wir waren die erste Gruppe am Berg, und das Spuren über den spaltenzerrissenen Gletscher war anstrengend und machte keinen Spass. Sogar das harmlose Einbrechen in der obersten Schneekruste jagte mir jedesmal kalte Schauer über den Rücken. Mehr als einmal glaubte ich, dass ich in ein dunkles Loch stürzen würde.

Wir stiegen auf Ski zur Wand auf und folgten dann dem Branscomb-Gletscher nach links. Gleich hinter der Biegung stellten wir unser erstes Lager auf. Die Kunst beim Verrichten der Notdurft bestand darin, den schwarzen Sack (in dem jeder seine Fäkalien zurückbringen muss) in der Sonne auszubreiten und ihn vor dem Wind zu schützen. Der bitterkalte Wind, der ins blanke, weisse Hinterteil biss, vermittelte uns ein Gefühl, das wohl nur wenige je kennen gelernt haben.

Die Wand ist sehr beeindruckend und bietet viele neue Routen, die nur darauf warten, von Wagemutigen erschlossen zu werden. Am zweiten Tag stiegen wir, wieder angeseilt, auf Ski parallel zu dieser Wand über einen sanft ansteigenden Gletscher auf. Wir zogen es vor, unser Camp am Fusse des Eisfalles in der Sonne aufzustellen statt auf dem häufig benutzten, weniger windigen Lagerplatz rechts davon. Dieser liegt zwar geschützter, aber es ist dort noch kälter.

Ich war mit dem erfahrenen Bergsteiger und Polarreisenden Roger Mear unterwegs. Wenn man eine Expedition mit Bergsteigern und Polarreisenden unternimmt, die wie Roger, Borge Ousland und Rune Gjeldnes zu den besten der Welt zählen, dann ist einer der grossen Vorteile dabei, dass man von ihnen viel lernen kann. Ich neige dazu, alles auf meine Art zu machen, doch gelegentlich dachte ich: «Verdammt – das ist eine gute Idee, warum fiel mir das nicht ein!» Eines Morgens gab mir Roger beispielsweise eine Tasse mit heisser Schokolade, während ich noch im Schlafsack lag. Es war die beste heisse Schokolade, die ich je getrunken habe, dank Rogers Trick, Teile eines Marsriegels im Getränk aufzulösen.

Der Eisfall über Lager 2 war die einzige Stelle, wo wir wirklich vorsichtig sein mussten: Die Spalten lagen hier offen, und da es zu steil war, um die beladenen Schlitten zu ziehen, mussten wir schwere Lasten tragen. Wir waren faul und wollten nur einen Lastentransport machen. Beim Überspringen von offenen Spalten mit einem 36 Kilogramm schweren Rucksack wurden Muskeln angespannt, von denen ich bis dahin gar nicht wusste, dass es sie gibt.

Als wir gegen Ende des 300 Meter hohen Eisbruchs durch eine Reihe von Séracs und Spalten stapften, öffnete sich ein herrlicher Blick auf die umliegenden Berge. Die schneebedeckte Spitze des Mount Shinn ragte links von uns auf, und hinter uns blickten wir über die Gipfel hinweg, die am Rand des gigantischen Nimitz-Gletschers stehen. Nach einem langen Tag erreichten wir schliesslich den Platz von Lager 3.

Wir hatten ein italienisches Zelt dabei, das wir testeten. Ein Vorteil beim Bergsteigen in der Antarktis zu dieser Jahreszeit ist die Helligkeit rund um die Uhr. Für jemanden, der das nicht kennt, kann das sehr ungewohnt sein, und es bringt auf jeden Fall den Biorhythmus durcheinander. Um 1 Uhr morgens aufzuwachen und loszugehen, ist nicht ungewöhnlich. Um uns das Einschlafen bei Tageslicht zu erleichtern, hatten wir uns daheim ein Zelt mit schwarzen Innenwänden ausgesucht, das zudem noch die Wärme der Sonnenstrahlen absorbieren sollte. Nachdem ich einen Tag in diesem Zelt verbracht hatte, empfand ich das allerdings als ziemlich deprimierend, so, als lebe man in einem grossen, schwarzen Loch. Es mag vielleicht etwas Wärme gespeichert haben, doch ich bemerkte nichts davon, da es höllisch kalt war. Wir schlugen mitten in der Nacht unsere Füsse gegeneinander, um sie etwas aufzuwärmen.

Camp 3 war unser letztes Lager vor dem Gipfel. Das Tageslicht rund um die Uhr war für uns ein grosser Vorteil, da wir so nur auf klares und nicht zu windiges Wetter warten mussten. Doch es wurde kälter und kälter. Teils auf Ski und teils mit Steigeisen, aber wegen der zahlreichen verborgenen Spalten immer angeseilt, stiegen wir hinauf in ein breites, plateauähnliches Hochtal, dessen höchster Punkt die Gipfelpyramide ist. Am Fuss der Pyramide hatte ich unglaublich starke Bauchschmerzen – ein Rumpeln von der Art, wie man es nach dem Konsum von zwei Mass Bier und einem scharfen Currygericht bekommt. Roger bestand darauf, dass ich bei der Benutzung meines schwarzen Sacks, den ja jeder mitführte, angeseilt bleibe. Das stellte mich vor ein Problem, doch ich schaffte es, mich trotz angelegtem Klettergurt und Steigeisen im Wind, der vom kältesten Berg der Welt blies, zu erleichtern – zum grossen Vergnügen von Roger.

Wir stiegen dann über einen recht steilen Schneehang zu einer grossen Wechte auf, über die ich wie ein aufgeregt mit den Flügeln schlagender Pinguin nach oben gezogen wurde. Danach folgte ein langer, mühsamer Aufstieg über den Felsgrat, der zum Gipfel führt. Als wir den Gipfel um 1 Uhr morgens erreichten, war da keine Schlange von Bergsteigern, sondern nur wir, ein Skistock, der von den Erstbesteigern vor 29 Jahren zurückgelassen worden war, und eine umwerfende Aussicht: Die in Rosa getauchten Berge der Umgebung waren kristallklar, und das Basislager auf dem Gletscher unter uns schien nur einen Steinwurf von uns entfernt zu liegen.

Diese Tour war eine der eindrücklichsten meines Lebens. Der einzige Nachteil war, dass ich danach mit einem Sack voller Exkremente im Rucksack auf Ski abfahren musste. Aber das Würgen hat sich gelohnt, weil der Vinson immer noch der kälteste, sauberste, entlegenste und schönste Berg der Welt ist.

viki grošelj

Die Rekorde brechen – und die Regeln

Sogar heutzutage ist es noch sehr teuer, in die Antarktis zu reisen, und daher ist ein Besuch des Eiskontinents für viele ein unerfüllbarer Traum. 1997 gelang es jedoch vier sehr erfahrenen slowenischen Bergsteigern, und sie machten das Beste daraus: Topfit und hochmotiviert stiegen sie nicht nur in Rekordzeit über eine neue Route auf das Vinson-Massiv, sondern unternahmen noch einige Erstbesteigungen in der Gegend. Viki Grošelj beschreibt den stilvollen Höhepunkt seines Bestrebens, die höchsten Gipfel aller Kontinente zu besteigen.

Die Geschichte des slowenischen Bergsteigens in der Antarktis setzte kurz nach dem Zweiten Weltkrieg ein, als der slowenische Emigrant Dinko Bertoncelj dort einige Gipfel bestieg. In den 80er-Jahren begann Stane Klemenc, Informationen darüber zu sammeln, und nahm Kontakt zu den chilenischen und argentinischen Behörden auf. Alle weiteren Anstrengungen, auf dem polaren Festland bergsteigen zu können, scheiterten jedoch an der hohen Summe, die man für einen Besuch in der Antarktis benötigt – das Dreifache des durchschnittlichen Budgets für eine Himalaja-Expedition. Im Laufe der Jahre hatte daher der Himalaja immer gewonnen.

Erst vor kurzem, als die Antarktis zu einem gleissenden, freien Fleck auf der Weltkarte des slowenischen Bergsteigens wurde, nahmen wir unsere diesbezüglichen Bemühungen wieder auf. In der Zwischenzeit hatten einige Kanadier ANI (Adventure Network International) gegründet, eine Agentur, die es ermöglichte, ohne langwierige und ermüdende Verhandlungen mit den Ländern, die dort eine Basis haben, in die Antarktis zu reisen.

Links: Viki Grošelj und sein Team haben das rechte der beiden deutlich erkennbaren Couloirs am Vinson bestiegen. Im Vordergrund das Basislager.

Rechts: Die Sonne steht während des antarktischen Sommers an ihrem höchsten Punkt und wärmt das Basislager von Viki Grošelj.

Die erste Antarktis-Expedition stiess bei vielen slowenischen Bergsteigern auf grosses Interesse, aber wie es sich herausstellte, waren nur drei bereit, zusätzlich zu den Sponsorengeldern die eigenen Ersparnisse dafür zu opfern: Stane Klemenc, sein langjähriger Seilgefährte Rafko Vodišek und ich. Wir hatten mit der Agentur eine Ermässigung ausgehandelt, aber unter der Bedingung, dass unsere Gruppe aus mindestens fünf Personen bestehen würde. Verständlicherweise sagten wir deshalb gerne zu, als Stipe Božić, ein alter Himalaja-Gefährte von mir, und sein Kameramann Joško Bojić, die seit über einem Jahr an einer Fernsehsendung über die höchsten Berge der Kontinente arbeiteten, anboten, uns zu begleiten.

Am 3. Januar 1997 sollten wir von Punta Arenas in Chile in die Antarktis fliegen. Unser Abflug von zu Hause erfolgte am 30. Dezember. Ich hatte den ganzen Herbst über Geld für die Reise gesammelt. Mein Hauptsponsor war die Versicherungsgesellschaft Slovenica, und es gab noch eine Reihe anderer Firmen und Privatpersonen, die nach ihren Möglichkeiten etwas dazu beisteuerten. Am Tag unserer Abreise waren die Budgetprobleme noch lange nicht gelöst, dennoch brach ich entspannter auf, als ich erwartet hatte.

Das Wetter war gut in der Antarktis, und so bestiegen wir am 3. Januar eine Hercules, um von Punta Arenas im Süden von Chile zu unserem ersehnten Bestimmungsort zu fliegen. Die Reise dauerte sechs Stunden, und 30 Minuten vor der Landung öffnete sich die Wolkendecke unter uns: Ich hielt den Atem an, starrte aus dem Fenster und machte ein Foto nach dem anderen. Auf zahlreichen Berghängen wurde das Weiss der windverblasenen Landschaft durch Blöcke von blaugrünem Eis belebt. Die Landung war recht aufregend: Das Flugzeug hüpfte lange auf dem sanft gewellten und rutschigen Eis auf und ab, bevor es endlich zum Stillstand kam. Wir stiegen die Frachtrampe hinunter und betraten zum ersten Mal in unserem Leben das Eis der Antarktis. Was für ein grossartiges Gefühl!

Innerhalb von wenigen Stunden verliessen wir in einem kleinen Flugzeug das Camp bei Patriot Hills und flogen zum Fuss des Vinson. Wir landeten in 2100 Metern Höhe auf dem Gletscher unter der Südwand, sprangen aus der Maschine und luden unser Gepäck aus. Ich war freudig überrascht darüber, dass das Basislager nicht mehr dort lag, wo es früher war, sondern sich jetzt an einem wesentlich günstigeren Platz befand. Der Gipfel des Berges überragte uns um rund 3000 Meter. Das Beste von allem war jedoch, dass der Einstieg in die neue Route, die ich daheim im Stillen geplant hatte, direkt vor uns lag.

Es war bereits nach Mitternacht, als wir die Zelte aufgestellt und den ersten Topf Tee aufgebrüht hatten. Die Sonne schien, und die Kälte war erträglich; ohne Wind lag die Temperatur bei minus 20 Grad Celsius. Ich erkundigte mich bei Dave, dem Wart des Basislagers, nach der 2500 Meter hohen Südwand des Vinson, und er versicherte mir, dass es im rechten Teil der Wand, dem höchsten, noch keine Route gebe. Ich beschloss, dass wir es zuerst dort versuchen würden.

Um 10 Uhr morgens waren wir alle auf. Fieberhaft packten wir die Ausrüstung und die Verpflegung für die Tour zusammen, wobei uns die Mitglieder der anderen Teams stirnrunzelnd beobachteten. Es gibt ein ungeschriebenes Gesetz, dass eine Besteigung stufenweise, mit zwei Lagern beim Aufstieg, erfolgen sollte. Der Auf- und Abstieg dauert normalerweise fünf bis acht Tage, was an-

Vinson
Slowenische Route
5.1.97

geblich die Chance auf einen Erfolg verstärkt. Ah, gut. Wir dachten, dass wir die erforderliche Erfahrung besässen und gut vorbereitet seien für die Erstbegehung einer Route im alpinen Stil, der uns mehr zusagte. Das Wetter war wunderbar, und so meinten wir, dass wir das Beste aus jeder Stunde machen sollten. Wir wussten, dass wir im Falle des Scheiterns noch genügend Zeit für weitere Touren hätten.

Wir brachen in der Mittagszeit auf und befanden uns drei Stunden später am Fuss der Wand. Das Gelände, in dem wir unsere neue Route klettern wollten, sah viel versprechend aus, und so entschieden wir einstimmig, einen Versuch zu wagen. Stane, Rafko und Stipe liessen ihre Ski an einem Schneeblock zurück, während ich beschloss, meine mitzunehmen und dann vom Gipfel abzufahren.

Ich fand einen Weg über den Bergschrund, und etwa 200 Meter danach ging Rafko voraus. Wir stiegen seilfrei auf und hofften, dass wir bis zum Gipfel so vorwärts kämen. Der Schnee war gut und das Gehen mit den Steigeisen einfach. Beim Hinaufkämpfen über den windstillen Hang gab es sogar Augenblicke, in denen ich schwitzte! Wir blickten zurück und konnten weit unten in der Spur Joško, unseren Kameramann, erkennen, der uns bis zum Wandfuss begleitet hatte und jetzt zum Basislager zurückkehrte. Wir entdeckten auch Mitglieder anderer Expeditionen, die Essen und Ausrüstung zu ihrem ersten Lager transportierten, indem sie dafür Schlitten benutzten, die sie an ihrem Hüftgurt festgebunden hatten.

Wir waren leicht bepackt und schnell oben: keine Schlafsäcke, keine Zelte, kein Geschirr und kein Kocher. Jeder von uns hatte eine Thermosflasche mit einem Liter Flüssigkeit im Rucksack – das musste genügen. Der Blick aus der Wand war grandios: Endlose, von Bergen übersäte Eisflächen erstreckten sich vor unseren Augen über mehr als 1000 Kilometer hinweg in Richtung Südpol. Jetzt spürte ich die ersten Schmerzen in meinen Waden, doch verschwendete ich kaum einen Gedanken daran, da wir bemerkenswert schnell vorankamen. Ich dachte mir: «Entweder wirkt sich das Klima der Antarktis sehr günstig auf mich aus, oder ich bin wirklich in sehr guter Verfassung.»

Die riesigen Ausmasse der Wand machten uns zu schaffen, und die ständige Anspannung verringerte unser Tempo. Um 21 Uhr begann die erste Krise, als wir etwa zwei Drittel der Wand bewältigt hatten: Wir wurden immer müder, trauten uns aber nicht, Rast zu machen, da die Sonne bald hinter dem Grat verschwinden würde und uns dann nur der bitterkalte Schatten bliebe. Die Wand wurde viel steiler, aber die Verhältnisse waren noch gut, so dass wir seilfrei weiterklettern konnten. Auf den letzten und steilsten 200 Metern mussten wir jedoch ziemlich kämpfen. Die windgepresste Schneedecke vergrösserte unsere Angst vor einem Schneebrett, und so wühlte ich mich mit Hilfe meines Eisgerätes vorsichtig von Fels zu Fels aufwärts. Von Zeit zu Zeit sah ich rasch zwischen meinen Beinen in die Tiefe: Welch eine unglaubliche Aussicht! Wir hingen im wahrsten Sinne des Wortes über einer unirdischen Landschaft.

Nur 100 Meter lagen noch vor uns bis zum Gipfel. Es gab noch einige Kletterstellen im Fels, und dann mussten wir noch eine unförmige Schneeflanke überwinden, deren Neigung 55 Grad erreichte und sogar überstieg. Wegen der ständigen Angst vor Schneebrettern zog sich die Bewältigung dieses Furcht erregenden Abschnitts endlos dahin – jede Minute erschien wie eine volle Stunde. Als die Steilheit endlich nachliess, machte ich eine Pause, um auf Rafko zu warten. Nach einer Umarmung brachten wir in dieser unsäglichen Mischung aus Morgen und Abend im Licht der Sonne die letzten Meter bis zum wahren Ende der Wand hinter uns. Es war 3 Uhr morgens. 2000 Höhenmeter in einer steilen Wand – und wir hatten es endlich geschafft! Doch der Blick nach vorn brachte eine herbe Enttäuschung: Der Gipfel des Vinson lag 500 Meter über uns und wirkte so weit, so überaus weit entfernt. Stipe und Stane erschienen bald an der obersten Kante unserer Wand – die Augen fielen uns ständig zu vor Müdigkeit, doch die Unruhe angesichts dessen, was noch vor uns lag, trieb uns weiter.

Nach Bewältigung des 2000 Meter hohen Couloirs erreicht das Team von Viki Grošelj leichtes Terrain und muss jetzt noch den letzten Aufstieg von 500 Metern auf den Gipfel des Vinson bewältigen.

Es war früher Morgen, wir befanden uns auf einer Höhe von über 4500 Metern, und trotz unserer ausgezeichneten Bekleidung frass sich die Kälte nicht nur durch bis in die Knochen, sondern bis tief in unsere Seele. Wir erreichten schliesslich den Fuss der Gipfelpyramide. Stipe und ich fanden Halt im steinharten Schnee des Eiscouloirs über uns, aber der Kampf schien ewig weiterzugehen. Dann passierten wir den letzten Felsen links von uns und hatten einen wunderbaren Schneegrat vor uns, der wie ein Himmelsweg hoch über den endlosen Ebenen bis zum höchsten Punkt des Kontinents führte. Wie einfach und schön nun alles wirkte. Respektvoll bewältigten wir diese letzten Meter bis zum Gipfel. Es ist komisch, wie die Grösse dieses Augenblicks, die Kameradschaft und die überwältigenden Emotionen dazu führten, dass die Kälte von minus 30 Grad plötzlich ihre Schärfe verlor. Ich zog die slowenische Flagge heraus und befestigte sie an einem Skistock, der auf dem Gipfel im Schnee steckte. Dann kam Stane. Wir umarmten uns. Dies war ein hervorragender Abschluss seiner vielen Jahre der Anstrengung. Rafko folgte kurz darauf. Wir waren alle zusammen auf dem Gipfel!

So hatten wir also in 19 Stunden die Besteigung über eine neue Route bewältigt und beschlossen dann, sie Slovenska, Slowenische Route, zu nennen. Sie überwindet 2500 Höhenmeter – ein Höhenunterschied wie im Himalaja. Was für ein glänzender Erfolg! Als erster Slowene, der damit alle Gipfel der Seven Summits bestiegen hatte, teilte ich im Stillen diesen Triumph mit meinem Heimatland.

In den Felsen direkt unter dem Gipfel entdeckten wir eine runde Schachtel mit einem kleinen Gipfelbuch, das die Erstbesteiger des Berges dort hinterlegt hatten. Stolz schrieb ich unsere Namen und die Fakten über unsere neue Route hinein. Dann sammelten wir zur Erinnerung an dieses unglaubliche Abenteuer, das am 5. Januar 1997 um 10 Uhr morgens einen seiner Höhepunkte erreicht hatte, einige Gipfelsteine für uns und unsere Freunde ein. Wir mussten jetzt den Abstieg noch sicher bewältigen und entschieden uns für die Route der Erstbesteiger, um die Überschreitung des ganzen Berges zu vollenden. Ich schnallte mir mit grosser Sorgfalt die Ski an und stieg auf den höchsten Punkt.

Mehrmals atmete ich tief durch, um mich zu konzentrieren, und fuhr dann los. Die ersten Meter waren einfach, und das Ganze wirkte überaus feierlich. Stipe und Stane filmten beide meine Abfahrt mit der Videokamera. Ich fuhr etwa 100 Meter dicht am Felsgrat ab, musste dann aber direkt über den steilen Hang hinab. Einige energische Schwünge brachten mich zum steilsten Teil. Die Steilheit überstieg bei weitem 50 Grad, doch das war nicht das Schlimmste: Bei jedem Schwung spürte ich, wie die Schneemasse unter den Ski bebte. Ich hatte den Eindruck, als ob die ganze Flanke jede Sekunde losbrechen und mich in einer donnernden Lawine 300 Meter hinabreissen würde. Das Einzige, was ich tun konnte, war die Querung zu einem sicheren, langen Hang, der abwechselnd von hartem Schnee und Stellen von Blankeis bedeckt war. Meine Beinmuskulatur zitterte, die Kanten der Ski kratzten

Oben: Viki Grošelj auf dem höchsten Punkt des antarktischen Kontinents, kurz vor Beginn seiner schnellen Skiabfahrt ins Basislager.

Unten: Viki Grošeljs Skispitzen zeigen die Richtung der Abfahrt an, die ihn auf der alten Route der Erstbegeher ins Basislager zurückbringen wird, womit ihm die Überschreitung des Berges gelingt.

über pures Eis, aber es gelang mir, meine Geschwindigkeit unter Kontrolle zu halten. Beim nächsten Schwung nahm die Steilheit ab, und die beängstigende Passage war vorbei. Mit einem Freudenschrei schoss ich hinab zum Gletscherplateau. Ich schaute nochmals zurück, bevor ich hinter dem Grat verschwand: Rafko, Stane und Stipe stiegen auf dem Felsgrat ab und schienen einen besseren Weg gefunden zu haben. Wir winkten einander vergnügt zu.

Ich musste fast eine halbe Stunde waagrecht oder sogar leicht aufwärts weiter, bis ich den höchsten Punkt des Plateaus erreichte. Links von mir konnte ich den Sattel unter dem Vinson sehen, aber er lag zu hoch, um hinaufzusteigen. Stattdessen zog ich es vor, eine andere Felsspitze zu umgehen und dann zum Normalweg abzufahren. Als das Plateau abfiel, fuhr ich schwungvoll hinab, doch als ich um die Ecke bog, hielt ich völlig verblüfft an: Unter mir lag ein unbekanntes Tal! Ich fragte mich: «Was jetzt? Kehre ich zum Sattel und über den ganzen Weg zur Gipfelpyramide zurück? Oder versuche ich, einen Weg durch dieses Tal zu finden, in der Hoffnung, irgendwo weiter unten eine Stelle zu entdecken, die mich zum Normalweg bringt?» Ich war todmüde, und so siegte vielleicht die Faulheit. Ich beschloss abzufahren und wusste, dass ich nur irgendwo über den Grat klettern müsste, falls es keinen Übergang zur Normalroute gab.

Die Abfahrt über diese kilometerlangen, steilen Hänge in perfekten Schneeverhältnissen war herrlich, doch ein Gedanke liess mir keine Ruhe: «Wird es gut ausgehen?» Es ging gut aus! Eine lange, abgerundete Flanke brachte mich ins Tal der Normalroute, sogar noch bevor ich den Sattel zwischen Vinson und Mount Shinn erreichte.

Dort erwartete mich ein steiler gefährlicher Hängegletscher mit einem Höhenunterschied von 1000 Metern. Das war sicherlich der schwierigste Teil meiner Abfahrt. Fussstapfen und einige Markierungsstangen halfen mir hin und wieder dabei, den Weg durch das Labyrinth von Séracs zu finden. Meine Schwünge waren kurz und scharf. Es war anstrengend und gefährlich, aber ich gewann, berauscht von der Abfahrt, langsam meine Kräfte zurück und fuhr mit äusserster Konzentration. Ich nahm kaum wahr, dass ich mich auf einem der gefährlichsten Gletscher meines Lebens befand: dem Sammelbecken von drei Lawinenhängen. Irgendwo in der Mitte verringerte sich die Dichte der Séracs. Die Steilheit blieb unverändert, aber ich gewann Raum für meine Manöver. Beim Hinabschweben dachte ich nicht an den unstillbaren Durst, der mich quälte seit dem vorigen Abend. Innerhalb von einer Sekunde arbeitete ich mich durch eine gefährliche Engstelle zum Fuss des

Gletschers hinab und hielt nicht an, bis ich etwa einen Kilometer tiefer und in Sicherheit war. Ich drehte mich um, und – welch ein Anblick! Für die Abfahrt über einen gefährlichen Gletscher mit 1000 Metern Höhenunterschied hatte ich nicht mehr als 15 Minuten benötigt. Meine Spuren zwischen den vielen Eistürmen erschienen mir wie ein Traumbild.

Es gab nun keine weiteren Hindernisse mehr. Als ich durch ein langes, sanft geneigtes Tal zum Fuss der Südwand abfuhr, stiess ich auf die erste Seilschaft von drei Bergsteigern, die langsam aufstieg. Sie boten mir Wasser an – das beste Getränk, das es gibt – und gratulierten mir. Sie sprachen mit tiefem Respekt über unsere Erstbegehung und meine schnelle Abfahrt.

Im völlig flachen Bereich des Tales, das ich in Langlauftechnik überquerte, machten mir die Anstrengungen der letzten zwei Tage auf einmal schwer zu schaffen. Es gelang mir irgendwie, mich bis zum Schneeblock am Einstieg unserer Route zu schleppen, wo der Gletscher wieder abfiel. Die letzten 400 Höhenmeter boten herrliche Schwünge im Pulverschnee. Ich kam im Basislager an, wo Joško und ich tranken, und tranken, und weitertranken, und die Welt erschien so schön, dass mir fast die Luft wegblieb. 28 Stunden nach unserem Aufbruch war ich zurück im Basislager. Und was für 28 Stunden dies waren!

Nach nur einem Ruhetag waren wir alle wieder bereit für neue Abenteuer. Stipe und ich bestiegen einen hübschen Berg mit zwei Gipfeln direkt über dem Basislager. Der Aufstieg über einen Schneehang kostete uns nur gerade drei Stunden. Der 2800 Meter hohe Gipfel bot einen faszinierenden Blick über die magische Landschaft: Tausende von Bergen mit schönen und eigenartigen Formen erstreckten sich über den ganzen Horizont. Da wir die Ersten waren, die diesen Berg bestiegen, nannten wir einen Gipfel Slowenien und den anderen Kroatien, machten mehrere Fotos von unserem Aussichtspunkt und kurvten dann begeistert mit langen Schwüngen zum Basislager zurück.

Der nächste Tag war noch schöner. Drei Erstbesteigungen gelangen uns, wobei wir in elf Stunden viele Kilometer auf Ski zurücklegten. Die Erstbesteigung eines weiteren Berges über dem Basislager brachte einen neuen Höhepunkt in einer langen Reihe toller Erlebnisse: Stane und ich erreichten den Gipfel aus verschiedenen Richtungen und benannten ihn nach meinem Hauptsponsor Slovenica. Für die Abfahrt wählten wir eine dritte Route. Während unseres Aufenthaltes bewältigten wir insgesamt über 20 Aufstiege und Abfahrten, bestiegen den Vinson und sechs Gipfel, die bis dahin unberührt waren. Die Anzahl der Touren und die Art, in der wir diese durchführten, übertrafen bei weitem unsere wildesten Pläne und kühnsten Erwartungen.

Mit Ski haben Grošelj und seine Freunde während ihres äusserst erfolgreichen Aufenthalts in der Antarktis mehrere Gipfel erstbestiegen.

Am 15. Januar brachten uns zwei Flugzeuge zum Basislager bei Patriot Hills zurück. Viel Schnee war dort gefallen, und so konnte uns die Maschine von Punta Arenas zu unserer grossen Freude nicht sofort abholen.

Wir nutzten diese Gelegenheit für weitere grossartige Touren an den bis zu 500 Meter hohen Eiswänden und Graten sowie für herrliche Abfahrten. Nach vier Zusatztagen trat am Samstag, 18. Januar, eine Wetterbesserung ein. Die Nachricht, dass das Flugzeug nun komme, um uns abzuholen, war für uns eine Enttäuschung.

Die Ankunft der Maschine war für 2 Uhr morgens vorgesehen, um 5 Uhr flogen wir ab. Am Abend zuvor verliess ich immer wieder das Zelt, nur um zu schauen, um Fotos zu machen und diese Bergwelt zu bestaunen. Ich wusste, wie schwer die Abreise uns fallen würde. Ich schrieb, hörte Musik und unterhielt mich mit Freunden. Es herrschte eine süsse Traurigkeit, als ich am Ofen sass, meine Füsse wärmte und an die unglaublich schöne Zeit dachte, die ich erlebt hatte. Es nimmt mir noch heute den Atem, wenn ich an die Schönheit der Antarktis denke.

Carstensz-Pyramide

Gewiss hätten auch Sie sich im Holland des frühen 17. Jahrhunderts über den Navigator Jan Carstensz lustig gemacht, der im Jahre 1623 bei einer Reise über den Südostpazifik behauptete, er habe 4 Grad südlich des Äquators schneebedeckte Berge gesehen. Aber Carstensz hatte Recht – und der höchste der von ihm entdeckten Berge trägt heute seinen Namen.

Die 4884 Meter hohe Carstensz-Pyramide ist nicht nur der höchste Berg von Irian Jaya, sondern auch von Australasien, wenn man den Kontinent nicht über die tektonischen Platten definiert, sondern über die Kontinentaltafeln. In der Sprache der örtlichen Stämme liegt der Berg im Dugundugoo, in den hohen Bergen; im Gebiet, das früher Holländisch-Neuguinea hiess und die zweitgrösste Insel der Welt ist. Die Carstensz-Pyramide ist eine lange Felsrippe und einer von mehreren Viertausendern, die zur Sudirman Range gehören, welche bei den primitiven Bewohnern im Süden um einiges reizvoller Namangkawee – Berge des Weissen Pfeils – heissen. Sie ist die höchste auf einer Insel gelegene Bergkette der Welt.

Im Unterschied zu den anderen Bergen dieses Buches wurde der entlegenen Carstensz-Pyramide, die sowohl aus politischen Gründen wie auch wegen ihrer wilden Landschaft schwierig zu erreichen ist, vor Beginn des Sammelns der Seven Summits Ende der 80er-Jahre nur wenig Aufmerksamkeit geschenkt. Obwohl die Besteigung dieses Berges nicht so anstrengend ist wie die einiger anderer Gipfel der Seven Summits, handelt es sich in Bezug auf die klettertechnischen Schwierigkeiten wahrscheinlich um die schwierigste von allen.

Vor vielen Jahren lag die Eisgrenze auf 2000 Metern Höhe, doch wie an den anderen Bergen am Äquator hat der Rückzug der Gletscher auch hier dramatische Ausmasse angenommen. Heutzutage gibt es unterhalb von 4200 Metern Höhe kaum noch Eis, und mit den einzelnen vereisten Platten und Moränen wirken die höchsten Täler irgendwie trostlos.

Fast alle Kletterrouten der Carstensz-Pyramide befinden sich in der riesigen Nordwand, einer durchschnittlich 60 bis 70 Grad steilen Platte, die 600 Meter aus dem Yellow Valley aufragt. In den engen Rinnen liegt zwar Geröll, doch der Fels in den freien Wänden ist makellos und kann so scharf sein, dass es beim Klettern ratsam ist, die Hände mit Heftpflaster zu umwickeln oder dünne Handschuhe zu tragen.

Als sich die Holländer 1963 von der Insel zurückzogen, hofften sie, dass dieses Land, das sie West Papua nannten, in der Lage wäre, eine Selbstverwaltung einzuführen. Im Laufe der nächsten fünf Jahre gelang es aber den Behörden der Indonesischen Republik, das Volk zu «überzeugen», eine neue Regierung zu akzeptieren. Seit 1965 und bis zum heutigen Tag führt die Organisasi Papu Merdeka (OPM), eine Bewegung zur Befreiung Papuas, einen fast ununterbrochen anhaltenden, aber bislang vergeblichen Guerillakrieg gegen die indonesische Herrschaft. 1973 wurde das Land formal umbenannt in Irian Jaya. Irian ist ein Akronym, eine Zusammensetzung der Anfangsbuchstaben des politischen Slogans «The Indonesian Republic In the Struggle Against the Netherlands» (die Indonesische Republik im Kampf gegen die Niederlande); Jaya bedeutet Sieg. Das sagt alles.

Während der 90er-Jahre war das Gebiet wegen politischer Unruhen für Fremde gesperrt, doch 1999 hatte sich die Lage stabilisiert. Den ersten Bergsteigern, die in das Gebiet gelassen wurden, gelang die Besteigung der Carstensz-Pyramide im Februar 1999.

«Der Fels in den freien Wänden ist makellos und kann so scharf sein, dass es beim Klettern ratsam ist, die Hände mit Heftpflaster zu umwickeln oder dünne Handschuhe zu tragen.»

Klima

Abgesehen vom hohen finanziellen Aufwand, den man bei dieser Tour auf sich nehmen muss, um den Berg erst einmal zu erreichen, schreckt das Wetter am meisten ab. Es kann zu jeder Jahreszeit regnen – und normalerweise regnet es auch. Diejenigen, die den Gipfel bereits früh am Tag erreichen, können aber durchaus mit einem einzigartigen Blick nach Süden über die dicht bewaldeten Ausläufer des Gebirges, den sanft gewellten Dschungel bis hin zur blauen Arafura-See belohnt werden.

Besteigungsgeschichte

Fast 300 Jahre lang glaubte kaum jemand an die Beobachtungen des Holländers Jan Carstensz, der 1623 wenig südlich des Äquators schneebedeckte Berge gesehen haben wollte.

Routen

① **Normalweg**
Eine Schwachstelle zieht sich auf der rechten Seite durch die Nordwand bis zum Westgrat. Oft wird das leichte Gelände von Seillängen im V. Schwierigkeitsgrad und harten Stellen von IV-unterbrochen. Der Grat ist relativ einfach, aber ausgesetzt. Die meisten Seilschaften klettern heute direkt zur ersten Scharte, nach der eine anstrengende Seillänge im VI. Grad folgt. Die Erstbesteiger vermieden diese Stelle und seilten sich in die Südwand ab, von wo sie über brüchige Bänder zum Kamm aufstiegen. Die Besteigung dauert durchschnittlich sieben Stunden, doch sie wurde auch schon in fünfeinhalb Stunden vom Basislager zum Gipfel und zurück bewältigt.

② **Ostgrat**
Eine lange Route in schöner Lage. Meistens handelt es sich um leichtes Gelände, doch gibt es mehrere schwierigere Stellen sowie loses Geröll.

③ **Anglo-amerikanische Route**
Weit links von der Gipfelfalllinie führt diese Route durch die Nordwand zum oberen Ostgrat. Auf einige Seillängen im oberen V. Grad folgen leichtere Seillängen im scharfkantigen Kalk.

④ **Amerikanische Direktroute**
Diese direkte Route auf der Gipfelfalllinie bietet herrliche Kletterei im anhaltenden V. Grad, gefolgt von zwei Seillängen in der Gipfelwand im oberen V. Grad.

Es gibt auch zwei Routen im gewaltigen «White Slab» auf der rechten Seite der Nordwand, obwohl bisher keine dieser beiden Routen bis zum Hauptgipfel weitergeführt wurde.

⑤ **Aquarius**
Zwischen dem unteren Teil des Normalwegs und dem «White Slab» zieht ein auffälliges Risssystem durch erstklassigen Fels. Nach 400 Metern gelangt man auf den Normalweg. Die grössten Schwierigkeiten liegen im Bereich des unteren IV. Grads.

⑥ **Ozeanien**
Eine direkte Route mitten durch das «White Slab», die eine herrliche, ausgesetzte Kletterei im unteren IV. Grad bietet und dann nach links zum Normalweg quert.

Nordseite

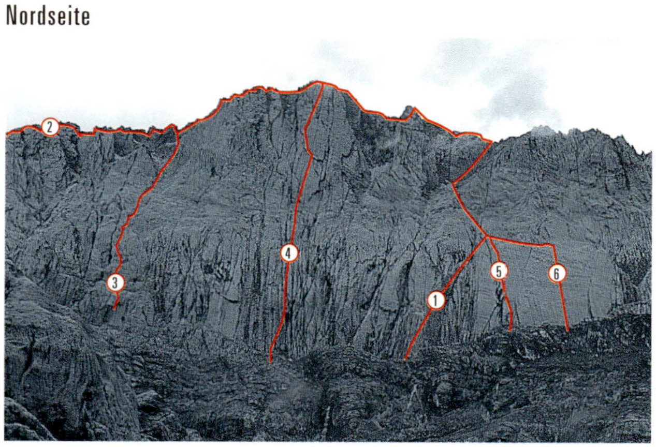

Erst 1911 brach eine Expedition von der Südküste Neuguineas auf, an der Dr. A. F. Wollaston teilnahm, der später den Everest erkundete. Die Gruppe kämpfte sich durch Sümpfe, Dschungel und dichte Wälder, was sehr anstrengend war, und gab nach fast einem Jahr nur 35 Kilometer vom Ziel entfernt auf. Wollaston kehrte im Sommer 1912/13 zurück und musste schlimme Entbehrungen erdulden, um die (damals noch) vereisten unteren Hänge des Berges zu erreichen.

1936 trat die Royal Netherlands Geographical Society als Sponsor einer Expedition von Dr. A. H. Colijn und zweier Gefährten auf, die einen weiteren Versuch unternahmen, den höchsten Berg der Insel zu besteigen. Sie erreichten den Ngga Pulu, den sie für den höchsten Gipfel der Sudirman Range hielten – vermutlich wegen der dickeren Schicht von Gletschereis, die damals den Gipfel bedeckte. Nach dem schnellen Rückzug der Gletscher in dieser Region stellte sich dann heraus, dass die Carstensz-Pyramide der höchste Berg ist. Spätere Berechnungen brachten die Fehleinschätzung der Expeditionsmitglieder ans Tageslicht. Danach kam der Krieg dazwischen, und in den 50er-Jahren konzentrierte sich das Hauptinteresse auf die Erschliessung des Himalaja und der Anden. Erst 1960 dachten Bergsteiger wieder ernsthaft an eine Besteigung des Berges. Im Jahr darauf fanden der neuseeländische Bergsteiger Philip Temple und fünf weitere Enthusiasten einen Weg zum Fuss der Nordwand; sie mussten dort aber enttäuscht umdrehen, weil die vorgesehene Versorgung aus der Luft nicht klappte. Temple hatte aber dann sechs Monate später das Glück, mit Heinrich Harrer, dem legendären deutschen Bergsteiger und Erstbegeher der Eigernordwand, zurückzukehren. Harrer hatte auch den australischen Felskletterer Russell Kippax angeworben und einen holländischen Patrouillenoffizier namens Albert Huizenga. Diesmal verlief der Materialabwurf wie geplant, und die Gruppe bestieg 32 Gipfel, darunter auch erstmals die Carstensz-Pyramide über die Nordwand und den oberen Westgrat, jene Route, die heute der Normalweg ist. Am 13. Februar 1962 erreichten alle beim ersten Versuch den Gipfel, was besonders von Huizenga, der zum erstenmal kletterte, eine eindrucksvolle Leistung war.

Nachdem Reinhold Messner sich von seinen Erfrierungen erholt hatte, die er 1971 am Nanga Parbat erlitten hatte, gelang dem Südtiroler Bergsteiger und Bergführer mit seinem Kunden S. Bigarelle die zweite Besteigung des Gipfels, diesmal über den Ostgrat. Im Jahr darauf waren die in Hongkong lebenden britischen Bergsteiger Jack Bains, Dick Isherwood und Leo Murray die Ersten, die sich in den ausgezeichneten Kalk der Nordwand wagten. Seither wurden elf neue Routen oder Varianten an den nördlichen Wänden des Berges eröffnet. 1978 vollendeten Pete Boardman und seine spätere Frau Hillary Collins den abgebrochenen Versuch von Wollaston, die Südwand mit ihrem brüchigeren Fels und Eis zu durchsteigen, und machten dabei die erste Überschreitung des Berges von Süden nach Norden.

Anmarsch

Die Carstensz-Pyramide kann von Süden oder von Norden erreicht werden. Die früheren Expeditionen wählten den Anmarsch aus dem Süden, da dies der kürzeste Weg von der Küste war. Ab 1954 erschlossen Missionare die bislang unerforschten Täler im Nordosten, und 1961 hatten sie bereits etwa 20 Buschlandebahnen eingerichtet. Die Landebahn, die der Carstensz-Pyramide am nächsten ist, liegt beim 2000 Meter hoch gelegenen Dorf Ilaga und in einer Entfernung von 80 Kilometern Luftlinie zum Berg. Ein Charterflug von Nabire oder Wamena erspart einem inzwischen den schlimmsten Marsch durch den Dschungel. Von Ilaga, das im Hochland liegt und schätzungsweise 10 000 Dani-Einwohner hat, wird das Basislager nach sechs Tagesmärschen mit einheimischen Trägern erreicht.

Der Weg zur Carstensz-Pyramide durchquert bis zum Kalkplateau Regenwald und grosse äquatoriale Sumpfgebiete. Schliesslich führt er über den Neuseeland-Pass hinab zu den Seen des Oberen Meren-Tals und zum Basislager. Von dort benötigt man eine Stunde bis zum Einstieg des Normalwegs in der Nordwand. Der Anmarsch kann um zwei Tage verkürzt werden, wenn man einen Helikopter bis zum Neuseeland-Pass chartert. Vor kurzem sind einige Gruppen aus dem Süden über Timika und durch das Gebiet der Freeport Kupfermine anmarschiert. Für diese wesentlich kürzere Route benötigt man allerdings eine Sondergenehmigung.

Die Besteigung der Carstensz-Pyramide heute

In der Nordwand gibt es weitere Möglichkeiten für neue Routen und an den anderen Wänden und Graten in der Sudirman Range noch ein schier unerschöpfliches Potenzial an schönen Klettertouren. Wegen des Zeitaufwands und der Kosten für die Beschaffung der erforderlichen Genehmigungen nehmen die meisten Besucher die Dienstleistungen eines erfahrenen kommerziellen Veranstalters in Anspruch.

Wenn die Bergsteiger heutzutage das ruhige, entlegene Meren-Tal erreichen, werden sie mit dem Dröhnen von Maschinen konfrontiert. Sie kommen vom Ertsberg her, einem 4200 Meter hohen Nachbarn der Carstensz-Pyramide, wo 1936 ungewöhnlich reiche Kupferablagerungen entdeckt wurden, die von einer in New Orleans ansässigen Firma ausgebeutet werden. Hier befindet sich der weltweit drittgrösste Kupferabbau über Tage, und in der Mine soll es angeblich auch die grössten Goldvorkommen geben. Der Betrieb der Mine erforderte den Bau eines Tiefwasserhafens an der Südküste, einer Landebahn und einer Zufahrtsstrasse über fast 130 Kilometer. Wenn die Minenverwaltung Bergsteigern die Anfahrt über die Strasse gestattet – was selten der Fall ist –, ermöglicht dies einen raschen Zugang zum Basislager, das nur drei Stunden von der Mine entfernt liegt.

Naturschutz

Obwohl die Carstensz-Pyramide einer der am wenigsten besuchten Berge der Seven Summits ist, gibt es dort die grössten Probleme mit dem Abfall. Müll markiert die Wege und Lager, und auch die Abholzung nimmt zu, da die Dani zum Kochen in den Lagern Holz benutzen.

Der Berg liegt zwar in einem Nationalpark, doch es gibt kaum Hinweise auf die Anwesenheit einer Parkbehörde. Zukünftige Kletterteams müssen deshalb selbst die Initiative ergreifen, um die Wege und Lager des Berges zu schützen.

Die Nähe einer grossen Kupfermine ist erschreckend. Einige halten diese Region wegen der Berichte über grossflächige Abholzung und Verschmutzung der natürlichen Wasserwege für eine Umweltkatastrophe. Die Mine beseitigt im wahrsten Sinne des Wortes Berge, um an das wertvolle Mineralerz heranzukommen. Es bleibt zu hoffen, dass eine solche Verwüstung nahe der Carstensz-Pyramide nicht dazu führt, dass die Besucher entmutigt werden, sich umweltbewusst zu verhalten.

Oben: Kletterer steigen durch die Schotterrinne am Carstensz ab; im Hintergrund sind die schneebedeckten Gipfel des Nggu Pulu und Punchak Jaya zu erkennen.

Links oben: Im Regenmantel oder mit einem Schirm als Schutz vor dem hier fast alltäglichen Regen überqueren Träger der Dani eine Brücke während des Anmarsches zur Carstensz-Pyramide.

Die Dani

Die Dani sind bekannt dafür, dass die Männer oft nur einen Penisköcher oder Kepewak tragen, und gelten traditionsgemäss als ein kriegerisches Volk. Bis zur Ankunft von Missionaren in den späten 50er-Jahren gab es zwischen den verschiedenen Stämmen noch Fehden. Inzwischen sind die meisten praktizierende Christen und von ruhigem, würdevollem Wesen. Sie wohnen in ihren Kanangda genannten Rundhütten mit Wänden aus Rinde oder Holz, die mit einem dicken Reetdach aus Gras abgedeckt sind. Der Besitz der Dani beschränkt sich auf das Notwendigste. Bis Anfang der 50er-Jahre lebten sie in völliger Isolation und ohne Transportmittel auf Rädern. Das Hauptnahrungsmittel der Dani ist die Süsskartoffel, doch sie ziehen auch Schweine auf und sind Meister im Jagen von Vögeln und anderen Tieren zum Essen. Bei den im Westen der Carstensz-Pyramide lebenden Dani gab es im Gegensatz zu ihren Nachbarn im Osten und Süden in jüngerer Zeit keinen Kannibalismus.

ronald naar

Die mysteriösen Kräfte der Pyramide

Die Carstensz-Pyramide ist von einer seltsamen Aura umgeben. Das bekam Ronald Naar deutlich zu spüren, als er 1989 den Berg bestieg. Sensibilisiert durch die lange Verbindung seines Landes mit dieser Region, ermöglicht uns Naar einen faszinierenden historischen Einblick in die Erforschung der Carstensz-Pyramide und in jene Eigentümlichkeiten, die diese Gegend zu einer Region machen, die scheinbar nicht von dieser Welt ist.

Ich bin kein abergläubischer Mensch, doch als ich am Freitag, dem 13. November, auf dem Gipfel der Carstensz-Pyramide, des höchsten Bergs Neuguineas, stand, war mir wirklich nicht ganz wohl. Es ist wahr, dass sich in diesem Moment ein lang gehegter Traum von mir erfüllte: den höchsten Berg des herrlichen Archipels zu besteigen, der einst als Kolonie zu meinem Heimatland gehört hatte. Die Tatsache, dass ich nervös und abergläubisch war, wirkt angesichts dessen, was sich in den vier vorausgehenden Jahren ereignet hatte, alles andere als absurd: Es begann im Jahre 1985, als kurz vor meinem ersten Versuch, eine Reise zur Carstensz-Pyramide zu organisieren, mein für diese Tour eingeplanter Kletterpartner Frank Merjenberg unter nie ganz geklärten Umständen ums Leben kam. Drei Jahre später musste ich die geplante Besteigung wegen eines seltsamen Ereignisses fallen lassen: In diesem Jahr verschwand ein vierköpfiges indonesisches Kletterteam irgendwo im zentralen Hochland von Neuguinea. Obwohl man glaubte, dass es sich dabei um einen Mord aus politischen Gründen handelte (einer der Kletterer war der Sohn eines indonesischen Generals), betrachteten die Behörden das Gebiet der Carstensz-Pyramide als zu gefährlich für Holländer und erlaubten mir nicht, das Land zu betreten.

Bei meinem dritten Versuch hatte ich mehr Glück und erhielt die Genehmigung. Durch einen «Irrtum» war auf dem Telex der örtlichen Behörde jedoch ein falsches Datum für den Beginn meiner Expedition angegeben. So kam es, dass ich zwei Wochen zu früh in Jakarta eintraf und mir erst nach eineinhalb Wochen die erforderlichen Papiere beschaffen konnte. In Jayapura, der Hauptstadt Irian Jayas, kam es durch den Verlust eines Zettels zu einer weiteren Verzögerung. All diese Vorfälle verstärkten meine Beklommenheit, und ich begann mir einzubilden, dass rund um die Carstensz-Pyramide mysteriöse Kräfte am Werk wären.

Es war noch diese alte Liebe, die mir die Kraft verlieh, all diese Jahre der Korrespondenz und dann in Neuguinea auch die wochenlange Wartezeit in Jakarta und Jayapura zu überstehen – die Liebe zu jenen in Holland als «Smaragdgürtel» bezeichneten, geheimnisumwitterten schneebedeckten Berge, die nach dem holländischen Seefahrer Jan Carstensz benannt wurden.

Als ich zum ersten Mal davon träumte, diese entlegenen Berge zu besteigen, waren sie auf Grund der politischen Lage nur äusserst schwierig zu erreichen. Bis Anfang der 80er-Jahre hatten nur zehn Expeditionen diese rätselhaften tropischen Schneeberge aufgesucht. Wegen der Hassliebe zwischen dem nun unabhängigen Indonesien und seiner früheren Kolonialmacht, den Niederlanden, war es für Holländer besonders schwierig, eine Einreisegenehmigung für Irian Jaya zu bekommen. Selbst heute, in der Ära des Raumflugs und der Kommunikation über Satelliten, leben die Menschen in vielen Teilen Irian Jayas wie in der Steinzeit; das Volk der Dani geht noch mit Pfeil und Bogen auf die Jagd und bearbeitet den Boden mit Steinhacken. Eine Reise ins Hochland von Neuguinea ist nach wie vor eine Reise in die Vergangenheit.

In der zweiten Hälfte der 80er-Jahre war der Anmarsch aus Norden nicht möglich, und so musste ich eine indonesisch-holländische Expedition organisieren, um in dieses Gebiet zu gelangen. Zwei Studenten der Mapala-Universität von Jakarta wurden als Mitglieder in mein Team aufgenommen, um die erforderlichen Genehmigungen zu erhalten. Nach zwei Wochen ermüdender und frustrierender Verhandlungen mit verschiedenen Beamten erhielten wir schliesslich die Erlaubnis, durch das Minengebiet zu reisen, was die schnellste Route zum Berg ist. Oberhalb der Minenstadt Tembagapura verabschiedeten wir uns von der Zivilisation und brachen zu den Bergen auf. Erst zu diesem Zeitpunkt wurde mir klar, dass sich mein Traum erfüllen sollte: Die geheimnisumwitterte Carstensz-Pyramide lag vor mir.

Die erste Wildnis, die wir durchquerten, war das Sumpfgrasland von Carstensz Meadow, jener Sumpf, den Colijn und Dozy 1936 nach einem 28 Tage dauernden Marsch durch den feuchtheissen Dschungel erreicht hatten. Wir benötigten nur einige Stunden im Bus und eine weitere halbe Stunde in der Seilbahn, um den Dschungel hinter uns zu bringen. Hoch über uns sah ich die grossartigen Kalkfelsen der Gipfel um die Carstensz-Pyramide, welche die Regenwolken überragten. Es war fast Mittag, und gemäss Wettervorhersage sollte es regnen. Doch wir waren auch ohne Regen völlig durchnässt, als wir durch die Sümpfe wanderten. Obwohl ich beim Springen von einem Graspolster zum anderen sehr vorsichtig war, versank ich bis zu den Knien im Schlamm. Kurz darauf wurden wir in Nebel eingehüllt, während es zu regnen begann. Es war wie in einem türkischen Bad.

Mehrere Stunden später errichteten wir das Lager auf dem flachen Teil einer Moräne. Im strömenden Regen stellten wir die Zelte auf, und Soutey, einer meiner indonesischen Bergkameraden, begann mit der Zubereitung unserer Lieblingsmahlzeit: Nasi Goreng – gebratener Reis mit Fleisch und Gemüse.

Am Nachmittag stand fest, dass die befürchteten Gewitter ausbleiben würden. Eine sanfte Brise zerstreute die Wolken im Tal, und zum ersten Mal konnte ich die tropischen Gletscher von Irian Jaya sehen, die von der untergehenden Sonne auf dramatische Weise angestrahlt wurden.

Nach den zahlreichen Berichten anderer Expeditionen über die lang anhaltenden Regenschauer war mir klar, dass jede einzelne Sekunde des guten Wetters zählte. So begannen wir am zweiten Tag unseres Aufenthalts inmitten der Berge mit der Planung der Besteigung des Ngga Pulu, jenes der beiden höchsten Berge, der mit Schnee bedeckt war. Ich hatte nicht nur vor, den Berg zu

Ein Kletterer steigt im nassen Fels etwa in 4600 m Höhe die schwierige Seillänge des Normalwegs an der Carstensz-Pyramide vor.

besteigen, sondern auch, vom höchsten Punkt erstmals mit Ski und Snowboard abzufahren. Die Verhältnisse konnten dafür nicht besser sein.

Unser zweites Ziel war natürlich, jenen Gipfel zu besteigen, der inzwischen als der höchste Irian Jayas gilt: die Carstensz-Pyramide. Am Morgen des dritten Tages im Basislager wachte mein holländischer Kletterpartner Erik Pootjes mit starken Kopfschmerzen auf. Er dachte zwar, dass er sich nach etwas mehr Schlaf wieder besser fühlen würde, aber ich wollte nicht länger warten. Da das Wetter immer noch gut war, beschloss ich, die Besteigung der Carstensz-Pyramide zu versuchen. Soutey fühlte sich auch nicht wohl, und so war Didi Samsu, unser zweiter indonesischer Teilnehmer, ausser mir die einzige Person im Camp, die fit war.

So schnell wir konnten, marschierten wir zum Fuss der aus Kalkgestein bestehenden Nordwand der Carstensz-Pyramide. Da wir keine Routenbeschreibung hatten, beschloss ich, in die sanft geneigten Platten des westlichen Wandteils einzusteigen. Die Sonne schien, doch am nördlichen Horizont hingen drohend dunkle Wolken. In der heissen Sonne trockneten die Felsen schnell und sorgten für guten Halt der Kletterschuhe. Ich rechnete damit, dass es nur noch etwa eine Stunde trocken bleiben würde, weshalb wir uns beeilen mussten. Während ich vorauskletterte, sicherten wir nicht und erreichten nach knapp zwei Stunden den Grat. Als ich von dort hinabblickte, konnte ich zwischen wirbelnden Wolkenfetzen auf der anderen Talseite den Canyon des Tsing-Flusses erkennen. Bislang sind nur zwei Expeditionen durch dieses Tal marschiert: Wollaston im Jahre 1912 und der Amerikaner Forbes Wilson 1960. Aber die Zeiten ändern sich schnell in Irian Jaya: Vom Grat aus konnte ich deutlich das Brummen der Bulldozer und die Explosionen in der Mine hören, die sich immer weiter ausbreitet.

Nun kletterten wir wieder gemeinsam weiter. Wir überquerten eine schmale Lücke und setzten den Aufstieg über den Grat fort. Nach ein paar hundert Metern war der Spass vorbei: Wir erreichten wieder eine Kluft, doch diese war 15 Meter tief. Da sie sehr steil und auf einem kurzen Abschnitt überhängend war, beschlossen wir abzuseilen. Didi ging voraus. Sobald er verschwunden war, rief er, dass es ziemlich schwierig wäre, wieder hochzuklettern. «Dann lassen wir das Seil hier hängen», rief ich zurück. «Ich habe noch ein zweites im Rucksack!» Didi war einverstanden.

Vom Grund der Kluft querte ich auf einem breiten Band auf die Südseite des Grats. Weit unter mir entdeckte ich schmutzig-graue Schneeflecken; vermutlich die Überbleibsel des einst riesigen Eisfeldes, das Jan Carstensz vor mehr als 300 Jahren gesehen hatte.

Vom Ende des Bandes kletterten wir langsam hinauf und überwanden dabei drei kleine Überhänge. Dort steckten zwar einige kleine Felshaken, doch war es nicht sicher, dass ich mich noch auf dem richtigen Weg befand. In der Zwischenzeit fühlten wir uns wieder wie in einem türkischen Bad: Wir waren vom Nebel eingehüllt, und manchmal hörte ich ein fernes Donnergrollen. Ich spürte einige Regentropfen, doch zum Glück blieb der warme Fels trocken.

Als wir wieder auf dem Grat waren, kletterten wir am kurzen Seil weiter und rannten fast auf den Gipfel zu. Schliesslich erreichten wir eine dritte Scharte. Grinsend rief Didi: «Spring doch!» Zunächst zögerte ich, dann stiess ich mich ab und landete einige Sekunden später auf der anderen Seite. Die vierte Kluft war weniger spektakulär: Ich kletterte einige Meter in einem kurzen Kamin ab, blieb aber auf halber Strecke hängen. Zuerst dachte ich, dass sich vielleicht eine meiner Schlingen am Fels verhangen habei. Ich entwirrte sie alle sorgfältig, dachte, dass damit das Problem behoben sei, und sprang auf einen grossen Block, der zwei Meter unter mir war. Während des Fluges hörte ich, dass etwas zerriss. Ich schaute hoch und entdeckte, dass ein Teil meiner Hose im Kamin hing. Einige Minuten später erreichten wir den Gipfel. Dort befand sich ein Aluminiumpfahl und eine kleine Plakette zum Andenken an einen Studenten der Mapala-Universität, der einige Jahre zuvor beim Abseilen von der Carstensz-Pyramide ums Leben gekommen war.

Links: Die mysteriöse Carstensz-Pyramide ist von Wolken umhüllt, während der Bergsteiger über einen der stark abschmelzenden Gletscher dieser Gegend aufsteigt.

Unten: Vom Gipfel des Ngga Pulu sind deutlich die Ablaufrinnen des Wassers an der Carstensz-Pyramide zu erkennen, die auf die grossen Niederschlagsmengen in diesem Gebiet hinweisen.

Es war ein grosser Augenblick der Freude für mich – der Traum, den ich als junger Holländer gehegt hatte, war in Erfüllung gegangen, und ich war dabei meinem Ziel näher gekommen, den «Grand Slam» der Seven Summits zu vervollständigen. Ich imitierte Dick Bass und rief: «Sechs bewältigt, jetzt bleibt noch einer!» Didi lächelte: «Warum beendest du deine Sammlung nicht schnell?» – «Weil der letzte Gipfel der Everest ist», erwiderte ich traurig, «ich hasse den Berg inzwischen, da ich schon zweimal vergeblich versucht habe, ihn zu besteigen.»

Am späten Nachmittag kehrten wir in unser Lager zurück. Der tropische Regen ergoss sich mit unglaublicher Kraft. Ich rannte sofort zu Eriks Zelt und rief: «Wir haben die Pyramide bestiegen!» Er antwortete nicht. Als ich den Reissverschluss seines Zelts öffnete, erschrak ich: Erik lag fast bewusstlos im Schlafsack und gab von Zeit zu Zeit einige Laute von sich. Mir blieb fast das Herz stehen. Am Morgen, als ich mich für den Aufbruch fertig machte, hatte er mir gesagt, dass er nur «normale» Kopfschmerzen hätte; bei meiner Rückkehr von der Tour wurde mir schmerzlich klar, dass er nicht nur Kopfschmerzen hatte, sondern dass er ernsthaft höhenkrank war.

Ich schüttelte den Kopf; die mysteriösen Kräfte der Carstensz-Pyramide, von denen ich glaubte, dass sie uns einen Tag lang in Ruhe gelassen hätten, hatten uns wieder einen Streich gespielt.

doug scott

Am Rand der Zivilisation

Während seiner langen und ereignisreichen Bergsteigerkarriere hat Doug Scott die meisten Gipfel der Seven Summits bestiegen, ohne deren «Sammeln» dabei überhaupt in Betracht zu ziehen. Seine einzige Konzession an dieses «anrüchige Konzept» war die Besteigung der Carstensz-Pyramide. Die Einzigartigkeit dieser Klettertour, die steinzeitliche Kultur der Dani und die Fragen bezüglich Umweltpolitik und Menschenrechte, die sich ihm dabei stellten, machten diesen Gipfel der Seven Summits für ihn zum faszinierendsten von allen.

Meine Frau Sharu, Tom Callaghan und ich flogen in der Cessna einer Missionsgemeinschaft viele Meilen über den tropischen Regenwald. Der Sprache des australischen Piloten nach zu urteilen, war dieser kein Geistlicher. Doch er war ein gefälliger Typ und flog einen Umweg, damit wir einen Blick auf die Carstensz-Pyramide, den höchsten Punkt der Insel Neuguinea, werfen konnten.

Aus einer dichten, weissen Wolkenschicht ragten schwarz gestreifte Kalktürme und Felsen hervor wie die letzten Zahnstummel im Gebiss eines alten Mannes. Wir konnten alle bedeutenden Gipfel erkennen und das kleine bisschen Schnee und Eis zwischen ihnen. «Ihr habt Glück, von hier oben etwas anderes zu sehen als nur Wolken», sagte unser Pilot. Wir wussten von Gesprächen mit einer Gruppe indonesischer Bergsteiger, die wir im Basislager am Aconcagua kennen gelernt hatten, dass wir mit Regen rechnen mussten. Als ich damals gefragt hatte: «Wann besteigt man denn die Carstensz-Pyramide?», war die Antwort: «Immer, denn es regnet die ganze Zeit über.» Im Grunde genommen war das zufällige Zusammentreffen mit der Bergsteigergruppe der Mapala-Universität von Jakarta indirekt der Grund für unsere Reise nach Irian Jaya: Sharu und ich kamen damals gerade vom Gipfel des Aconcagua ins Lager zurück, als wir sieben Enthusiasten trafen, junge indonesische Bergsteiger, die neben uns zelteten. Sie bestanden darauf, dass wir an ihrer Universität einen Vortrag halten und dann mit ihnen klettern gehen sollten. Sie fragten mich, ob ich versuchen wolle, alle Gipfel der Seven Summits zu besteigen. Es war das erste Mal, dass ich so ein anrüchiges Konzept wie «das Sammeln» von Gipfeln überhaupt in Erwägung zog. Ich hatte bis dahin den Everest, den McKinley und den Kilimandscharo auf neuen Routen bestiegen oder zumindest zu besteigen versucht und nun auch den Aconcagua auf einer Kombination von bestehenden Routen. Seit meiner Jugend war ich neugierig darauf, neue Bergregionen kennen zu lernen, und habe in den vergangenen 30 Jahren zwei- bis dreimal im Jahr ferne Berge aufgesucht. Es war ein Zufall, dass ich wegen dieser Leidenschaft auch in den Kaukasus und in die Antarktis reiste und den Elbrus sowie das Vinson-Massiv bestieg. Aber ich wäre vermutlich nicht zu den Bergen Neuguineas gereist. Peter Boardman, der gerade aus Irian Jaya zurückgekommen war, hatte mir bereits 1979 im Basislager des Kangchendzönga von den Schwierigkeiten erzählt, die sie bewältigen mussten, um den Gipfel der Carstensz-Pyramide zu erreichen.

Nachdem ich das Vinson-Massiv und den Elbrus bestiegen hatte, schrieb ich an die beiden Indonesier Norman Edwin und Didiek Samsu, die auf unseren Besuch am meisten bestanden hatten. Wir mussten erfahren, dass die beiden einige Tage nach unserer Abreise in einem Sturm am Aconcagua ums Leben gekommen waren und dass sich die anderen fünf Teilnehmer bei einem Rettungsversuch schwere Erfrierungen zugezogen hatten. Wir setzten unsere Reiseplanung dennoch fort und hielten in der Mapala-Universität einen Vortrag, bevor wir uns auf den Weg nach Irian Jaya machten: Das Sammeln von Gipfeln verführt einen dazu, etwas zu tun, was man sonst nicht tun würde. Doch wie sich herausstellte, sollte dieser letzte Gipfel der faszinierendste von allen sieben werden.

Als der Pilot Ilaga anflog, sahen wir überall einzelne strohbedeckte Hütten, gepflegte Gemüsegärten und sanft gewellte Hügel, die von dichtem Wald umgeben waren. Das Flugzeug hüpfte, knatterte und wurde heftig geschüttelt, als wir auf der holprigen Landebahn aufsetzten. Nachdem wir das Gepäck ausgeladen hatten, bereitete sich der Pilot auf den Abflug vor und rief uns zu, dass er keine Ahnung habe, wann er wieder zurückkäme, und dass die Einheimischen uns aller Wahrscheinlichkeit nach zuerst den Kopf abhacken und dann zum Abendessen verspeisen würden. Nach diesen aufmunternden Informationen flog er zurück nach Nabire.

Wir drehten uns um und wandten uns dem Gepäck zu. Männer, von denen die meisten Penisköcher trugen und Federn des Paradiesvogels im Haar hatten, waren bereits damit beschäftigt, es in Traglasten zusammenzustellen. Die Frauen trugen Röcke aus Raphiagras und halfen ihnen ein wenig dabei. Nach so viel Mühe hatten wir es am 3. Mai 1995 endlich geschafft und das Dorf Ilaga erreicht. Die einheimischen Dani trugen unser Gepäck in einer Stunde von der Landebahn ins Dorf, wo wir die anderen Teilnehmer unseres Teams trafen. Wir waren eine Gruppe von Freunden aus Grossbritannien: David Macrae, Chris Brown, meine Frau Sharu und ich, ferner Tom Callaghan und Mark Bowen aus den USA. Der Grund unseres Zusammentreffens war die Besteigung der Carstensz-Pyramide, andererseits aber auch der Wunsch, so viel Zeit wie möglich mit dem Volk der Dani zu verbringen, von denen einige nun als Träger für die Besucher arbeiten.

Links: Beladen mit Verpflegung, helfen die Dani einander während des Anmarsches zum Berg beim Überqueren eines Baches.

Rechts: In der Umgebung der Carstensz-Pyramide findet man Felsformationen und Seen wie diesen, der unter den steilen Felsen des Punjack Jaya liegt.

Am nächsten Morgen versammelten sich 53 dieser Träger zu einem eineinhalbstündigen Vortrag, bei dem zuerst der Polizeichef sprach, dann der Sekretär von Ilaga, ein Beauftragter der indonesischen Regierung, der die Leute zu harter Arbeit aufforderte. Er unterstrich seine Botschaft, indem er einen Dorfbewohner ins Gesicht trat. Der Mann nahm es ohne mit der Wimper zu zucken hin. Ich war entsetzt und erwartete, dass einige der anderen – junge, muskulöse Männer, die mit Speeren und Pfeil und Bogen herumliefen – ihn verteidigen würden, doch keiner rührte sich. Es sah aus, als ob so etwas regelmässig vorkommen würde.

Abgesehen von diesem bestürzenden Ereignis hätte der Beginn unserer Reise zur Carstensz-Pyramide nicht angenehmer sein können: Nach der Landebahn überquerten wir eine breite Ebene, wo etwa 10 000 Dani in ihren traditionellen strohbedeckten Rundhütten leben. Jenseits der Felder erstreckt sich dichter Wald bis zu den Graten hinauf. Vom Flugzeug aus hatten wir gesehen, wie viel von Irian Jaya aus Urwald besteht. Im Nordosten sollen angeblich Stämme leben, die noch nie von fremden Menschen besucht worden sind.

Am späten Morgen verliessen wir unsere Hütte im Dorf auf verschlungenen Pfaden, durchquerten Felder mit grunzenden Schweinen und gingen an Hütten vorbei, immer gefolgt vom Tross der Träger, von denen die meisten Kartoffeln für ihre Verpflegung während der nächsten Wochen trugen. Frauen begleiteten uns, um behilflich zu sein; sie trugen geflochtene Taschen mit Süsskartoffeln auf dem Kopf, und ihre Röcke raschelten bei jeder Bewegung. Bald rann Schweiss über ihren nackten Körper, der in der Sonne glänzte. Die Dani, die wir unterwegs trafen, waren alle offen, direkt, glücklich und selbstsicher, besonders die Kinder, die sich beim idyllischen Dörfchen Pinapa um uns versammelten und von denen die meisten Junior-Penisköcher trugen oder Baströckchen, die an den Enden bemalt waren. All jene Dani, die eine Kombination von abgetragenen, geflickten und schmutzigen Kleidern westlicher Art trugen, kamen natürlich nicht aufs Foto.

Am frühen Nachmittag betraten wir «das Herz der Finsternis», den Dschungel, der genau so war, wie er in den Geografiebüchern beschrieben wird: mit langen, dünnen Baumstämmen, die sich zur Sonne emporrecken, und darunter, in ihrem Schatten, einem Gewirr von Farnen, Kriechpflanzen und Stechpalmen. Es zeigte sich schnell, dass das Durchqueren eines Dschungels ziemlich anstrengend ist, besonders wenn es so viel regnet, dass manche Stellen schlammig und sumpfig werden und das Überwinden des Geflechts aus Kriechpflanzen erschweren.

Wir erreichten schliesslich festen Boden, auf dem die Bäume durch Feuer gerodet worden waren. Dort stellten die Dani ein langes Gerüst aus Stangen auf und bedeckten es mit Planen. Im Inneren errichteten sie über einer langen Feuerstelle ein weiteres Gestell, auf dem sie nasses Holz trockneten. Nach dem Abendessen sassen wir da und waren begeistert, als die Dani unter Sternen am offenen Feuer zu singen begannen. Die Musik glich jener, welche die australischen Eingeborenen mit dem Didgeridoo machen, und erinnerte an die Melodien der Zulus. Es war der bezauberndste Gesang, den ich jemals gehört habe; alle 53 Dani waren beteiligt an einer kunstvollen Symphonie aus Chor und Sologesang, die tief aus ihrem Inneren kam. David sass da bis spät in der Nacht und zeichnete im Lichtschein der Lampe ein pelziges Beuteltier, das durch einen Steinwurf erlegt worden war.

Am 5. Mai brachen wir früh auf, tauchten sofort wieder in den Dschungel ein und überquerten den rund 4100 Meter hohen Padang Mbla-Mbla. Auf dem Pass blickten wir noch einmal zurück nach Ilaga und der Landebahn, bevor ein Regenguss uns und die Träger vor Kälte zittern liess. Bis der Regen endete, machten sie

ein Feuer und zündeten Büsche an, um sich aufzuwärmen; dann gingen wir weiter. Scharfe, elegant geformte weisse Kalkklingen ragten aus dem Schlamm und Gras hervor. Die Vegetation veränderte sich hier und erinnerte mit den bis zu sechs Meter hohen Farnbäumen an die Landschaft am Mount Kenya.

Wir erreichten das Basislager am späten Nachmittag des 9. Mai. 30 Träger sollten nach Ilaga zurückkehren, der Rest würde bis zu unserer Rückkehr im Basislager bleiben. Diese 30 Dani waren früh am Morgen vorausgeeilt zum Basislager und kamen uns singend und jauchzend entgegen. Sie waren noch immer voller Energie nach einem anstrengenden, barfüssigen Achtstundenmarsch über das scharfkantige Geröll aus Kalk. Vom höchsten Sattel, dem Neuseeland-Pass, konnten wir in die Nordwand der Carstensz-Pyramide sehen. Gerade als sich der Nebel verdichtete, entdeckten wir den Normalweg und einige andere Routen, die wir später begehen wollten. Der Pfad führte durch steile, enge Rinnen hinab und stiess dann auf einen gut ausgebauten Weg, der vom Basislager zur grossen Kupfermine in dieser Gegend führt. Wir bogen nach links ab und stiegen zum Basislager hinauf, wo wir am späten Nachmittag bei Nieselregen eintrafen.

Am Morgen danach standen wir um 6 Uhr früh im Nieselregen am Fuss der Nordwand. Mark und Chris schlossen sich zu einer Seilschaft zusammen, Sharu und ich mit Tom. Wir stiegen in Kletterschuhen etwa 100 Meter an einem Fixseil hoch, das bald nicht mehr benutzt wurde. Das Wetter besserte, und Mark und Chris flitzten voraus. Da wir eine grössere Seilschaft waren und Sharu filmte, kamen wir etwas langsamer voran. Wir verliessen die übliche Route durch die enge, mit Geröll gefüllte Rinne und wählten links davon eine Variante, die eine schönere Kletterei bot. Dann kamen wir in das grosse Geröllbecken unter der Gipfelwand und kletterten von dort wieder eine schöne Variante im oberen V. Schwierigkeitsgrad links der Route. Vom Gipfelgrat schauten wir hinab auf einen grossen, breiten Gletscher, der nur 150 Meter entfernt zu sein schien. Es war grossartig, auf dieser langen, abwechslungsreichen Route zu klettern. Wir stiegen schliesslich in eine Scharte ab, wo Mark sich auf der anderen Seite durch einen nassen, schwierigen Riss hinaufkämpfte. Nach einem gewaltigen Kraftakt folgte ihm Chris und zog unsere Rucksäcke hoch, was das Klettern für Sharu und mich wesentlich einfacher machte. Wir kamen dann zu einer weiteren Kluft, in der ein Fixseil hing. Gegen 11 Uhr standen wir auf dem Gipfel nach einer schönen Bergtour, die einer Klettertour im Fels der Alpen glich. Ich erntete auf meinem siebten Gipfel der Seven Summits stürmischen Applaus von den anderen. Wir verliessen den Gipfel am Mittag, als Wolken aufzogen und den Blick nach Westen verhinderten. Wir eilten über den Grat, seilten uns ab, kletterten zum Wandfuss hinab und waren eine Stunde später nach unserer insgesamt 12-stündigen Tour wieder zurück im Basislager, wo wir von den Dani mit Jubelrufen empfangen wurden.

Nachdem wir eine neue Route östlich der Carstensz-Pyramide auf den so genannten Middenspits eröffnet hatten, brachen wir an einem der darauffolgenden Tage zu einer weiteren Tour in der Nordwand auf, eine Route, die links vom Normalweg liegt und von Dick Isherwood erstbegangen worden war. Wir wechselten uns im Vorstieg stets mit Tom und Mark ab, wobei sie die schwierigsten Stellen führten. Jede der Seillängen gingen wir in diesem herrlichen Kalk ganz aus, wobei wir hin und wieder an Standplätzen auf Haken stiessen. Sonst sicherten wir uns mit Klemmkeilen und Friends, die wir in den scharfen Rissen verklemmten. Ein Grossteil des Felsens war überzogen von ineinander übergehenden kleinen Hohlräumen mit Spitzen dazwischen, die unter unseren Kletterschuhen knisterten und knackten, aber für gute Reibung sorgten.

Bei der Erstbegehung der Angloamerikanischen Route freuten sich die Kletterer über den herrlich rauen Kalk, der viele Möglichkeiten bot, Sicherungsmittel zu platzieren.

Gegen Mittag wurde das Wetter schlecht, und so eilten wir über weniger steile Hänge hinauf und kletterten dann durch eine steile Wand in eine enge Felsrinne. Da es stark regnete, legten wir das Seil ab und stiegen durch die Rinne auf den Ostgrat, auf dem Reinhold Messner oder ein Nachfolger einen Steinmann hinterlassen hatte. Wir befanden uns etwa 30 Meter unter dem Gipfel und hatten keine Lust mehr weiterzugehen, da wir alle durchnässt waren. Wir stiegen und seilten ab, während das Wasser durch jeden Riss und jede Spalte in der Nordwand hinab rann, und erreichten das Camp, bevor es dunkel wurde. Die gut 600 Meter lange Route im V. Schwierigkeitsgrad ermöglichte in allen steilen Abschnitten eine Kletterei in herrlichem Kalk.

Widerwillig wanderten wir zum Bergwerk hinab, in der Hoffnung, damit schneller das Gebiet verlassen zu können, weil ein Teammitglied am Knie verletzt war und ein anderes Fieber hatte. Joe Gate nahm uns gastfreundlich in seinem Haus auf, und wir durften in der Kantine essen. Joe war verantwortlich für die Rettungseinsätze in der Mine und hatte vermutlich viel zu tun. Die Kupfermine ist ein riesiges Unternehmen von unvorstellbarer Komplexität; die Anlage erstreckt sich über mehrere Quadratmeilen und frisst sich langsam an den Berghängen empor. Über den zur Verfügung gestellten Komfort werden sich die Arbeiter wohl kaum beklagen; Verpflegung, Krankenhäuser, Schulen und Unterkünfte entsprechen dem höchsten Standard. Wir wurden über die lange Strasse nach Timika gebracht und sahen unterwegs die Verwüstungen, die entstanden sind durch den Fels, den Müll, den Abraum und die Chemikalien, die in den Fluss gekippt wurden. Viele Quadratmeilen des Regenwalds waren bereits abgestorben; nur einige Bäume blieben noch übrig und kämpften ums Überleben.

Bei meiner Rückkehr nach Grossbritannien erfuhr ich, dass einige Tage nach unserer Abreise von Timika elf Menschen im Dörfchen Hoea bei Timika von der indonesischen Armee erschossen worden waren. Die Dorfbewohner von Hoea hatten sich wegen der Kämpfe zwischen der OPN-Guerilla und dem indonesischen Militär in den Wald zurückgezogen. Während des Vorfalls hatten sie sich versammelt, um gemeinsam zu beten. Anscheinend erschien plötzlich eine Patrouille und eröffnete ohne Vorwarnung das Feuer. Pater Martinus Kibak hob die Hände hoch, um sich zu ergeben, wurde aber in den Bauch geschossen und starb zusammen mit den zehn anderen Menschen.

Ich war bestürzt darüber, dass die 350 Kilometer entfernt in Jakarta sitzende indonesische Regierung die Menschen von Papua genauso behandelt wie die chinesischen Herrscher die einheimische Bevölkerung Tibets. Die Dani haben menschliche Qualitäten, die wir früher auch besassen und die nun übertüncht sind vom Lack der Zivilisation. Wenn menschliche Wärme, Spontaneität, Humor, Aufrichtigkeit, Ausgeglichenheit und Frieden als Indikatoren dienen, dann war das Leben in der Steinzeit früher bestimmt nicht schlecht. Das Land der Dani ist eine der letzten geistig gesunden Oasen dieser Welt. Es wäre für uns alle ein grosser Verlust, wenn sie durch Habsucht oder Dummheit zerstört würde.

Mount Kosciuszko

Der Kosciuszko (ausgesprochen: Kozzie-os-ko) ist Teil der Snowy Mountains von Neusüdwales; er gehört zur Great Dividing Range, deren Kamm die Grenze zwischen den Staaten Victoria und Neusüdwales darstellt. Auf halber Strecke zwischen Sydney und Melbourne gelegen, ist er je etwa 450 Kilometer von den beiden Grossstädten entfernt.

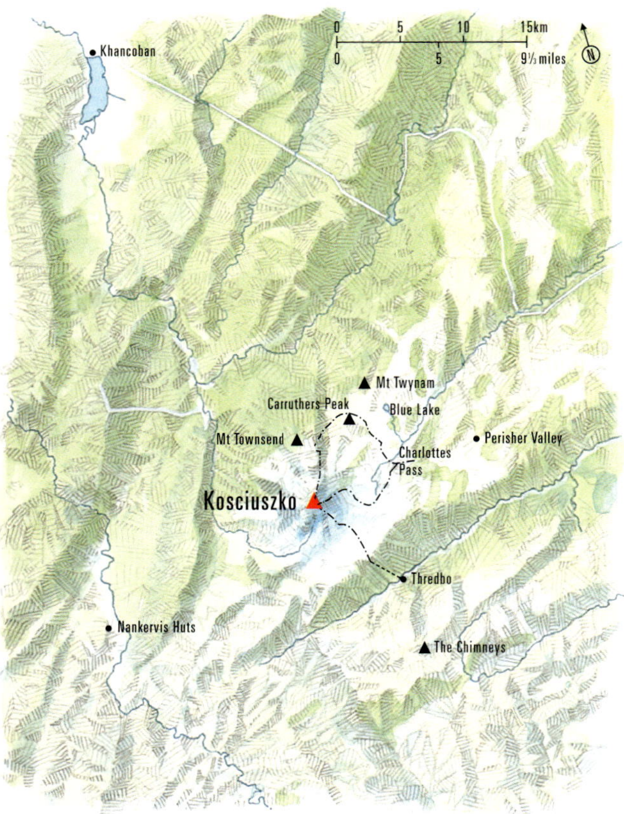

«Die Anstiege führen zunächst durch dichten Nadelwald, dann durch Ansammlungen von Eukalyptusbäumen und schliesslich durch das allgegenwärtige Dornengestrüpp und die zähen, winterharten Gummibäume.»

Australien hat keine vergletscherten Berge, und der höchste Gipfel, der Kosciuszko, ist ein Hochmoorgipfel, der Alpinisten wenig bietet. Seine Besteigung ist, wie Dick Bass einmal sagte, «ein Spaziergang im Park». Schon im Jahre 1898 wurde der Gipfel mit einem Fahrrad erreicht! Im Gegensatz zu jedem anderen in diesem Buch beschriebenen Berg wird er wohl kaum jemals im Katalog eines kommerziellen Expeditionsveranstalters erscheinen. Er ist aber der höchste Berg Australiens, und allein aus diesem Grund ist er seit vielen Jahren ein beliebtes Ziel. Besässe er nicht diesen Status, dann hätte wohl kein Bergsteiger der Welt jemals etwas von ihm gehört. Dennoch wird die Herausforderung der Seven Summits keine besonderen Auswirkungen haben auf die Zahl seiner Besucher.

Klima

An einem schönen Tag sind T-Shirt, Trainingsanzug und Sonnenöl die Norm, und die Besteigung bekommt dann die Atmosphäre eines Familienausflugs. Die Monate November und Dezember des australischen Sommers bieten die besten Witterungsbedingungen für eine Wanderung zum Gipfel, obwohl das Wetter im März und April auch schön sein kann. Die Monate von Juni bis September sind die besten für Skifahrer, doch auf den grossen Hochebenen muss man sich vor dem «White Out» (Orientierungsschwierigkeiten in Schnee und Nebel) in Acht nehmen. Wie in jeder Bergregion können sich auch hier die Verhältnisse schnell ändern, und gefährliche Situationen sind nie ganz auszuschliessen. Im Winter kam es schon vor, dass unvorsichtige Skifahrer von Lawinen erfasst wurden, und im Juli 1997 zerstörte ein grosser Bergrutsch einen Teil des Skigebietes Thredbo unter dem Kosciuszko. Für einen erfahrenen Himalaja-Bergsteiger, der alle Gipfel der Seven Summits im Alleingang besteigen wollte, war der Kosciuszko ausser dem Everest der einzige Berg, an dem sein erster Besteigungsversuch scheiterte, da er in einem starken Schneesturm umkehren musste.

Flora und Fauna

Das Kosciuszko-Plateau ist eine braune, baumlose Fläche und erinnert an das schottische Hochland. Die verschiedenen Anstiege führen zunächst durch dichten Nadelwald, dann durch Ansammlungen von Eukalyptusbäumen und schliesslich durch das allgegenwärtige Dornengestrüpp und die zähen, winterharten Gummibäume, die mit zunehmender Höhe immer gedrungener und knorriger werden. Im Frühling und Frühsommer gibt es eine verschwenderische Fülle von farbenprächtigen Alpenblumen, Butterblumen und Vergissmeinnicht. Der Himmel ist das Reich der Raben und Falken, und auf den Hochebenen gibt es kleine Nagetiere, Schlangen und Spinnen, von denen einige giftig sind. Mit etwas Glück kann man weiter unten auch mal ein Echidna sehen, das aussieht wie ein Igel, oder gar ein Brumby, wie die Wildpferde hier genannt werden.

Besteigungsgeschichte

Sicherlich wurde der Kosciuszko schon vor vielen hundert Jahren von den australischen Ureinwohnern bestiegen; da der Berg aber im Herzen der Snowy Mountains liegt, wurde er erst 1824 von Weissen gesehen. Im Jahre 1839 kam der polnische Entdecker Sir Paul Edmond de Strzelecki nach Australien und erforschte die entlegenen südöstlichen Gebiete des Landes. Am 15. Februar 1840 erreichte er den Gipfel des Berges, den er für den höchsten Australiens hielt, und benannte ihn nach seinem berühmten Landsmann Tadeusz Kosciuszko, da ihn die Form des Berges an dessen Grab in der Kathedrale von Krakau erinnerte.

Strzelecki erreichte den Berg aus Nordwesten und hinterliess keinen Steinmann auf dem Gipfel, was Historiker vermuten liess, dass er vielleicht den benachbarten Townsend bestiegen haben könnte, den zweithöchsten Gipfel der

Bergkette, der nur 19 Meter niedriger ist als der Kosciuszko. Blickt man von Nordwesten auf die beiden Berge, wirkt der Townsend höher und weist eindeutig eine gewisse Ähnlichkeit mit dem Grab in Krakau auf.

Der Name des polnischen Patrioten wurde zunächst falsch wiedergegeben, dann mit der Schreibweise «Kosciusko» dem englischen angepasst. Ab 1940 bestanden aber immer mehr Leute darauf, zur korrekten Schreibweise zurückzukehren. Mit der Unterstützung von Persönlichkeiten wie Papst Johannes Paul II. und dem früheren australischen Premier Gough Whitlam hatte die Bewegung schliesslich Erfolg, und im März 1997 wurde offiziell wieder das z dem Namen beigefügt – auf den Akzent auf dem s verzichtete man hingegen wegen der Computer-Textprogramme.

Wanderrouten zum Gipfel

Beliebte Wege führen von Thredbo im Süden und dem Charlotte-Pass im Norden zum Gipfel. Das 1370 Meter hoch gelegene Thredbo, das beste und wohl teuerste Skigebiet Australiens, ist mit öffentlichen Transportmitteln leicht zu erreichen. Der Thredbo-Wanderweg beginnt mit einem steilen Aufstieg über 600 Meter durch ein Waldgebiet, doch die meisten Leute benutzen den Crackenback-Sessellift und sparen dadurch zwei Stunden. Von dort geht es sieben Kilometer auf einem – zum Schutz vor Erosion – mit Stahlschienen befestigten Wanderweg zum Gipfel. Südwestlich davon schlängelt sich eine landschaftlich schönere Variante hinauf.

Zum grossen Parkplatz am 1840 Meter hoch gelegenen Charlotte-Pass gelangt man über die asphaltierte Kosciuszko-Road. Dort beginnt eine nach Westen verlaufende Schotterstrasse, die man nur mit dem Mountainbike befahren darf. Dieser breite Schotterweg führt an der Seaman-Hütte vorbei, einer alten Notunterkunft mit Steinmauern und Blechdach. Das höchstgelegene Gebäude Australiens ist Laurie Seaman gewidmet, die hier 1928 an Unterkühlung starb. Der Weg verläuft dann auf der Rückseite (Nordseite) des Gipfels und endet nach acht Kilometern nur einen Steinwurf vom höchsten Punkt entfernt. Diese Route wird häufig während der Wintermonate von Skitourengehern benutzt.

Naturschutz

Die Behörde des Kosciuszko-Nationalparks kümmert sich um die Instandhaltung der Region und kontrolliert die Umweltbelastung durch die Besucher. Das ist notwendig, weil dieses Gebiet im Sommer und im Winter ein beliebtes Ziel darstellt und von Canberra aus leicht erreicht werden kann. Die Erosion der Wege und die Abfall- und Hygieneprobleme halten sich in Grenzen, doch es gibt eine andere ernste Bedrohung: Australien ist berüchtigt für seine Busch- und Waldbrände während des langen und trockenen Sommers. Einige werden durch Wanderer und Camper entfacht. Die wichtigste Regel für Besucher ist deshalb das Verbot von offenen Feuerstellen oberhalb von 1700 Metern Höhe, wo man wegen der Brandgefahr nur noch Kocher benutzen darf.

Der Kosciuszko bietet im Sommer schöne Bergwanderungen und Mountainbike-Touren; im Winter ist er ein ausgezeichnetes Revier für Skifahrer.

Tadeusz Kosciuszko

Der im Jahre 1746 geborene Tadeusz Kosciuszko war ein Armeeingenieur, der sich mit Leib und Seele für den Frieden einsetzte, im Jahre 1776 nach Amerika reiste und sich im Bürgerkrieg durch sein grosses Engagement auszeichnete. Als Folge davon wurden ihm die amerikanische Staatsbürgerschaft und der Rang eines Brigadegenerals verliehen, bevor er heimreiste, um für die Befreiung Polens zu kämpfen. Bis zu seinem Tod verfolgte er leidenschaftlich sein Ziel und führte die polnischen Streitkräfte mit zeitweiligem Erfolg gegen die Russen, bis er 1817 friedlich starb.

brigitte muir

Eine andere Welt

Bis heute ist Brigitte Muir die einzige Australierin, die alle Gipfel der Seven Summits bestiegen hat. Hier schreibt sie, weshalb sie den Mount Kosciuszko so schätzt, und lässt keinen Zweifel daran, welcher Berg für sie der höchste ihres Kontinents ist.

Ich liebe die Berge und verehre die Wälder. Wenn beide zusammenkommen, dann bin ich im Paradies. Eine meiner Lieblingsregionen in diesem riesigen Land, das einen ganzen Kontinent umfasst, ist das «High Country», das Hochland. «High» ist es im Vergleich zu den meisten anderen Regionen Australiens, die alle etwa auf Meereshöhe liegen. Und als «Country» darf man es bezeichnen, weil es eine andere Welt zu sein scheint: eine Welt von grossen Bäumen, dickem Gebüsch und steilen Vorsprüngen, von kreischenden Papageien und unerwarteten Schneestürmen, von Bergwiesen und vom Wind verdrehten Gummibäumen.

Der nach dem polnischen Patrioten Tadeusz Kosciuszko benannte Berg ist der höchste Punkt des Kontinents und wurde erstmals im Herbst 1840 von Paul Edmond de Strzelecki, einem polnischen Weltenbummler und Autodidakten der Geologie, bestiegen. Mit einer Höhe von 2228 Metern ist der Kosciuszko nur ein etwas grösserer Buckel, ein Pickel auf den Hügelketten der «Australischen Alpen». Aber die grossartige Landschaft macht die Besteigung zu einem interessanten Erlebnis.

Vergessen Sie alles, was Sie je über den Kosciuszko gehört haben: beispielsweise, dass man mit dem Sessellift des Thredbo-Skigebietes hinauffahren könne und dann auf einem mit Stahlschienen befestigten Weg (zum Schutz der fragilen Umwelt) bis fast zum Gipfel hinaufwandere, oder dass es dort sogar noch an den letzten Hängen unter dem Gipfel eine Strasse gebe und dass es sich bei seiner Besteigung wirklich nur um einen kaum erwähnenswerten Spaziergang handle, obwohl er der höchste Punkt des australischen Kontinents ist.

Der Mount Kosciuszko ist eine Welt für sich. Ich habe ihn inzwischen dreimal bestiegen und bin dabei immer von den Geehi Flats losgegangen, einer Lichtung mit Nebelschleiern über den Ufern des Swampy Plain River. Kängurus lieben diesen Ort; ganze Herden grasen auf den freien Wiesen am Fuss der dicht bewaldeten Hänge. Pioniere hatten versucht, das Gebiet zu besiedeln, und die alten Hütten erinnern uns an die Einsamkeit und die Fremdartigkeit, mit der die ersten europäischen Bewohner des Kontinents konfrontiert wurden, als sie hier nach Reichtümern gruben. Heute lebt dort niemand. Nur auf dem Campingplatz am Ufer des Flusses halten sich Familien in ihrem Urlaub auf, ferner einige Angler, im Winter Skitourengeher und während der ganzen Jahreszeit Wanderer.

Die 420 Meter hoch gelegenen Geehi Flats sind der Ausgangspunkt für die Hannels-Spur-Route, die den abenteuerlich gesinnten Bergwanderern einen Aufstieg von 1800 Höhenmetern zum Gipfel des Kosciuszko bietet. Dabei überquert man zweimal den Swampy Plain River, zuerst auf einer Brücke und dann indem man ihn durchwatet, was bedeutet, dass man dabei – je nach Jahreszeit und Wetter – entweder nur bis zu den Knöcheln oder aber bis zum Bauchnabel nass wird. Anschliessend wandert man über eine Ebene mit hohem Gras und gelangt zu einer Hütte, die ich gerne als mein Urlaubsdomizil bezeichnen würde. Dort beginnt die eigentliche Hannels-Spur-Route – ein guter Weg, der in vergangenen Zeiten als Saumpfad diente. Man wird immer nass, wenn man durch den Wald aufsteigt, vom Schweiss, vom Regen – oder von beidem. Doch das schmälert die Eindringlichkeit des Erlebnisses nicht: Wie im Märchen bedecken zahlreiche Pilze den Boden unter den majestätischen Bäumen, deren Kronen das Licht filtern und den Schatten mit roten und fluoreszierend-gelben Farbtönen sprenkeln. Es ist ein verlorenes Paradies, ein Spaziergang durch den Garten Eden.

Mitten im Weg ist plötzlich ein grosses Loch: der Bau eines Wombat. Es heisst, dass Wombats, diese grossen, breit gebauten und eher störrischen Beuteltiere, sich auf ganz delikate Art gegen Füchse wehren, die in ihre Höhle eingedrungen sind: Sie kriechen rückwärts in ihren Bau und drücken den Eindringling mit ihrem Hinterteil einfach an die Wand!

Links: Brigitte Muir und ein Freund erholen sich in einer kurzen Aufstiegspause bei einem «Schwertkampf» an den Hängen des Kosciuszko.

Rechts: Ein schöner Sonnenuntergang vergoldet den felsigen Gipfel des Kosciuszko und wärmt Brigitte Muir, die in der Nähe des Gipfels zeltet.

Moira's Flat ist eine kleine Lichtung auf etwa 1600 Metern Höhe, der beste Ort für eine Übernachtung mit einem vergnüglichen Abend am Lagerfeuer. Die Bäume werden ab hier immer kleiner, bis schliesslich nur noch dicke, hüfthohe Büsche übrig bleiben und das Herz beim Anblick des Panoramas einen Freudenhüpfer macht: ein blauer Bergkamm nach dem anderen, silberne Flecken des reflektierten Himmels in den Bodensenken, Wälder und noch mehr Wälder, über denen der Dunst des Eukalyptusöles hängt, dann karge Flächen.

Hier oben befinde ich mich auf dem Höhepunkt der Welt kurz nach der Schöpfung; alles ist perfekt, ich bin im Einklang mit dem Universum: einige gute Freunde, viel Liebe und Toleranz, ein gesunder Respekt vor der Natur. Weil es keinen Grund zur Eile gibt und alles so schön und rein ist, verbringen wir zwei weitere Nächte hier oben. Eine Nacht bleiben wir in Byatts Camp, am Fuss des felsigen Mount Townsend, der mit einer Höhe von 2209 Metern der zweithöchste Berg im Zauberland von Oz ist. In der zweiten Nacht zelten wir in der Nähe des Gipfels vom Kosciuszko, nachdem ein ganzer Wandertag hinter uns liegt, der uns an den Seen des Wilkinson Creek vorbei und zum breiten Graskamm geführt hat, auf dem man zum Gipfel steigt. Ich könnte für immer hier oben bleiben, in Wind, Farben und Weite schwelgen. Traditionsgemäss endet in Australien aber jedes Abenteuer mit einer Abschlussbesprechung in Verbindung mit einem Essen – und dieses Erlebnis schreit geradezu nach einem Barbecue mit Bier am Ufer des Swampy Plain River, wo man dann im Gras liegt mit Kängurus und Freunden und dabei die schmerzenden Kniegelenke nach einem langen Abstieg durch den Wald pflegt.

Die Autoren

Steve Bell

Steve Bell ist seit 25 Jahren Bergsteiger, ferner staatlich geprüfter Berg- und Skiführer und Eigentümer der Bergschule «Jagged Globe» in Sheffield (GB). Bekannt wurde er zunächst vor allem durch eine siebentägige Winterbegehung der Eigernordwand. Seine zukünftigen bergsteigerischen Ziele liegen auf den «weissen Flecken» der Weltkarte, den letzten Wildnissen der Welt.

Chris Brown

Chris Brown ist ein Bauer aus dem Norden von Yorkshire (GB), der erst im Alter von 40 Jahren ernsthaft mit dem Bergsteigen begonnen hat. Er bestieg die Seven Summits, um Spendengelder zusammenzubekommen für sein Projekt, den Aufbau einer Werkstatt für geistig Behinderte, Claro Enterprises. Sie befindet sich in Harrogate. 15 Mitarbeiter stellen Produkte her, die verkauft werden.

Viki Grošelj

Viki Grošelj ist Slowene, Sportlehrer an einer Grundschule und Autor von acht Büchern. Er begann seine Sammlung der Seven Summits mit der Besteigung des Kilimandscharo im Jahre 1985 und ist bis heute auf zehn Achttausendern gestanden, wobei er vier in weniger als einem Jahr bestiegen hat. Er freut sich auf zukünftige Klettertouren rund um die Carstensz-Pyramide, im Himalaja und am Südpol.

David Hempleman-Adams

David Hempleman-Adams ist ein Geschäftsmann mit einem Hang zum Abenteuer. Neben seiner Sammlung der Seven Summits gelang dem englischen Entdecker der Alleingang zum Süd- und zum Nordpol. Er unterstützt aktiv einige Wohltätigkeitsorganisationen, die es jungen Menschen ermöglichen, Outdoor-Abenteuer zu erleben.

Ginette Harrison

Dr. Ginette Harrison war Ärztin und eine erfahrene Bergsteigerin. Nachdem sie 1983 den Kinley bestiegen hatte, begann sie mit dem Sammeln der Seven Summits. 1993 traf sie ihren späteren Mann Gary Pfisterer zu Beginn ihrer Everest-Expedition in Katmandu. Ginette kam Ende 1999 auf tragische Weise in Nepal in einer Lawine ums Leben.

David Keaton

Der amerikanische Profifotograf und Autor David Keaton stand auf den höchsten Punkten der 50 US-Staaten (1996) und hat an Expeditionen zum Cho Oyu, in die Cordillera Ramada und zu den Vulkanen Ecuadors teilgenommen. 1998 gelangen ihm neue Routen in Tadschikistan im östlichen Pamir, einschliesslich der Erstbesteigung des Westlichen Zartosh (6060 m).

Brigitte Muir

Seit Brigitte Muir im Jahre 1976 mit dem Bergsteigen begann, hat sie acht Achttausender und 14 Gipfel im Himalaja bestiegen. Sie war die erste Australierin auf einem Achttausender und erreichte 1986 den Westgipfel des Shivling in Indien auf einer neuen Route. Ihre zukünftigen Projekte sind Erstbesteigungen in China und eine neue Route an einem Siebentausender mit Jon Muir.

Ronald Naar

Der Holländer Ronald Naar ist Abenteuerfotograf; er hält Vorträge und hat bereits neun Bergbücher verfasst. Er hat über 550 Gipfel in den Alpen bestiegen und seit 1968 an 40 Expeditionen zu den Bergen der Welt teilgenommen. Derzeit ist er dabei, alle Viertausender der Alpen zu machen, wobei er bereits 82 der 88 Gipfel erreicht hat.

Arne Naess

Der Schiffseigner Arne Naess begann im Alter von 11 Jahren mit dem Bergsteigen und war der erste Norweger, der durch die Matterhorn-Nordwand stieg. Er leitete drei Himalaja-Expeditionen, darunter auch eine skandinavische Expedition auf den Everest, die als die erfolgreichste Everest-Expedition überhaupt gilt. Sein Ziel sind nun die Klassiker der Alpen.

Yasuko Namba

Im Jahre 1996 erreichte Yasuko Namba als zweite Japanerin den Gipfel des Everest und damit den letzten Gipfel ihrer Sammlung der Seven Summits. Sie kam beim Abstieg während einer der schlimmsten Everest-Tragödien ums Leben.

Ricardo Torres Nava

Ricardo Torres Nava ist ein professioneller Bergführer, dem die Besteigung aller Gipfel der Seven Summits jeweils beim ersten Versuch gelang. Er war der erste Mexikaner auf dem Gipfel des Everest (1989) und wurde dafür von der mexikanischen Regierung als «Sportler des Jahres» ausgezeichnet.

Gary Pfisterer

Der Amerikaner Gary Pfisterer wurde von Dick Bass' Buch inspiriert und begann seine Sammlung der Seven Summits im Jahre 1990 mit der Besteigung des Kilimandscharo. Bei seiner Everest-Besteigung im Jahre 1993 traf er Ginette Harrison, die bei den noch fehlenden Gipfeln der Seven Summits zu seiner Seilgefährtin und später zu seiner Frau wurde.

Josep Pujante

Der Spanier Josep Pujante ist Arzt, Leiter einer Klinik, Diplomat und Autor von 14 Bergbüchern. Er hat ausser den Seven Summits klassische Routen in den Alpen bewältigt und die höchsten Berge der grössten Inseln der Welt bestiegen. Seine nächsten Projekte sind die Annapurna, eine Rückkehr zum K2 und Erkundungsreisen in die Anden, den Himalaja und die Polargebiete.

Gerry Roach

Gerry Roach ist ein Softwareingenieur aus Colorado, dessen Leidenschaft fürs Bergsteigen 1955 geweckt wurde und immer noch anhält. Er vollendete die Kosciuszko-Version der Seven Summits im Dezember 1985 und bestieg achteinhalb Jahre später auch die Carstensz-Pyramide. 1997 stand er auf dem Gipfel des Gasherbrum II.

Gerhard Schmatz

Dr. Gerhard Schmatz ist ein deutscher Rechtsanwalt und Stadtrat. 1972 begann er mit dem Sammeln der Seven Summits, nachdem er den Gipfel des Kilimandscharo erreicht hatte. Nach den Seven Summits bestieg er die höchsten Gipfel der sieben grössten Inseln. Sein nächstes grösseres Ziel ist die Nanda Devi.

Doug Scott

Der weltweit bekannte Bergsteiger und Autor Doug Scott begann 1953 im Alter von 12 Jahren mit dem Bergsteigen. Wenn er nicht in den Bergen der Welt unterwegs ist, über seine Touren schreibt oder Vorträge hält, kümmert sich der Brite um die Organisation Community Action Nepal, klettert in den heimischen Felsen, arbeitet in seinem Ökogarten oder verbringt die Zeit mit seiner Familie. Er hat vor, weitere Erstbesteigungen zu machen, vor allem im Nordosten Indiens, in Tibet oder im Nordosten von Sikkim.

Jeff Shea

Der Amerikaner Jeff Shea ist Inhaber einer Firma, welche Teile für die High-Tech-Industrie produziert. Er begann sein Abenteuer der Seven Summits im Jahre 1984 mit der Besteigung des Kilimandscharo. Ein ganz besonderer Höhepunkt war für ihn, als er am Gipfeltag nach dem Second Step auf dem Everest-Nordgrat den Gipfel des Everest in leicht erreichbarer Nähe sah.

Junko Tabei

Junko Tabeis Everest-Besteigung während der japanischen Frauenexpedition von 1975 war der Beginn ihrer Sammlung der Seven Summits. Sie ist Autorin, hält Vorträge und ist gerade dabei, den höchsten Berg von jedem Land der Welt zu besteigen. 1999 erreichte sie den Gipfel des Pobeda. Mit der Realisierung ihrer bergsteigerischen Pläne ist sie bis zum Jahre 2010 beschäftigt.

Die «Seven-Summiteers»

Die Bergsteiger sind chronologisch nach dem letzten erreichten Gipfel der Seven Summits aufgelistet.

Die Liste entspricht dem Stand von Mitte 1999.

RANG	NAME	HERKUNFTSLAND	GEBURTSDATUM	LETZTER GIPFEL
1	Dick Bass	USA	21.12.29	Everest 30.04.85
2	Gerry Roach	USA	08.09.43	Vinson 13.12.85
3	Pat Morrow	Kanada	18.10.52	Elbrus 05.08.86
4	Gerhard Schmatz	Deutschland	05.06.29	Vinson 02.12.86
5	Reinhold Messner	Italien	17.09.44	Vinson 03.12.86
6	Oswald Oelz	Schweiz	06.02.43	Elbrus 20.04.89
7	Phil Ershler	USA	07.05.51	Kosciuszko 25.12.89
8	Geoff Tabin	USA	03.07.56	Elbrus 22.06.90
9	Rob Hall	Neuseeland	14.01.61	Aconcagua 21.11.90
10	Gary Ball	Neuseeland	06.04.53	Vinson 10.12.90
11	Junko Tabei	Japan	22.09.39	Kosciuszko 23.11.91
12	Chris Kopczynski	USA	24.02.48	Kilimandscharo 10.05.91
13	Jean-Pierre Frachon	Frankreich	12.07.47	Carstensz 27.11.91
14	Glenn Porzak	USA	22.08.48	Kosciuszko 23.03.92
15	Ronald Naar	Holland	19.04.55	Everest 12.05.92
16	Skip Horner	USA	29.09.47	Everest 12.05.92
17	Vernon Tejas	USA	16.03.53	Everest 12.05.92
18	Keith Kerr	England	13.05.52	Everest 15.05.92
19	Ralph Höibakk	Norwegen	14.07.37	Carstensz 24.05.92
20	Christine Janin	Frankreich	14.03.57	Aconcagua 25.12.92
21	Pascal Tournaire	Frankreich	23.06.59	Aconcagua 25.12.92
22	Mauricio Purto	Chile	22.11.61	Carstensz 15.09.93
23	Arne Naess	Norwegen	08.12.37	Aconcagua 15.01.94
24	Todd Burleson	USA	01.03.60	Carstensz 02.02.94
25	Doug Mantle	USA	13.03.50	Kosciuszko 16.02.94
26	Dolly Lefever	USA	19.04.46	Kosciuszko 11.03.94
27	Ramón Portilla	Spanien	16.02.58	Elbrus 21.03.94
28	Hall Wendel	USA	17.01.43	Everest 09.05.94
29	Ekke Gundelach	Deutschland	09.09.42	Elbrus 05.08.94
30	Rebecca Stephens	England	03.10.61	Vinson 22.11.94
31	José-Ramón Agirre	Spanien	26.04.59	Aconcagua 25.12.94
32	Mark Rabold	USA	08.05.56	Kilimandscharo 01.02.95
33	David Keaton	USA	10.05.65	Aconcagua 05.02.95
34	David Hempleman-Adams	England	10.10.56	Carstensz 07.05.95
35	Doug Scott	England	29.05.41	Carstensz 12.05.95
36	Josep Pujante	Spanien	08.05.56	McKinley 17.06.95
37	John Dufficy	USA	16.03.53	Kilimandscharo 12.09.95
38	Gary Pfisterer	USA	14.06.52	Vinson 01.12.95
39	Ginette Harrison	England	28.02.58	Vinson 01.12.95
40	Rudy Van Snick	Belgien	06.02.56	Vinson 23.12.95
41	Vladas Vitkauskas	Litauen	07.05.53	Aconcagua 25.02.96
42	Sandy Hill	USA	12.04.55	Everest 10.05.96
43	Yasenglando Namba	Japan	07.02.49	Everest 10.05.96
44	Bob Cedergreen	USA	27.04.47	McKinley 01.07.96
45	Nasuh Mahrenglandi	Türkei	21.05.68	Kosciuszko 08.11.96
46	Viki Grošelj	Slowenien	03.06.52	Vinson 05.01.97
47	Jeff Shea	USA	15.07.55	Vinson 22.01.97
48	Lee Nobmann	USA	09.05.50	Kilimandscharo 14.02.97
49	Pat Falvey	Irland	02.06.57	Kosciuszko 14.02.97
50	Fedor Konyenglandhov	Russland	12.12.51	McKinley 5.97
51	Brigitte Muir	Australien	08.09.58	Everest 27.05.97
52	Steve Bell	England	24.05.59	McKinley 29.05.97
53	Thierry Renard	Frankreich	12.11.45	Elbrus 07.06.97
54	Paul Morrow	USA	04.06.54	Elbrus 16.06.97
55	Waldemar Niclevicz	Brasilien	12.03.66	Carstensz 21.09.97
56	Gérard Vionnet-Fuasset	Frankreich	13.12.53	Vinson 13.12.97
57	Leszek Cichy	Polen	14.11.51	Kosciuszko 24.03.98
58	Bob Hoffman	USA	31.08.42	Everest 20.05.98
59	Sundeep Dhillon	England	06.01.70	Everest 25.05.98
60	Louis Bowen	USA	18.05.48	Kilimandscharo 04.08.98
61	Neil Laughton	England	31.10.63	Carstensz 14.02.99
62	Dave Walsh	England	17.05.44	Carstensz 24.02.99
63	Ricardo Torres Nava	Mexiko	23.12.54	Carstensz 24.02.99
64	Ken Noguchi	Japan	21.08.73	Everest 13.05.99
65	Chris Brown	England	17.09.46	Everest 13.05.99

EVEREST	ACONCAGUA	McKINLEY	KILIMANDSCHARO	ELBRUS	VINSON	CARSTENSZ	KOSCIUSZKO
30.04.85	21.01.83	06.07.83	01.09.83	13.09.83	30.11.83		12.83
07.05.83	13.02.75	04.07.63	18.09.73	23.07.85	13.12.85	03.05.94	20.12.68
07.10.82	09.02.81	09.06.77	17.08.83	05.08.86	19.11.85	07 05.86	01.09.83
01.10.79	22.01.74	27.05.78	05.02.72	09.05.84	02.12.86	23.02.92	02.01.75
08.05.78	23.01.74	12.06.76	31.01.78	05.08.83	03.12.86	27.09.71	1983
11.05.78	16.12.86	12.06.76	11.09.87	20.04.89	03.12.86	16.03.90	04.01.89
20.10.84	1.81	6.76	9.89	9.89	12.88		25.12.89
02.10.88	07.01.90	04.06.89	17.02.90	22.06.90	14.12.89	03.08.80	12.88
10.05.90	21.11.90	28.06.90	17.08.90	08.08.90	12.89	11.11.94	26.08.90
10.05.90	21.11.90	28.06.90	17.08.90	08.08.90	10.12.90		26.08.90
16.05.75	07.01.87	12.06.88	16.01.85	08.08.89	19.01.91	28.06.92	23.11.91
21.10.81	05.01.90	15.06.76	10.05.91	10.08.90	02.12.88	03.05.94	01.01.91
26.09.88	15.01.89	27.05.90	13.01.90	01.10.91	11.01.91	27.11.91	
10.05.90	22.01.74	06.07.76	16.08.73	27.07.91	13.12.85	03.05.94	23.03.92
12.05.92	09.01.89	12.06.86	05.04.84	21.05.89	24.11.87	14.11.89	
12.05.92	20.01.90	21.06.91	18.02.92	08.07.89	03.12.88	18.05.90	
12.05.92	28.01.88	07.03.88	18.02.92	02.10.90	07.12.88		19.03.91
15.05.92	24.01.87	18.06.86	30.08.84	01.10.90	07.12.88	18.05.90	
29.04.85	09.12.87	15.06.84	12.05.92	02.05.92	11.11.88	24.05.92	
05.10.90	25.12.92	19.05.92	14.08.92	05.07.92	04.01.92	28.10.92	
05.10.90	25.12.92	19.05.92	14.08.92	05.07.92	04.01.92	28.10.92	
15.05.92	1.84	11.06.88	13.08.93	02.08.93	25.11.89	15.09.93	
29.04.85	15.01.94	15.06.84	15.11.82	06.05.92	11.11.88	24.05.92	
15.05.92	12.89	6.92	8.92	8.91	02.12.90	02.02.94	
12.05.92	1.81	07.07.75	8.87	8.91	15.12.92	12.11.94	16.02.94
10.05.93	28.12.86	5.86	8.87	9.87	29.12.93	11.11.95	11.03.94
15.05.92	1.86	19.06.93	01.02.93	21.03.94	08.01.94	19.11.93	
09.05.94	20.01.88	12.06.88	08.05.90	10.09.89	06.12.88	12.11.94	22.12.89
09.05.94	20.01.72	20.06.74	20.02.69	05.08.94	29.12.93	20.11.93	30.12.90
17.05.93	06.11.94	21.05.92	26.08.91	31.07.94	22.11.94	01.09.94	03.02.96
16.05.93	25.12.94	08.06.94	03.05.94	17.07.94	05.12.94	26.10.94	
16.05.93	17.02.87	22.05.85	01.02.95	09.08.91	04.12.88		10.01.91
09.05.94	05.02.95	14.07.93	07.10.94	6.92	29.12.93	12.11.94	24.11.94
09.10.93	01.03.95	05.08.80	29.03.81	14.08.94	20.11.94	07.05.95	03.02.96
24.09.75	2.92	12.05.76	9.76	6.94	07.12.92	12.05.95	
16.05.93	19.12.94	17.06.95	15.08.86	17.07.94	08.01.92	29.12.93	18.12.96
10.05.93	18.01.92	16.06.90	12.09.95	01.08.94	16.01.95	13.11.94	02.11.94
07.10.93	03.01.92	28.05.92	20.11.90	24.08.94	01.12.95	20.11.94	
07.10.93	27.01.90	16.06.83	15.09.94	24.08.94	01.12.95	20.11.94	11.91
06.02.90	17.01.91	17.05.93	7.95	20.09.94	23.12.95	31.10.93	
10.05.93	25.02.96	12.06.94	05.02.95	04.08.93	05.12.94		02.11.96
10.05.96	16.02.92	22.06.92	22.09.93	29.08.93	13.01.93	22.02.95	02.02.94
10.05.96	1.84	7.85	1.82	8.92	29.12.93	12.11.94	
13.05.94	28.01.96	01.07.96	25.08.95	14.08.95	05.12.86	21.03.92	
17.05.95	09.11.95	14.06.96	12.08.96	31.08.96	01.12.95		08.11.96
10.05.89	11.02.86	10.05.87	09.08.85	14.05.90	05.01.97		15.01.88
24.05.95	29.01.93	30.05.93	23.08.84	29.08.96	22.01.97		02.05.96
09.10.93	25.01.93	1993	14.02.97	26.06.93	01.12.95		1992
27.05.95	31.12.95	14.06.94	04.01.95	04.04.96	22.01.97		14.02.97
14.05.92	3.96	5.97	2.97	2.92	14.01.96		17.04.97
27.05.97	25.12.89	24.05.88	2.89	24.09.90	28.12.94		28.05.90
07.10.93	25.01.93	29.05.97	01.02.87	26.06.93	01.12.95	20.11.94	
23.05.96	25.12.79	6.92	8.72	07.06.97	22.01.97	09.11.91	
13.05.94	19.01.91	28.05.97	30.12.94	16.06.97	07.01.97	19.11.95	17.04.97
14.05.95	2.88	03.05.97	8.96	7.96	12.96	21.09.97	
26.09.88	12.12.96	5.90	11.89	6.92	13.12.97	31.10.93	
17.02.80	12.01.86	4.89	15.03.98	04.05.84	11.01.98		24.03.98
20.05.98	1.89	6.87	6.88	7.89	24.11.87		9.88
25.05.98	11.02.96	17.07.91	31.12.93	07.06.92	07.12.92	20.11.94	25.11.98
12.05.92	23.12.96	23.06.91	04.08.98	01.10.90	20.12.97	13.11.94	11.11.97
26.05.98	05.01.93	24.05.94	07.11.93	05.01.95	21.01.97	14.02.99	
25.05.98	2.97	5.78	8.95	7.93	27.11.98	24.02.99	
16.05.89	07.01.89	13.07.94	04.09.94	15.08.94	17.11.95	24.02.99	06.03.99
13.05.99	12.92	6.93	12.89	1.96	12.94		9.92
13.05.99	12.12.95	10.06.98	27.01.95	06.07.96	07.12.92	12.05.95	

Die Ersten, die Schnellsten und andere Rekorde

Erstbesteigungen

Everest
Südsattel/Südostgrat: T. Norgay, E. Hillary 1953
Südwestwand: D. Scott, D. Haston, P. Boardman, Sherpa Pertemba, M. Burke, 1975
Nordwand/Messner-Variante: R. Messner, 1980
Nordgrat: Wang Fu-Chou, Kombu, Chu Yin-Hua, 1960

Aconcagua
Normalweg: M. Zurbriggen, 1897
Polnischer Gletscher: N. Nakievitez Jodko, S. Daszinsky, W. Ostowski, S. Osiecki, 1934
Südwand/Französische Route: A. Dagory, P. Poulet, E. Denis, P. Paragot, P. Lasueur, L. Bérardini, 1954

Mount McKinley
West Buttress/ Normalweg: Washburn, Hackett, Gale, Buchtel, Ambler, Griffiths, More, Bishop, 1951
Messner-Couloir: R. Messner, 1976
West Rim: B. Ehmann, P. Morrow, 1977
Westrippe: Sinclair, Breitenbach, Corbet, Buckingham, 1959
Cassin-Grat: Cassin, Canali, Alippi, Perego, Airoldi, Zucchi, 1961
Südwand, Scott/Haston-Route: D. Scott, D. Haston, 1976
Muldrow-Gletscher: Karstens, Stuck, Harper, Tatum, 1913

Kilimandscharo
Heim-Gletscher: A. Nelson, H. Cooke, D. Goodall, 1957
Direkte Breach Wall: R. Messner, K. Renzler, 1978

Elbrus
Westgipfel/Südostwand: F. Crawford Grove, F. Gardiner, H. Walker, A. Sottajev, P. Knubel, 1874

Vinson
Normalweg via Branscomb-Gletscher: American Antarctic Mountaineering Expedition (alle 10 Teilnehmer), 1966
Slowenische Route: S. Klemenc, R. Vodišek, S. Božić, J. Bojić, V. Grošelj, 1997

Carstensz-Pyramide
Normalweg: H. Harrer und Gefährten, 1962
Ostgrat: R. Messner, S. Bigarella, 1971
Anglo-Amerikanische Route: D. Scott, M. Bowen, T. Callaghan, 1995
Amerikanische Direkte: G. Tabin, R. Shapiro, S. Moses, 1980
Aquarius: R. Portilla, W. Treibel, 1993
Oceania: S. Bell, S. Dhillon, 1994

Kosciuszko
Sir Paul Edmond de Strzelecki, 1840

Herkunft

Nationalität	Kosciuszko	Carstensz	beide	Gesamtzahl Besteiger	Erste Person
Amerikaner	19	16	12	23	Bass
Briten	4	10	4	10	Kerr
Franzosen	0	5	0	5	Frachon
Japaner	2	2	1	3	Tabei
Spanier	1	3	1	3	Portilla
Deutsche	2	2	2	2	Schmatz
Neuseeländer	2	1	1	2	Hall
Norweger	0	2	0	2	Höibakk
Kanadier	1	1	1	1	Morrow
Italiener	1	1	1	1	Messner
Schweizer	1	1	1	1	Oelz
Holländer	0	1	0	1	Naar
Chilene	0	1	0	1	Purto
Belgier	0	1	0	1	Van Snick
Litauer	1	0	0	1	Vitkauskas
Türke	1	0	0	1	Mahruki
Slowene	1	0	0	1	Grošelj
Ire	1	0	0	1	Falvey
Russe	1	0	0	1	Konyukhov
Australier	1	0	0	1	Muir
Brasilianer	0	1	0	1	Niclevicz
Pole	1	0	0	1	Cichy
Mexikaner	1	1	1	1	Torres Nava
Gesamt	**41**	**49**	**25**	**65**	

Alter

Der Jüngste
Der jüngste Bergsteiger, der die Carstensz-Version der Seven Summits vervollständigte, ist Sundeep Dhillon (Grossbritannien), Alter damals (1998): 28 Jahre, 139 Tage. Der jüngste Sammler der Kosciuszko-Version ist Ken Noguchi (Japan), Alter damals (1999): 25 Jahre, 265 Tage. Sundeep Dhillon ist auch der Jüngste, der beide Versionen der Seven Summits vervollständigte, Alter damals (1999): 28 Jahre, 323 Tage.

Der Älteste
Der älteste Sammler, der die Seven Summits abschloss, ist Gerhard Schmatz (Deutschland); Alter bei Beendigung der Kosciuszko-Version (1986): 57 Jahre, 180 Tage; Alter nach Abschluss der Carstensz-Version (1992): 62 Jahre, 263 Tage.

Dauer zur Vervollständigung der Sammlung

Die kürzeste Zeit für die Carstensz-Version brauchte José-Ramón Agirre (spanischer Baske), mit 1 Jahr, 223 Tagen. Die kürzeste Zeit für die Kosciuszko-Version benötigten Rob Hall (seine zweite Vinson-Besteigung mitgerechnet) und Garry Ball (beide Neuseeland) mit 7 Monaten und 6 Stunden.

Die längste Zeit für die Carstensz-Version benötigte Gerry Roach (USA) mit 30 Jahren, 303 Tagen; für die Kosciuszko-Version Ekke Gundelach (Deutschland) mit 25 Jahren, 78 Tagen.

Glossar

Abseilen: Eine Methode, bei der man beim Abstieg steiles Gelände überwindet, indem man sich an den beiden Seilsträngen mit Hilfe spezieller Techniken hinablässt.

Akklimatisation: Der Prozess der physiologischen Anpassung, um in grosser Höhe leben und bergsteigen zu können. Mit zunehmender Höhe nimmt der Luftdruck ab und gleichzeitig auch der Sauerstoffgehalt (Sauerstoffpartialdruck) der Luft. Auf 5000 Metern Höhe beträgt der Sauerstoffanteil im Vergleich zur Meereshöhe nur noch etwa die Hälfte. Bei ungenügender A. erkrankt man an der Höhenkrankheit.

Alpiner Stil: Bezeichnung für die Besteigung eines hohen Gipfels ohne zuvor eingerichtete Hochlager. Die Bergsteiger haben alles dabei, was sie brauchen, und verzichten bei der Besteigung sowohl auf die Unterstützung von Trägern als auch auf den Gebrauch von künstlichem Sauerstoff.

Anker/Verankerung: Fixpunkt, an dem das Seil befestigt wird. Es kann sich dabei um Haken, Klemmgeräte, Eisschrauben oder andere Hilfsmittel handeln.

Basislager: Der Ausgangspunkt einer Expedition am Fuss des Berges, meist aus einem Aufenthalts- oder Messzelt, einem Küchenzelt, einem Toilettenzelt und den einzelnen Zelten der Teilnehmer bestehend. Vom Basislager aus werden die Hochlager eingerichtet.

Bergführer: Verkürzte Bezeichnung für die staatlich geprüften Berg- und Skiführer, die eine längere, anspruchsvolle Ausbildung mit mehreren Prüfungen absolvieren. Die staatlich geprüften Berg- und Skiführer sind Mitglied in ihrem jeweiligen Landesverband und in der UIAGM, dem internationalen Bergführer-Verband.

Bergschrund: Die Spalte oder Kluft zwischen dem Gletschereis und dem Fuss einer Bergflanke. Oft stellt die Überwindung des Bergschrunds ein Problem dar.

Biwak: Die Übernachtung an einem Berg, mit oder ohne Zelt. Bei einem geplanten Biwak hat man alles dabei, was man benötigt; zu einem ungeplanten Biwak kommt es beispielsweise bei einem Wettersturz oder wenn man für die Besteigung viel mehr Zeit braucht als geplant.

Biwakplatz: Eine Stelle am Berg, die für ein Biwak geeignet ist. Bei manchen Touren sind die normalerweise üblichen Biwakplätze im Führer angegeben.

Biwakschachtel: Rustikale Notunterkunft am Berg.

Blankeis: Hartes Eis ohne Schneeauflage.

Couloir: Eine steile Rinne aus Fels, Eis oder Schnee.

Cwm: Ursprünglich die walisische Bezeichnung für ein geschlossenes Hochtal. Im Himalaja werden manche Gletscherbecken so bezeichnet, z. B. Western Cwm, zwischen Everest und Lhotse am Normalweg des Everest auf der nepalischen Seite.

Eckenstein-Technik: Eine Technik der Fortbewegung im steileren Eis, die ursprünglich für die zehnzackigen Steigeisen (ohne Frontalzacken) entwickelt wurde. Durch seitliches Versetzen der Steigeisen steigt man so auf, dass stets alle Zacken greifen können. Diese Technik wurde nach dem Eiskletterpionier Oscar Eckenstein benannt, einem Briten deutscher Abstammung, der die Zehnzacker-Steigeisen entwickelte. Sie wird in weniger steilen Eiswänden auch heute noch mit modernen Steigeisen (Zwölfzackern) praktiziert.

Eisbruch, Gletscherbruch: Der spaltenzerrissene Teil eines Gletschers, der über eine Steilstufe fliesst. In sehr steilen Eisbrüchen bilden sich Séracs – mehr oder weniger instabile Eisblöcke oder Eistürme.

Eisgerät: Allgemeine Bezeichnung für die moderne Form des Eispickels zum Klettern in steilem Eis. Meist handelt es sich dabei um einen im Vergleich zu früher kürzeren Eispickel und einen Eishammer. Der Eishammer hat ausser der spitzen, gekrümmten Pickelhaue einen Hammerkopf, mit dem spezielle Eisschrauben (z. B. Snargs) eingeschlagen werden können. Am Eisbeil befindet sich ausser der Haue eine schmale Schaufel.

Fixseil: Ein Seil, das bei langen Touren zur Sicherheit an schwierigen Stellen befestigt wird und während der Besteigung dort bleibt. Der vorsteigende Kletterer befestigt das Seil oben an Haken, Schrauben oder Schneeanker, die nachfolgenden Kletterer sichern sich beim Aufstieg am Fixseil mit einer Seilklemme (Jümar).

Friend: Ein mechanisches, aus mehreren Teilen bestehendes Klemmgerät, das zur Absicherung in Felsrissen verankert wird. Im Gegensatz zu einem Haken ist der Friend – wie auch der Klemmkeil – ein Sicherungsmittel, das vom Seilzweiten wieder entfernt und mitgenommen wird.

Frontalzacken: Das vordere, mehr oder weniger waagrecht herausragende Zackenpaar der modernen Steigeisen. Durch das Einschlagen der Frontalzacken ins Eis kann man mit Unterstützung der beiden Eisgeräte die steilsten Passagen in direkter Linie bewältigen. Diese Form der Fortbewegung im Eis wird Frontalzackentechnik genannt.

Haken: Ein Metallstück, das mit dem Hammer in einen Felsriss geschlagen wird. In die Hakenöse wird der Karabiner eingeklinkt, durch den das Seil läuft. So entsteht ein Sicherungspunkt. Es gibt viele verschiedene Hakenformen.

Hängegletscher: Ein kleiner Gletscher, der an einer steilen Bergwand hängt, oder ein Nebengletscher, der von hoch oben steil auf einen anderen Gletscher abbricht. Meist sehr gefährlich, da instabil.

Höhenkrankheit: Eine Erkrankung, die bei mangelnder Anpassung des Körpers an die Höhe entsteht und an den hohen Bergen der Welt viele Todesopfer fordert. Sie äussert sich je nach Schwere der Erkrankung durch verschiedene Symptome und kann ein lebensgefährliches Höhenlungenödem oder Höhenhirnödem zur Folge haben. Die beste Massnahme bei Auftreten der ersten Anzeichen ist der Abstieg in tiefere Regionen.

Jümar: Eine Seilklemme mit Handgriff für den Aufstieg am Fixseil. Sie wird beim Aufsteigen am Seil entlang geschoben und blockiert im Falle eines Sturzes von selbst. Diese Seilklemme wurde benannt nach den beiden Schweizer Erfindern, Adolf Jüsi und Walter Marti. «Jümarn» ist inzwischen der allgemeine Begriff für die Benutzung einer Seilklemme beim Aufstieg am Fixseil.

Kamin: Ein schmaler Felsspalt, aber im Gegensatz zum Riss breit genug für den Körper. Je nach Form des Kamins benutzt man verschiedene Techniken, um hinaufzuklettern.

Karabiner: Ein birnenförmiges Gerät aus Aluminium mit einem grossen Hohlraum und einer verschliessbaren Schnapperöffnung. Der Karabiner wird in einen Haken oder ein anderes Sicherungsmittel eingeklinkt. Danach wird das Seil in den Karabiner gelegt, wodurch für den Kletterer ein Sicherungspunkt entsteht.

Klemmkeil: Ein Sicherungsmittel in Form eines Keiles aus Metall, das in Felsrissen und Erosionslöchern platziert wird.

Moräne: Der vom Gletscher mitgeführte, angehäufte oder nach dem Abschmelzen zurückgelassene Gesteinsschutt. Seiten- oder Randmoränen sind manchmal sehr hohe Ansammlungen auf beiden Seiten des Gletschers. Die Endmoräne liegt an der Spitze der Gletscherzunge. Eine Mittelmoräne entsteht, wenn zwei Gletscher zusammenströmen und in der Mitte Schutt abgelagert wird. Als Grundmoräne bezeichnet man den meist fein gemahlenen Schutt, den der Gletscher am Grund mitführt.

Ödem: Eine Ansammlung von Flüssigkeit im Gewebe, in der Lunge oder im Gehirn bei mangelnder Akklimatisation. Ein Lungen- oder Hirnödem ist lebensgefährlich; schon bei den ersten Anzeichen dafür muss abgestiegen werden.

Rettungsgriff: Eine Form der Selbsthilfe, wenn man im steilen Eis oder harten Schnee ausrutscht. Um den Sturz abfangen zu können, muss man sofort reagieren und diese Technik anwenden, bei der mit dem Pickel gebremst wird.

Sattel: Der niedrigste Punkt zwischen zwei Bergen oder auf einem Grat. Ein Sattel bietet oft den leichtesten Übergang von der einen Bergseite auf die andere. In Englisch und Französisch: Col.

Seillänge: Der Abschnitt, der beim Klettern zwischen zwei Standplätzen bewältigt wird.

Schneebrett: Bezeichnung für eine spezielle Form der Lawine, die sich nicht punktförmig löst, sondern durch einen breiten Anriss. Ein Schneebrett entsteht, wenn sich die verschiedenen Schichten der Schneedecke auf Grund der Witterungsbedingungen nicht alle fest miteinander verbinden konnten. Es wird oft erst vom Bergsteiger bei Belastung der Schneedecke ausgelöst. Ein Schneebrett kann meterdick sein und sich über die ganze Breite eines Hangs lösen.

Schwierigkeitsgrad: Ein Zahlensystem, mit dem die Schwierigkeit einer Route bewertet wird. Es gibt unterschiedliche Bewertungssysteme, einerseits länderspezifische (Frankreich, USA, Australien, UIAA), andererseits auch für einzelne Disziplinen wie das Mixed-Klettern, das Klettern auf eisüberzogenem Fels oder an Eiszapfen oder das Bouldern, also das schwierige Klettern an kleinen Felsblöcken. Beim Felsklettern entspricht beispielsweise die amerikanische Bewertung 5.7 dem Schwierigkeitsgrad V bis V+ der UIAA-Bewertung; eine 5.8 ist eine V+ bis VI- etc.

Sherpa: Eine ethnische Gruppe tibetischer Abstammung und buddhistischen Glaubens, die in den Hochtälern Nepals, vor allem aber in der Khumbu-Region am Fusse des Everest lebt. Die Frauen heissen Sherpani. Durch ihre aussergewöhnliche Akklimatisationsfähigkeit und ihre menschlichen Qualitäten werden Sherpas seit Beginn des Expeditionsbergsteigens im Himalaja als Träger eingesetzt. Inzwischen hat der Begriff im Sprachgebrauch eine zweite Bedeutung bekommen und wird für alle Träger benutzt, unabhängig von ihrer ethnischen Zugehörigkeit. Viele Sherpas sind sehr expeditionserfahren, so dass sie an den hohen Bergen oft die Funktion eines Bergführers übernehmen. Manche von ihnen haben mehrmals den Everest bestiegen, einer davon elf Mal, immer ohne Sauerstoff. Auch der aktuelle Geschwindigkeitsrekord der Everest-Besteigung wird von einem Sherpa gehalten.

Sicherung/Sichern: Allgemeiner Begriff für die diversen Absicherungstechniken gegen einen Sturz beim Klettern. Der voraus gehende Kletterer bringt beim Aufstieg Fixpunkte an, in die er Zwischensicherungen einhängt. Beim Vorstieg wird er dabei von seinem Seilgefährten am Standplatz gesichert. Erreicht der vorsteigende Kletterer das Ende der Seillänge, dann baut er aus mehreren Fixpunkten einen Standplatz und sichert den Nachsteiger von oben. Dieser entfernt unterwegs die Zwischensicherungen und nimmt sie mit hinauf. Eine Sicherung dient normalerweise nur zur Absicherung; sich daran hochzuziehen, ist verpönt.

Sirdar: Der Führer der Sherpas bei einer Expedition. Er arbeitet direkt mit dem Expeditionsleiter zusammen.

Stand: Verkürzter Begriff für einen Standplatz, der am Beginn und am Ende einer Seillänge zum Sichern eingerichtet wird.

Wechte: Eine bis zu mehrere Meter in Windrichtung über einen Grat hinausragende Schneemasse. Diese bizarren Gebilde sind oft wunderschön, für Bergsteiger aber besonders bei schlechter Sicht sehr gefährlich, da sie den eigentlichen Gratverlauf verbergen und einstürzen, wenn man sie hinter der Abbruchkante betritt.

Windchill: Bezeichnung für den Auskühlungseffekt des Windes, der anhand einer Tabelle berechnet werden kann. Eine gemessene Lufttemperatur von minus 12 Grad Celsius entspricht bei einer Windstärke von 10 km/h einer tatsächlichen Temperatur von minus 12 Grad, bei einer Windstärke von 75 km/h bereits minus 40 Grad.

UIAA: Abkürzung von Union Internationale des Associations d'Alpinisme, des Internationalen Verbands der Bergsteigervereine. Die UIAA hat sich im Rahmen der Materialprüfung von Bergsteigerausrüstung (UIAA-Norm) sowie durch Schaffung einer Schwierigkeitsbewertung (UIAA-Skala) einen Namen gemacht.

Index

Dank

Steve Bell und Mitchell Beazley danken allen, die mit Textbeiträgen oder Fotomaterial bei der Entstehung dieses Buches mitgewirkt haben, sowie den zahlreichen Sammlern der Seven Summits, die uns gerne mit Informationen versorgt und weitergeholfen haben. Ganz besonders möchten wir uns bei folgenden Personen für ihre grosse Unterstützung bedanken: David Keaton, Kenichi Namba, dem verstorbenen Ulf Carlsson, Audrey Salkeld, Sheena Romahn, Jo Weeks, Sue Farr, Michele Pickering und Katie Hunter. Vielen Dank auch an Hiroo Saso für seine flinken Übersetzungen der Tagebücher von Junko Tabei und Yasuko Namba und dafür, dass er bei zahlreichen Anlässen gerne die Verbindung herstellte mit Frau Tabei und Herrn Namba. Unser besonderer Dank gilt Xavier Eguskitza für seine Liste der Seven-Summits-Besteiger, die von unschätzbarem Wert für uns war, ferner für all die zusätzlichen bemerkenswerten Details über die Gipfelsammler, die dieses Buch sehr bereichert haben.

Darüber hinaus will Steve Bell all jenen Personen persönlich danken, die auf ihre Weise dazu beigetragen haben, dass er selbst alle Gipfel der Seven Summits besteigen konnte: Steve Berry, Jonathan Aston, John Knowles, Steve Olivier, Vladislav Moroz, Bikrum Pandey, Ngatemba Sherpa, Kit Spencer, Mike Kefford, Steve Jackson, Daniel Alessio, John Fowler, Ivar Hellberg, David Hempleman-Adams, John Earle, Elsa und Jess Grunblatt, dem verstorbenen Bruce Herrod, Simon Lowe, der Mannschaft von Jagged Globe und Leora Bell.

Bildnachweis

1 Ronald Naar; 2–3 Ronald Naar; 4 Steve Bell; 7 Dick Bass; 9 Pat and Baiba Morrow; 10–11 Hedgehog House/Colin Monteach; 12 oben links Mountain Camera/Pat Morrow; 12 Mitte links Steve Bell; 12 unten links Steve Bell; 12 unten rechts Ronald Naar; 13 oben links Hedgehog House/Grant Dixon; 13 Mitte rechts J. Ramón Agirre; 13 unten links J. Ramón Agirre; 13 unten rechts Hedgehog House/Grant Dixon; 14 David D. Keaton; 15 Bob Cedergreen; 16 Oswald Oelz; 17 Pat und Baiba Morrow/Baiba Morrow; 18–19 Doug Scott; 20 Chris Bonington Picture Library/Doug Scott; 21 Bob Cedergreen; 22 Ulf Carlsson; 23 Hedgehog House/Hall and Ball Archive; 24 Hedgehog House/Grant Dixon; 25 David D. Keaton Copr.1998/Rob Hall; 26 Gerry Roach; 27 oben Mountain Camera/Alastair Stevenson; 27 unten rechts Gerry Roach; 28 Gerry Roach; 29 oben rechts Gerry Roach; 31 Gerry Roach; 32 Gerry Roach; 33 Gerry Roach; 34–35 Gerry Roach; 36 Gerry Roach; 37 unten Gerry Roach; 37 unten links Gerry Roach; 38–39 David D. Keaton; 40 Hedgehog House/Grant Dixon; 42 Mitte unten Chris Bonington Picture Library; 42 unten Chris Bonington Picture Library; 43 oben David D. Keaton; 43 unten Bob Cedergreen; 44 oben Doug Scott; 44 unten Steve Bell; 45 Hedgehog House/Hall and Ball Archive; 46 Nick Banks; 47 Gerhard Schmatz; 48 Gerhard Schmatz; 49 Nick Banks; 50 Junko Tabei; 51 Gerhard Schmatz; 52–53 Jeff Shea; 54 Steve Bell; 55 Jeff Shea; 55 oben rechts Jeff Shea; 57 Jeff Shea; 58 Steve Bell; 60 unten links Steve Bell; 60 unten rechts Doug Scott; 61 oben J. Ramón Agirre; 61 unten Steve Bell; 62 Steve Bell; 63 David D. Keaton; 64–65 David D. Keaton; 66 Steve Bell; 67 Steve Bell; 68–69 Ricardo Torres Nava; 69 oben Ricardo Torres Nava; 70 Ronald Naar; 71 Ricardo Torres Nava; 72 Mountain Camera/Pat Morrow; 74 oben rechts Nasruh Mahruki; 74 unten links Panopticon Gallery/Bradford Washburn; 74 unten rechts Panopticon Gallery/Bradford Washburn; 75 oben Doug Scott; 75 unten J. Ramón Agirre; 76–77 Hedgehog House/Hall and Ball Archive; 78 Cliff Nathanson; 79 Cliff Nathanson; 80 Steve Bell; 80–81 Steve Bell; 82 Steve Bell; 83 Steve Bell; 84 Steve Bell; 85 Ulf Carlsson; 86 Ronald Naar; 88 oben Steve Bell; 88 unten Steve Bell; 89 oben Geoff Tabin; 89 unten Reinhold Messner; 90 Chris Brown; 91 Chris Brown; 92 Steve Bell; 93 Gary Pfisterer; 94 Gary Pfisterer; 95 Gary Pfisterer; 96 J. Ramón Agirre; 98 oben Geoff Tabin; 98 unten Geoff Tabin; 99 oben David D. Keaton, 1998 Copr./David Keaton; 99 unten Steve Bell; 101 Steve Bell; 102–103 David D. Keaton, 1998 Copr./David Keaton; 104 David D. Keaton, 1998 Copr./David Keaton; 105 Josep A. Pujante; 106 Steve Bell; 108 oben Mountain Camera/Pat Morrow; 108 unten links US Geological Survey; 108 unten rechts US Geological Survey; 109 Steve Bell; 110 Steve Bell; 111 Rebecca Stephens; 112 Oswald Oelz; 113 Ronald Naar; 114 Viki Grošelj; 115 Viki Grošelj; 116 Viki Grošelj; 118 oben Viki Grošelj, 118 unten Viki Grošelj; 119 Viki Grošelj; 120 J. Ramón Agirre; 122 oben Gerry Roach; 122 unten Hedgehog House/Colin Monteath; 123 oben Pascal Tournier; 123 unten David D. Keaton.1998 Copr./David Keaton; 125 Gary Pfisterer/Ginette Harrison; 126 Ronald Naar; 127 Ronald Naar; 128 Gerry Roach; 129 Doug Scott; 130–131 Doug Scott; 133 Hedgehog House/Grant Dixon; 134 Brigitte Muir; 135 Brigitte Muir; 136 oben links Steve Bell; 136 oben Mitte Chris Brown; 136 oben rechts Viki Grošelj; 136 Mitte links Rebecca Stephens; 136 Mitte Steve Bell; 136 Mitte rechts David D. Keaton/Jan Arnold; 136 unten links Brigitte Muir; 136 unten Mitte Ronald Naar; 136 unten rechts Arne Naess; 137 oben links Hiroo Saso; 137 oben rechts Gary Pfisterer; 137 Mitte links Josep A. Pujante; 137 Mitte Gerry Roach; 137 Mitte rechts Gerhard Schmatz; 137 unten links Doug Scott/Alan Hinkes; 137 unten Mitte Nasruh Mahruki; 137 unten rechts Junko Tabei

Bibliografie

Anderson, Robert Mads *Seven Summits Solo,* David Bateman Ltd, USA, 1995

Bass, Dick *Seven Summits,* Warner Hardcovers & Little Brown, Nov. 1988

Clinch, Nicholas B. *First Conquest of Antarctica's Highest Peaks,* National Geographic, Juni 1967 (S. 836–863)

Frachon, Jean-Pierre *Les 7 Sommets du Bonheur* Recto, St. Vincent de Mercuze, 1992

Grošelj, Viki *I Would Walk All Over the World for a Single Smile,* Državna založba Slovenije, Ljubljana, 1989

Grove, Florence Crawford *The Frosty Caucasus: An Account of a Walk Through Part of the Range and of an Ascent of Elbruz in the Summer of 1874,* Longmans, London, 1875

Gundelach, Ekke *Der Traum vom Abenteuer,* Verlag Stadler

Harrer, Heinrich *I come from the Stone Age,* Hart-Davis, London, 1964

Hempleman-Adams, David *Toughing It Out,* Orion, London, 1997

Höibakk, Ralph *My Mountain Adventure,* Gyldendal, Oslo, 1994

Hunt, John *The Ascent of Everest,* Mountaineers, Seattle, 1993

Janin, Christine *Le Tour du Monde par les Cimes: La Conquête des 7 Sommets du Monde par une Femme,* Albin Michel, Paris, 1993

Messner, Reinhold *Everest, Expedition to the Ultimate,* BLV, München, 1979

Messner, Reinhold *Free Spirit: A Climber's Life,* Piper, München, 1991

Messner, Reinhold *Everest Solo, Der gläserne Horizont.* Fischer Verlag, TB

Messner, Reinhold *Nie zurück – Nordpol, Mount Everest, Südpol,* BLV, München, 1997

Messner, Reinhold *Die Freiheit aufzubrechen, wohin ich will,* Piper-Taschenbuch, 1991

Meyer, Hans *Across East African Glaciers: An Account of the First Ascent of Kilimanjaro,* George Philip, London, 1891

Morrow, Patrick *Beyond Everest: Quest for the Seven Summits,* Camden House, Camden East, Ontario, 1986

Muir, Brigitte *The Wind in My Hair,* Penguin, Melbourne, 1998

Naar, Ronald *Ljle Horizon: Klimmen op Zeven Continenten,* de Toorts, Haarlem, 1990

Naess, Arne *Drømmen om Everest,* Mortensens, Oslo, 1987

Pujante, J. R. *Más Allá de las Siete Cimas,* Editorial Surpus, 1997

Purto, Mauricio *Everest: La ruta lógica,* El Mercurio, Santiago de Chile, 1992

Scott, Doug *Himalayan Climber,* Bâton Wicks, London, 1992

Scott, Doug *Himalayan Climber, A lifetime's quest to the world's greater ranges,* Sierra Club and Knopf, 1997

Stuck, Hudson *The Ascent of Denali (Mount McKinley): A Narrative of the First Complete Ascent of the Highest Peak in North America,* Scribner's, New York, 1914

Tabei, Junko *Stood on Seven Summits,* Shogakukan, Tokyo, 1992

Tabin, Geoff *Blind Corners: Adventures on Seven Continents,* ICS Books, Merrillville, Indiana, 1993

Uemura, Naomi *Staking My Youth on the Mountains,* Manichi, Tokyo, 1971

Uemura, Naomi *Beyond Mount Everest* Bungei-shunju, Tokyo, 1982